ALEXANDER SPRI...

PRAXISRATGEBER

UNTERNEHMERGESELLSCHAFT

UG (HAFTUNGSBESCHRÄNKT)

2018/2019

ANTWORTEN ZU

GRÜNDUNG, GESTALTUNG,
GESCHÄFTSFÜHRUNG, HAFTUNG,
BUCHFÜHRUNG, JAHRESABSCHLUSS,
STEUERN, AUFLÖSUNG U.V.M.

ANAXIMANDER

2., überarbeitete und erweiterte Auflage, Juni 2018

Erstauflage als Print-Ausgabe, Juli 2014

Verlag:

Anaximander Verlag UG (haftungsbeschränkt)

Alte Kasseler Str. 23, D-31737 Rinteln

Telefon: 05754/926149 – Telefax: 05754/4989825

www.anaximander-verlag.de

E-Mail: mail@anaximander-verlag.de

Autor:

Alexander Sprick, Dipl.-Kfm.

Alte Kasseler Str. 23, D-31737 Rinteln

Telefon: 05754/926149 – Telefax: 05754/4989825

www.alexander-sprick.de

E-Mail: mail@alexander-sprick.de

Autorenfoto:

Sebastian Wilk, Bad Nenndorf

ISBN-13: 978-3-9819676-3-0

Herstellung und Druck:

Siehe Eindruck auf der letzten Seite

Die Informationen in diesem Werk werden ohne Rücksicht auf einen eventuellen Patentschutz veröffentlicht. Warennamen werden ohne Gewährleistung der freien Verwendbarkeit benutzt. Nahezu alle Hard- und Softwarebezeichnungen sowie weitere Angaben, die in diesem Werk verwendet werden, sind als eingetragene Marken geschützt. Da es nicht möglich ist, in allen Fällen zeitnah zu ermitteln, ob ein Markenschutz bestehen könnte, wird das ® Symbol in diesem Werk nicht verwendet.

Dieses Werk enthält Links zu externen Webseiten Dritter, auf deren Inhalte Verlag und Autor keinen Einfluss haben. Deshalb können Verlag und Autor für diese fremden Inhalte auch keine Gewähr übernehmen. Für die Inhalte der verlinkten Seiten ist stets der jeweilige Anbieter oder Betreiber der Seiten verantwortlich. Die verlinkten Seiten wurden zum Zeitpunkt der Verlinkung auf mögliche Rechtsverstöße überprüft. Rechtswidrige Inhalte waren zum Zeitpunkt der Verlinkung nicht erkennbar. Eine permanente inhaltliche Kontrolle der verlinkten Seiten ist jedoch ohne konkrete Anhaltspunkte einer Rechtsverletzung nicht zumutbar. Bei Bekanntwerden von Rechtsverletzungen werden wir derartige Links umgehend entfernen.

Bibliografische Information der Deutschen Nationalbibliothek:

Die Deutsche Nationalbibliothek verzeichnet diese Publikation in der Deutschen Nationalbibliografie; detaillierte bibliografische Daten sind im Internet über http://dnb.d-nb.de abrufbar.

INHALT

ANLAGEN

1. Einführung

Handelt es sich bei der Unternehmergesellschaft (haftungsbeschränkt) um eine neue Gesellschafts- bzw. Rechtsform?

Die Unternehmergesellschaft (haftungsbeschränkt) ist – trotz ihrer Bezeichnung – keine neue Gesellschaftsform. Sie wurde vom Gesetzgeber im Jahre 2008 formal lediglich als **Rechtsformvariante** der GmbH ins Leben gerufen. **Rechtsgrundlage** der UG (haftungsbeschränkt) ist **§5a GmbHG** *(Gesetz betreffend die Gesellschaften mit beschränkter Haftung).*

Mit Ausnahme der in §5a genannten Besonderheiten sind die Vorschriften des GmbHG und der sonstigen Rechtsgrundlagen, die die deutsche GmbH betreffen, auch auf die UG (haftungsbeschränkt) anwendbar.

Die UG (haftungsbeschränkt) besitzt – analog der GmbH – eine **eigene Rechtspersönlichkeit** (§13 Absatz 1 GmbHG in Verbindung mit §5a Absatz 1 GmbHG). Sie ist eine **juristische Person des Privatrechts**, folglich Unternehmer nach §14 Absatz 1 BGB, insofern Leistungen gegen Entgelt angeboten werden. Des Weiteren ist sie – als Variante der GmbH – ebenso wie GmbHs stets **Kaufmann kraft Rechtsform** („Formkaufmann").

Die UG (haftungsbeschränkt) wird umgangssprachlich auch gerne als **„Mini-GmbH"** oder **„kleine Schwester" der GmbH** bezeichnet. Tatsache ist, dass es sich bei einer UG (haftungsbeschränkt) um die kleinste deutsche Kapitalgesellschaft handelt.

Was bedeuten die Begriffe „Kapitalgesellschaft mit eigener Rechtspersönlichkeit" und „juristische Person" in der Praxis?

Sowohl die GmbH als auch die UG (haftungsbeschränkt) sind Kapitalgesellschaften bzw. juristische Personen, für deren Verbindlichkeiten die **Haftung grundsätzlich auf das Gesellschaftsvermögen beschränkt ist (§13 Absatz 2 GmbHG).** So ist zur Zwangsvollstreckung ein vollstreckbarer Schuldtitel gegen die Gesellschaft selbst notwendig.

In der Praxis bedeutet die sogenannte eigene Rechtspersönlichkeit, dass UG (haftungsbeschränkt) und GmbH – natürlich vertreten durch ihre Geschäftsführung – **eigene Rechte und Pflichten** begründen sowie **selbst vor Gerichten klagen und verklagt werden** können.

Des Weiteren verfügen derartige Gesellschaften über ein **eigenes Vermögen** und können beispielsweise selbst Grundstückseigentum erwerben.

UG (haftungsbeschränkt) und GmbH sind selbst **steuerpflichtig**. Sie verfügen also de facto über eigene Steuernummern und – *mit Einführung in 2021* – eigene Wirtschafts-Identifikationsnummern gemäß §139c AO (Abgabenordnung). Des Weiteren verfügen Sie über eine **eigene Betriebsnummer** der Agentur für Arbeit.

Abschließend ist anzumerken, dass die Rechte und Pflichten der UG (haftungsbeschränkt) und der GmbH losgelöst bzw. unabhängig von/neben den Rechten und Pflichten der jeweiligen Gesellschafter bestehen.

Ist die UG Kaufmann im Sinne des Handelsrechts?

Wie jede GmbH ist die UG **Kaufmann kraft Rechtsform** („Formkaufmann"). Deshalb gelten besondere kaufmännische Regelungen, beispielsweise zur „Firma", der Führung von „Handelsbüchern", „Prokura" etc.

Weshalb wurde die UG (haftungsbeschränkt) als „kleine Schwester" der GmbH im Jahre 2008 ins Leben gerufen?

Den Anstoß dazu lieferte vermutlich die Rechtsprechung des Europäischen Gerichtshofs (EuGH) bezüglich der Niederlassungsfreiheit von Kapitalgesellschaften. Der EuGH hatte entschieden, dass das Prinzip der Niederlassungsfreiheit nicht nur für natürliche, sondern auch für juristische Personen gilt. Aus diesem Grund war in Deutschland die englische „Private Company Limited by Shares" (nachfolgend „Limited") immer beliebter geworden und drohte der deutschen GmbH den Rang abzulaufen.

Die Limited war – im Gegensatz zur GmbH – eher unkompliziert und ohne nennenswertes Stammkapital zu gründen.

Insbesondere viele deutsche Gründer wichen auf die Gründung einer englischen Limited aus – oftmals ohne zu bedenken, dass sich Gründungsgesellschafter und Geschäftsführer den ausländischen Rechtsvorschriften zu unterwerfen hatten und der Schriftverkehr mit den englischen Behörden zumeist über kostenpflichtige externe Dienstleister zu führen war.

Daraufhin implementierte der deutsche Gesetzgeber – sicherlich unter einem gewissen Reformdruck – die UG (haftungsbeschränkt) als Alternative zur Limited.

Wann ist die UG eine sinnvolle Rechtsformwahl für Unternehmer?

Die UG ist eine sinnvolle Rechtsform für Unternehmer (insbesondere Existenzgründer), die sich durch eine Haftungsbeschränkung absichern möchten und denen das Mindestkapital für eine Gesellschaft mit beschränkter Haftung (GmbH) nicht zur Verfügung steht. Bei der UG kann das Stammkapital aus dem Unternehmen heraus sukzessive „angespart" werden. Zudem sind die Gründungskosten geringer als bei der Gründung einer GmbH.

Als eigene Rechtspersönlichkeit ist die UG getrennt von ihren Gesellschaftern zu betrachten. Das bedeutet konkret, dass die Gesellschaft selbst und nicht etwa ihre Gesellschafter im Geschäftsverkehr auftritt. Die UG schließt also zum Beispiel eigene Verträge ab, besitzt eigenes Vermögen und muss selbst Steuern entrichten. Der/Die Unternehmer kann/können in der Regel die persönliche und unbeschränkte Haftung einschränken oder vermeiden, zumal das Vermögen der UG strikt vom Vermögen der Gesellschafter zu trennen ist. Im Detail haftet die UG lediglich mit ihrem Unternehmensvermögen. Im Gegensatz dazu haftet ein selbständiger Unternehmer für alle geschäftlichen Angelegenheiten mit seinem gesamten Vermögen, d.h. Betriebs- und Privatvermögen. Ausweg: Er schließt einen entsprechenden Ehevertrag mit Rückfallklausel im Trennungs-/Scheidungsfalle ab. Am Rande: In der Literatur findet sich des Öfteren der explizite Hinweis, dass die UG vor allem für Tätigkeiten und/oder Branchen interessant sei, bei denen ein erhöhtes oder hohes

Haftungsrisiko bestünde.

Des Weiteren kann die Errichtung einer UG dann sinnvoll sein, wenn eine wenig kapitalintensive Geschäftsidee umgesetzt werden soll.

Daneben bestehen spezielle Einsatzmöglichkeiten, zum Beispiel als Vorratsgesellschaft. Eine Vorratsgesellschaft ist eine ins Handelsregister eingetragene Gesellschaft, deren Geschäftsbetrieb ruht. Die Vorratsgesellschaft könnte gegebenenfalls später eine Kapitalerhöhung auf EUR 25.000 vornehmen und von der UG zur GmbH umfirmieren.

Die UG kommt auch für Wagniskapitalgeber in Betracht. Voraussetzung für eine derartige Beteiligung ist, dass es sich bei dem Zielunternehmen um eine Kapitalgesellschaft handelt. Einzelunternehmen und/oder Personengesellschaften sind deshalb nicht als Zielunternehmen geeignet. Die UG als „kleine GmbH" erfüllt hingegen diese Voraussetzung.

Zudem könnte ich mir eine UG als Treuhandkommanditistin vorstellen.

Auch hinsichtlich potentieller Möglichkeiten der Steuergestaltung oder Unternehmensnachfolge kann eine UG eine interessante Alternative darstellen, was in diesem Buch jedoch nicht thematisiert werden soll.

Gibt es eine Statistik darüber, ob die UG (haftungsbeschränkt) eine erfolgreiche Rechtsformvariante der GmbH geworden ist?
Dem Unternehmensregister kann entnommen werden, dass

inzwischen – Stand: Jahresanfang 2018 – über 150.000 Unternehmergesellschaften existieren.

Auch die anfangs befürchtete Insolvenzwelle von Unternehmergesellschaften ist letztendlich ausgeblieben. So weist das Statistische Bundesamt eine Quote von ca. 2% an UG (haftungsbeschränkt) aus, die in die Insolvenz gehen (jeweils für die Jahre 2013 – 2017), davon die Hälfte masselos. Zum Vergleich: Bei der GmbH ist diese Quote noch geringer. Dort sind es lediglich rund 0,7%, davon ein Drittel masselos.

Das Geschäftsmodell der Gründung einer englischen Limited mit Verwaltungssitz in Deutschland ist inzwischen nahezu vollständig zum Erliegen gekommen.

Worin bestehen die elementaren Unterschiede der UG (haftungsbeschränkt) zur GmbH?

Wesentliche Unterschiede liegen in den folgenden Merkmalen:

- Die UG (haftungsbeschränkt) kann – jedenfalls theoretisch – mit einem Mindeststammkapital von EUR 1.- gegründet werden.

- Die Firmenbezeichnung lautet auf UG (haftungsbeschränkt) bzw. Unternehmergesellschaft (haftungsbeschränkt).

- Im Jahresabschluss ist eine gesetzliche Rücklage zu bilden, in die ein Viertel des Jahresüberschusses einzustellen ist.

- Bei drohender Zahlungsunfähigkeit muss sofort eine Gesellschafterversammlung einberufen werden.

Welche „Haftungsmasse" steht den Gläubigern einer UG zur Verfügung?

In §13 Absatz 2 GmbHG steht, dass den Gläubigern der Unternehmergesellschaft (UG) als Haftungsmasse lediglich das **Gesellschaftsvermögen** zur Verfügung steht. Die Gläubiger verfügen im Regelfall also nicht über die Möglichkeit, auf das Privatvermögen der Gesellschafter zuzugreifen.

Dies gilt selbst für den Insolvenzfall einer UG. Dabei verlieren die Gesellschafter der UG zwar Stammeinlage und Vermögen der Gesellschaft, nicht aber ihr privates Vermögen. Ausnahme: Sollten die Gesellschafter ihre Einlage noch nicht vollständig erbracht haben – was aber im Normalfall bei einer UG gar nicht vorkommen sollte – so beschränkt sich ihre Haftung auf den noch ausstehenden Betrag.

Es gibt mehrere Ausnahmen von der Haftungsbegrenzung. Nachfolgend einige Beispiele:

- In §5a Absatz 4 GmbHG findet sich der Passus, dass bei **drohender Zahlungsunfähigkeit** der UG die Verpflichtung besteht, unverzüglich eine Gesellschafterversammlung einzuberufen. Bei Missachtung haften Geschäftsführer und Gesellschafter auch mit ihrem Privatvermögen.

- §69 AO sieht eine **steuerliche Haftung bei Vorsatz oder grober Fahrlässigkeit** vor. Falls Sie beispielsweise als Geschäftsführerin oder Geschäftsführer einer UG „versäumen", die betrieblichen Steuererklärungen an das Finanzamt zu übermitteln und das Finanzamt daraufhin die Steuern schätzt, so haften Sie natürlich für diese geschätzten Steuern. Da hilft auch die Argumentation nicht, dass Sie in

Steuerangelegenheiten „Laie" seien. Dazu nachfolgend ein aktuelles Urteil: Verwaltungsgericht Koblenz, Urteil vom 13. November 2015, Az. 5 K 526/15.

- Falls **Sozialversicherungsabgaben** nicht weitergeleitet werden, können Gesellschafter und Geschäftsführer ebenfalls mit ihrem Privatvermögen in Haftung genommen werden.

Die Beschränkung der persönlichen Haftung tritt für die Gesellschafter **erst mit dem Tag der Eintragung** der UG in das Handelsregister ein, denn erst mit der Eintragung wird die UG als eigenständiges Rechtssubjekt konstituiert und nimmt sodann „eigenständig" am Rechtsverkehr teil.

Sollten bereits vor der Eintragung Verbindlichkeiten im Namen der UG aufgenommen worden sein, so können sowohl die jeweils Handelnden als auch die Gesellschafter persönlich in Haftung genommen werden. Fachleute sprechen in diesem Zusammenhang vom **„Grundsatz der Unterbilanzhaftung"**.

Wie ist die Haftungsbeschränkung der UG in der Praxis zu beurteilen?

Wie oben angeführt werden Schulden der UG im Normalfall nur aus dem Vermögen der Gesellschaft zu zahlen sein, nicht aber aus dem Privatvermögen des/der Gesellschafters.

Bei der UG kommen dabei jedoch die gleichen Einschränkungen wie bei der GmbH zum Tragen:

Banken werden der UG nur dann einen Kredit gewähren, wenn die Gesellschafter mit ihrem Privatvermögen für die

Rückzahlung des Darlehens eintreten bzw. persönlich die Haftung übernehmen oder der Bank andere Sicherheiten zur Verfügung stellen.

Nehmen Gesellschafter keine saubere Trennung zwischen ihrem Privatvermögen und dem Vermögen der Gesellschaft vor, das heißt werden Privat- und Gesellschaftsvermögen miteinander „vermischt" oder nehmen Gesellschafter die UG zum Nachteil von Gläubigern aus, so kann eine sogenannte **„Durchgriffshaftung"** eintreten.

Auch der bzw. die Geschäftsführer der UG (haftungsbeschränkt) können in einer Reihe von Fällen privat in Haftung genommen werden – vgl. dazu meine Ausführungen unter „Organe".

Bezieht sich die Beschränkung der Haftung auch auf Gewährleistungs- und/oder Produkthaftungsfälle?
Nein! Ich denke hier beispielsweise an den nicht rechtzeitig erfolgten Rückruf wegen fehlerhafter Produkte. Hier gelten vielmehr die entsprechenden gesetzlichen Regelungen!

In welchem Fall könnte die Gründung einer GmbH sinnvoller als die Gründung einer UG (haftungsbeschränkt) sein?
Da man bei der UG (haftungsbeschränkt) die Höhe des Stammkapitals frei wählen kann *(Der niedrigste Betrag ist EUR 1, der Höchstbetrag 24.999)*, hat der Gesetzgeber bestimmt, dass das gewählte Stammkapital auch voll eingezahlt werden muss. Für die UG (haftungsbeschränkt) kommt gemäß §5a Absatz 2 Satz 2 GmbHG ausschließlich die Bargründung in

17

Betracht. Die Einzahlung ist gemäß §5a Absatz 2 Satz 1 GmbHG in voller Höhe zu erbringen.

Im Fall der Bargründung einer GmbH müssen zum Zeitpunkt der Eintragung in das Handelsregister ¼ jeder Einlage, mindestens aber die Hälfte des gesetzlichen Stammkapitals (½ von EUR 25.000 = EUR 12.500) eingezahlt sein. Bei der Gründung einer GmbH muss man also zunächst nur die Hälfte einzahlen.

Stehen nun bei der Gründung einer UG (haftungsbeschränkt) EUR 12.500 zur Verfügung und plant man bei der beabsichtigten Gründung der UG (haftungsbeschränkt) sowieso die (spätere) Aufstockung des Stammkapitals auf EUR 25.000, so kann die Gründung einer GmbH mit EUR 25.000 – von denen zunächst nur EUR 12.500 eingezahlt werden müssen – die bessere Alternative als die Gründung der UG mit einem Betrag von EUR 12.500 und späterer Kapitalerhöhung sein.

Praxistipp:

Im Rahmen eines Gründungsvorhabens kommt die UG (haftungsbeschränkt) bis zu einem vorhandenen Startkapital von EUR 12.499 in Betracht; verfügt man über mehr Kapital, so sollte gleich die GmbH als Alternative ins Auge gefasst werden.

Wie eben herausgearbeitet muss bei einer GmbH-Bargründung das Stammkapital nur zu mindestens 50% (= EUR 12.500) eingezahlt werden. Die dann noch fehlende Differenz wird in der Bilanz der GmbH als Forderung gegen die Gesellschafter aufgenommen. Bis zur Einzahlung des kompletten Stammkapitals haften die Gesellschafter mit ihrem Privatvermögen für den fehlenden Anteil des Stammkapitals.

Dazu noch zwei Hinweise am Rande:

1. Der Bundesgerichtshof (BGH) hat in einer Entscheidung vom 19. April 2011 (Az. II ZB 25/10) klargestellt, dass bei der UG (haftungsbeschränkt) das Sacheinlagenverbot nach §5a Absatz 2 Satz 2 GmbHG für eine den Betrag des Mindestkapitals in Höhe von EUR 25.000 erreichende oder übersteigende Erhöhung des Stammkapitals einer UG (haftungsbeschränkt) nicht gilt. Hierzu an anderer Stelle mehr.

2. Durch BGH-Beschluss vom 19. April 2011 (NJW 2011, 651) wurde ein Sacheinlageverbot bei Gründungen aus einem Abspaltungsvorgang kodifiziert.

Welche Vorteile hat die Errichtung einer UG gegenüber der Errichtung einer Limited?
Die UG (haftungsbeschränkt) war als deutsches „Konkurrenzprodukt" zur Limited konzipiert.

Zur Abgabe einer Beurteilung darüber, welche der beiden Gesellschaftsformen die bessere Alternative darstellt, soll hier keine allumfassende Betrachtung vorgenommen werden, sondern lediglich einige typische Probleme, die in der Praxis auftreten können, genannt werden.

Zu Verzögerungen im Gründungsverfahren der Limited könnte die Anmeldung der Zweigniederlassung beim deutschen Handelsregister führen. Einige Behörden verlangen nämlich im Rahmen der Ausstellung einer Umsatzsteuernummer die Vorlage des Registerauszuges, was Zeit in Anspruch nehmen kann. Weitere Probleme können schon bei der Eintragung der

Zweigniederlassung in das Handelsregister entstehen. Da die Gerichtssprache deutsch ist, muss die Übersetzung der notwendigen Dokumente von einem öffentlich bestellten und vereidigten Dolmetscher erfolgen, was ebenfalls Zeit (und Geld!) kosten kann.

Da die Limited grundsätzlich dem englischen Gesellschaftsrecht unterliegt, muss sie eine Buchführung nach englischem Recht erstellen. Um jedoch die deutsche Steuerbilanz zu erstellen, ist eine Buchführung nach deutschem Recht unumgänglich, so dass doppelte Pflichten und ein zusätzlicher Zeitaufwand einzuplanen sind.

Zusammenfassend kann gesagt werden, dass die UG (haftungsbeschränkt) für den deutschen Existenzgründer oder Unternehmer mit wenig Kapital zu bevorzugen ist. Es ist inzwischen möglich, mittels einer deutschen Gesellschaftsform ohne Einbringung eines nennenswerten Stammkapitals in die persönliche Haftungsbefreiung zu gelangen. Zudem bestehen keine Sprachbarrieren und es kommt ausschließlich deutsches Recht zur Anwendung.

Welche Vorteile hat die Errichtung einer Kapitalgesellschaft bzw. UG gegenüber einem Einzelunternehmen im Hinblick auf die Firmierung?

Dazu vorab einige grundsätzliche Ausführungen: Ein **Firmenname** ist die Bezeichnung, unter der ein Unternehmen im Handelsregister eingetragen ist.

Umgangssprachlich wird jedoch oftmals auch eine **Unternehmens- oder Geschäftsbezeichnung** als „Firma" bezeichnet, obwohl – rein rechtlich gesehen – Unternehmen ohne Handelsregister-Eintrag keine Firma darstellen.

Im offiziellen Geschäftsverkehr verwenden Einzelunternehmen, die nicht im Handelsregister eingetragen sind, sogenannte „Unternehmensbezeichnungen".

Eine „Geschäftsbezeichnung" wird von Unternehmen eher zu werblichen Zwecken verwendet und muss weniger strenge Anforderungen erfüllen.

Also: Einzelunternehmen, die nicht im Handelsregister eingetragen sind, gelten nicht als Firma und können deshalb auch nicht offiziell firmieren. Sie müssen vielmehr ihre Unternehmensbezeichnung angeben, die zwingend aus dem **kompletten Namen des Inhabers** bestehen muss, was die Möglichkeiten der professionellen Außendarstellung einschränkt. Erlaubt ist allenfalls eine Kombination wie „Floristik Regina Schmidt".

Unternehmen ohne Handelsregister-Eintrag könnten lediglich versuchen, eine Geschäftsbezeichnung wie bspw. „Gasthaus zum dicken Heinrich" zu verwenden, um ihrem Unternehmen einen individualisierten Namen zu geben und sich so von anderen abzuheben. Allerdings muss in einem solchen Fall z.B. bei der Rechnungsstellung etc. zusätzlich die Unternehmensbezeichnung genannt werden, um zu zeigen, wer hinter dem Unternehmen steht.

Bei der Unternehmergesellschaft kann hingegen ein Firmenname nach Wahl der Gesellschafter ausgesucht werden, da sie ja im Handelsregister eingetragen ist.

Für explizite Details zur Firmierung verweise ich auf meine detaillierten Ausführungen weiter unten.

Welche Vorteile kann die Errichtung einer Unternehmergesellschaft (haftungsbeschränkt) für Künstler, Designer, Grafiker etc. haben? Was sollten Gesellschafter-Geschäftsführer der Unternehmergesellschaft dabei unbedingt beachten?

Die Künstlersozialversicherung **ist die gesetzliche Renten-, Kranken- und Pflegeversicherung für selbstständige Publizisten, Sänger, Künstler, Designer, Webdesigner, Grafiker, Werbefotografen etc.** Rechtsgrundlage ist das „Gesetz über die Sozialversicherung der selbständigen Künstler und Publizisten" *(Künstlersozialversicherungsgesetz, kurz: KSVG).*

Vergleichbar mit einem Arbeitnehmer zahlen auch die o.g. Versicherten circa die Hälfte ihrer Beiträge selbst. Die andere Hälfte wird durch den Bund **und die Unternehmen, die Aufträge an die o.g. Berufsgruppen vergeben, getragen.**

Deutlicher: Im Regelfall muss das Auftrag gebende Unternehmen – neben dem Honorar, das vom Künstler, Designer, Webdesigner, Grafiker, Werbefotografen etc. berechnet wird – Beiträge an die Künstlersozialkasse melden und zahlen. Diese Beiträge werden **Künstlersozialabgabe** genannt.

Da – leider – etliche Unternehmen gar nicht wissen, dass sie die Künstlersozialabgabe selbst anmelden und zahlen müssen, kommt es häufig im Rahmen von **Betriebsprüfungen der Deutschen Rentenversicherung Bund** (bzw. der

Künstlersozialkasse, der 2015 ein eigenes Prüfrecht zugestanden wurde) zu Nachforderungen. Die im Rahmen einer solchen Betriebsprüfung festgesetzte Künstlersozialabgabe kann nachträglich für mehrere Jahre erhoben werden.

Beispiel: Schuhfabrik und selbständiger Grafiker

Eine Schuhfabrik beauftragt einen selbstständigen Grafiker über einen mehrjährigen Zeitraum jeweils halbjährlich Produktkataloge über das Nachlieferprogramm zu erstellen.

In diesem Fall ist die Schuhfabrik Auftraggeber. Sie muss von sich aus selbständig tätig werden und bis spätestens zum 31. März des Folgejahres die Künstlersozialabgabe errechnen und melden.

In §24 Künstlersozialversicherungsgesetz werden 3 Gruppen abgabepflichtiger Unternehmen unterschieden, auf die an dieser Stelle nicht im Detail eingegangen werden soll, da der Schwerpunkt dieses Blog-Artikels auf der Unternehmergesellschaft (haftungsbeschränkt) verbleiben soll.

Bemessungsgrundlage für die Künstlersozialabgabe ist alles, was der Auftraggeber aufwendet, um die Leistung vom selbstständigen Künstler zu erhalten. Die Künstlersozialabgabe ist folglich auf sämtliche Nettoentgelte zu zahlen. Hinzu kommen jedoch auch etwaige Nebenkosten. Auf die so errechnete Gesamtsumme ist dann der Abgabesatz der Künstlersozialabgabe anzuwenden. Der **Abgabesatz** beträgt für das Jahr **2018 4,2%** und für das Jahr **2017 4,8%**.

Übrigens: Ein **Auftragnehmer** muss nicht unbedingt selbst bei der Künstlersozialkasse versichert sein.

Am Rande: Auftraggeber, die einfach das Honorar des Künstlers, Designers etc. um die Künstlersozialabgabe kürzen wollen, handeln gesetzwidrig. Eine solche Vereinbarung verstößt gegen ein gesetzliches Verbot und ist nichtig. Dies gilt auch für den Fall, dass der Auftraggeber die Künstlersozialabgabe einfach dem Künstler, Designer etc. in Rechnung zu stellen beabsichtigt.

Ausnahmefall: Juristische Personen

Die Abgabepflicht besteht für Auftraggeber auch, wenn eine Personengesellschaft *(zum Beispiel eine „Gesellschaft bürgerlichen Rechts")* beauftragt wird.

Sie besteht jedoch nicht bei Beauftragung einer Kapitalgesellschaft. Vorgenanntes gilt grundsätzlich, wenn eine juristische Person – also eine GmbH oder ihre „kleine Schwester", die Unternehmergesellschaft (haftungsbeschränkt) – Vertragspartner des Auftraggebers *(in unserem Beispiel der Schuhfabrik)* wird.

Resümee

Bietet ein Künstler o.ä. seine Leistung nicht als „Einzelkämpfer", sondern in Rechtsform einer Unternehmergesellschaft (haftungsbeschränkt) an, so zahlt das beauftragende Unternehmen für diese Leistung unter dem Strich weniger als bei erstgenanntem Fall, da die zusätzliche Beitragspflicht zur Künstlersozialversicherung (2018: 4,2%, 2017: 4,8%) entfällt.

Aber Achtung: Ist ein Künstler, Designer, Publizist etc. in einer Unternehmergesellschaft (haftungsbeschränkt) angestellt, so müssen – wie bei jedem anderen Mitarbeiter – „normale" Sozialversicherungsbeiträge abgeführt werden.

Gesellschafter bzw. Gesellschafter-Geschäftsführer der Unternehmergesellschaft (haftungsbeschränkt)

In Form einer Unternehmergesellschaft tätige Künstler, Designer, Publizisten etc. können bezüglich der Zahlungen an ihre Gesellschafter ihrerseits ggf. abgabepflichtig sein:

So muss UG-intern die Unternehmergesellschaft die Künstlersozialabgabe für entsprechende Aufträge dann abführen, wenn der ausführende Gesellschafter bzw. Gesellschafter-Geschäftsführer überwiegend künstlerisch tätig ist und in keinem abhängigen Beschäftigungsverhältnis zur Unternehmergesellschaft (haftungsbeschränkt) steht.

Konkret geht es hier um Gesellschafter, die

1. **beherrschenden Einfluss auf die Gesellschafterversammlung** der Unternehmergesellschaft haben (z.B. alleiniger Gesellschafter und Geschäftsführer in Personalunion)

und

2. die überwiegend **kreativ (künstlerisch oder publizistisch) tätig** sind.

In diesem Fall muss die Unternehmergesellschaft auf das

Geschäftsführer- Gehalt auch Abgaben an die Künstlersozialversicherung bezahlen.

Praxistipp:

In der Fachliteratur wird dazu geraten, dass der ehemals selbständige Künstler und jetzige UG-Geschäftsführer für seine **unterschiedlichen Tätigkeiten** getrennte Anstellungs- bzw. Zusatzverträge abschließen könnte und so seine Vergütung in eine beitragspflichtige Bezahlung für künstlerische Tätigkeiten und eine beitragsfreie nicht-künstlerische bzw. verwaltende Tätigkeit splittet. Unterbleibt eine derartige Aufteilung und erfolgt die Vergütung stattdessen pauschal, so ist es nicht möglich, das Geschäftsführer- Gehalt in einen Verwaltungsanteil und einen kreativen Teil aufzuteilen. Folge: Das gesamte Gehalt dürfte der Abgabepflicht unterliegen.

Zur Diskussion einer derartigen Gestaltung sollten UG-Gründer bzw. Gesellschafter frühzeitig ihren steuerlichen Berater bzw. Rechtsanwalt beauftragen.

Welche Nachteile hat die Errichtung einer UG (haftungsbeschränkt) gegenüber der Gründung eines Einzelunternehmens?
Stehen Gründer vor der Wahl zwischen der Errichtung einer UG (haftungsbeschränkt) oder der Gründung eines Einzelunternehmens, so birgt die Errichtung der UG (haftungsbeschränkt) im Vergleich zum Einzelunternehmen einige Nachteile: Hier sind insbesondere der aufwändigere

Gründungsvorgang (z.B. Gang zum Notar), die Verpflichtung zur Einzahlung des gezeichnetes Kapitals (Bargründung), eine gehörige Portion Formalismus (Erfordernis von Gesellschafterbeschlüssen, formaler Abschluss des Geschäftsführer-Anstellungsvertrages etc.), die höheren Verwaltungskosten, die Verpflichtung zur Veröffentlichung bzw. Hinterlegung des Jahresabschlusses im elektronischen Handelsregister und – „last but not least" – die Verpflichtung zur Vollbilanzierung zu nennen.

Vor allem die Anforderungen an die Buchführung und den Jahresabschluss, die wesentlich umfangreicher als bei einem Einzelunternehmen sind, sollten dabei keinesfalls unterschätzt werden.

Kleinere Einzelunternehmen und Gründer fertigen oftmals lediglich eine sogenannte Einnahmen- Überschuss- Rechnung gemäß §4 Absatz 3 EStG an, die einfacher und kostengünstiger zu erstellen ist als ein Jahresabschluss, der aus Bilanz, Gewinn- und Verlustrechnung, Anhang und evtl. Lagebericht besteht.

Bei der Einnahmen- Überschuss- Rechnung handelt es sich de facto um eine reine Geldflussrechnung, die vereinfacht wie folgt dargestellt werden kann:

Betriebseinnahmen
- Betriebsausgaben
= Gewinn/Verlust

Kommt hinzu, dass die Betriebseinnahmen unter der Grenze von

EUR 17.500 liegen, so wird das Finanzamt es noch nicht einmal beanstanden, wenn anstelle des EÜR-Formulars eine formlose Aufstellung verwendet und diese der Einkommensteuererklärung beigefügt wird.

Während bei der Einnahmen- Überschuss- Rechnung, die – bis auf Ausnahmen – lediglich dem Zu- und Abflussprinzip unterliegt, auf Inventurarbeiten, die Erstellung eines Inventars sowie die Aufstellung einer Bilanz verzichtet werden kann, sind diese Arbeiten bzw. Angaben im Rahmen der doppelten Buchführung Pflicht.

Und noch einmal deutlich: Die Einnahmen- Überschuss-Rechnung kommt leider für Unternehmergesellschaften nicht in Betracht, jedoch für bestimmte Einzelunternehmen und Freiberufler.

Da bei der UG (haftungsbeschränkt) niemand um die Pflicht herum kommt, eine doppelte Buchführung zu erstellen, vorab ein Tipp: Können Sie Ihre Buchführung und den Jahresabschluss nicht alleine erledigen, so sollten Sie zusätzliche Kosten für einen Steuerberater einkalkulieren. Lassen Sie bitte auf keinen Fall die Buchführung über Monate unerledigt liegen!

Was aber ist nun die doppelte Buchführung? Kurz gesagt handelt es sich hierbei um ein Erfassungssystem, um alle Veränderungen der Vermögens- und Schuldverhältnisse der UG (haftungsbeschränkt) einzeln zu notieren und die Resultate davon in Berichten auszuweisen.

Das „Notieren" geschieht dabei in der Form von sogenannten Buchungssätzen und Einträgen auf Konten. Dabei werden die

Buchungssätze in zeitlich richtiger Reihenfolge im Grundbuch aufgeschrieben und anschließend sachlich ins sogenannte Hauptbuch bzw. in die entsprechenden Spalten der angesprochenen Sachkonten („T-Konten") übertragen. Des Weiteren kann es erforderlich sein, sogenannte Nebenbücher (z.B. eine Kreditorenbuchhaltung, Lohnbuchhaltung, Anlagenbuchhaltung) zu führen. In der heutigen Zeit erleichtern einschlägige Buchführungsprogramme diese Arbeiten.

Im Rahmen der doppelten Buchführung wird jeder Geschäftsvorfall auf mindestens zwei Konten (auf einem Konto im Soll und auf dem anderen Konto im Haben) gebucht, wobei jeweils Soll- und Habenbuchungen in gleicher Höhe erfolgen.

Des Weiteren wird der Gewinn oder Verlust bei der doppelten Buchführung auf zwei Arten ermittelt: Einerseits durch einen Vermögensvergleich, wobei Anfangsbilanz und Schlussbilanz eines Geschäftsjahres miteinander verglichen werden, andererseits mit Hilfe der Gewinn- und Verlustrechnung, bei der alle betrieblichen Aufwendungen und Erträge des Geschäftsjahres berücksichtigt werden.

Für die Verantwortlichen einer UG (haftungsbeschränkt) bietet die doppelte Buchführung diverse aussagefähige Auswertungsmöglichkeiten. So kann jederzeit der Stand des Vermögens der UG (haftungsbeschränkt) nachvollzogen werden. Auch Offene- Posten- Listen erleichtern die Arbeit.

Nachteilig dürfte für UG-Verantwortliche das Verständnis des komplexen Kontorahmens sein.

Ein weiterer Nachteil der UG (haftungsbeschränkt) besteht

übrigens darin, dass ihr Jahresabschluss zwingend zu veröffentlichen oder zu hinterlegen ist. Damit können Wettbewerber, Lieferanten, Kunden und/oder anderweitig Interessierte erkennen, wie die Bilanzzahlen der UG (haftungsbeschränkt) ausschauen. Übrigens: Für eine Unternehmergesellschaft, die recht „gute" Zahlen erwirtschaftet, kann die Offenlegungspflicht auch einen Vorteil darstellen. Zu Erleichterungen bei der Offenlegung siehe bitte weiter unten.

Welche Nachteile kann die Rechtsform der Unternehmergesellschaft (haftungsbeschränkt) für Freiberufler bedeuten?

Gemäß §2 Absatz 2 GewStG ist die Tätigkeit einer Kapitalgesellschaft immer als Gewerbebetrieb einzustufen. Jeder inländische Gewerbebetrieb unterliegt der Gewerbesteuer. Da die Unternehmergesellschaft (haftungsbeschränkt) schon aufgrund ihrer Rechtsform zu den Kapitalgesellschaften gehört (sogenannter Gewerbebetrieb kraft Rechtsform), führt dies im Ergebnis zur Gewerbesteuerpflicht der Unternehmergesellschaft (haftungsbeschränkt).

Einfacher ausgedrückt: Mit Eintragung einer Unternehmergesellschaft (haftungsbeschränkt) entsteht Gewerbesteuerpflicht. Wird bereits vor der Eintragung die Geschäftstätigkeit nach außen erkennbar aufgenommen (sogenannte Vorgesellschaft), beginnt die Gewerbesteuerpflicht bereits mit dieser Aufnahme der Geschäftstätigkeit.

Gewerbesteuer ist abzuführen, sobald sie festgesetzt worden ist. Dies ist dann der Fall, wenn ein gewerbesteuerpflichtiger Gewinn erwirtschaftet und ermittelt wurde – vielleicht bereits nach Ende des ersten *(erfolgreichen)* Geschäftsjahres.

Was ist nun die Besonderheit hinsichtlich Freiberuflern?

Freiberufler haben gegenüber einem Gewerbebetrieb den Vorteil, dass sie selbst bei hohen Gewinnen und Umsätzen

a) nicht buchführungspflichtig sind, sondern eine Einnahmen-Überschuss-Rechnung beibehalten dürfen,

b) nicht der Gewerbesteuerpflicht unterliegen.

Wer wird als Freiberufler angesehen?

Gemäß §18 Absatz 1 Nr. 1 EStG werden drei freiberufliche Tätigkeitsgruppierungen unterschieden:

1. **Katalogberufe**, die explizit im Gesetz aufgezählt sind: Ärzte, Zahnärzte, Tierärzte, Rechtsanwälte, Notare, Patentanwälte, Vermessungsingenieure, Ingenieure, Architekten, Handelschemiker, Wirtschaftsprüfer, Steuerberater, beratenden Volks- und Betriebswirte, vereidigten Buchprüfer, Steuerbevollmächtigten, Heilpraktiker, Dentisten, Krankengymnasten, Journalisten, Bildberichterstatter, Dolmetscher, Übersetzer, Lotsen. *Anmerkung: Ein weiteres Gesetz, das sogenannte Partnerschaftsgesellschaftsgesetz (PartGG), zählt in §1 Absatz 2 noch ergänzend Berufe bzw. Berufsgruppen auf. Für weitergehende Details siehe bitte dort.*

2. **Ähnliche Berufe:** Die selbständige Tätigkeit der den Katalogberufen ähnlichen Berufe. *Anmerkung: Die Rechtsprechung des Bundesfinanzhofes hat zu einer Einbeziehung zahlreicher Berufe geführt, die den obigen Katalogberufen „ähnlich"*

31

sind. Da die Anforderungen an diese Berufe hinsichtlich Zuordnung zu den freien Berufen jedoch hoch sind, ist im Normalfall eine Einzelfallprüfung vorzunehmen.

3. **Tätigkeitsberufe:** Die selbständig ausgeübte wissenschaftliche, künstlerische, schriftstellerische, unterrichtende oder erzieherische Tätigkeit. *Anmerkung: Hier soll vor allem der Entwicklung neuer Arbeitsfelder und Berufsbilder Rechnung getragen werden. Für wissenschaftliche, künstlerische, schriftstellerische, unterrichtende oder erzieherische Tätigkeiten kann deshalb über 2. hinaus im Rahmen einer Einzelfallprüfung die Zuordnung zu den freien Berufen erfolgen.*

Also: Organisieren sich Freiberufler in einer Unternehmergesellschaft (haftungsbeschränkt), um ihre freiberufliche Tätigkeit auszuüben, so kann dies aus steuerlicher Sicht „teuer" werden. Denn die Unternehmergesellschaft (haftungsbeschränkt) muss Gewerbesteuer zahlen, obwohl keine Gewerbesteuer erhoben würde, wenn sich die Freiberufler bspw. zu einer Gesellschaft bürgerlichen Rechts zusammengeschlossen hätten.

Fazit: Da Freiberufler normalerweise nicht gewerbesteuerpflichtig sind, sollten Sie einen Steuerberater konsultieren, bevor Sie sich für die Gründung einer Unternehmergesellschaft als Kapitalgesellschaft mit Folge Gewerbesteuerpflicht entscheiden.

2. Gründung der Unternehmergesellschaft

Wer kann eine Unternehmergesellschaft (haftungsbeschränkt) gründen? Gibt es etwaige Erlaubnis-Voraussetzungen, die zur Aufnahme bestimmter Tätigkeiten erforderlich sind?

Die Unternehmergesellschaft (haftungsbeschränkt) kann gemäß §§1, 5a GmbHG zu **jedem gesetzlich zulässigen Zweck** gegründet werden. Dies können bspw. **wirtschaftliche, ideelle, politische oder sportliche Zielsetzungen** sein. Da somit keine Eingrenzung auf einen rein kaufmännischen Zweck vorgegeben ist, kommt die Unternehmergesellschaft auch für **Kleingewerbetreibende** und **bestimmte Handwerker** in Betracht. Einschränkende Anmerkung: Grundsätzlich herrscht in Deutschland Gewerbefreiheit, im Handwerk sind jedoch bestimmte **Erlaubnisvoraussetzungen** zu beachten, insbesondere die Eintragung in die sogenannte Handwerksrolle (§1 Absatz 1, §7 Absatz 4 HandwO).

Die Unternehmergesellschaft kann durch **eine Person** (sog. „Ein-Personen-UG") oder durch **mehrere Personen** (sog. „Mehr-Personen-UG") gegründet werden. Als Gründer können dabei sowohl **natürliche Personen (In- und Ausländer) als auch juristische Personen** auftreten. *Bspw. kann eine Unternehmergesellschaft selbst Gesellschafterin einer anderen Unternehmergesellschaft sein.*

Exkurs: Zur Gründung bedarf es eines Gesellschaftsvertrags. Letzterer muss von einem Notar beurkundet werden, um Wirksamkeit zu erlangen. Die Unternehmergesellschaft kann dabei in einem vereinfachten Verfahren gegründet werden, indem der Notar eines der in der Anlage zum GmbHG befindlichen Mustergründungsprotokolle bzw. Musterprotokolle verwendet. Achtung: Wird das sog. Musterprotokoll verwendet, so ist als Maximum die Anzahl von drei Gesellschaftern vorgesehen. Wollen sich an der Unternehmergesellschaft mehr Gesellschafter beteiligen, so kann das Mustergründungsprotokoll nicht mehr verwendet werden.

Wie bereits oben angedeutet, bedarf die Aufnahme bestimmter Tätigkeiten einer **besonderen Erlaubnis**. Als Beispiele seien hier das **Bewachungsgewerbe** (§34a GewO) oder die **Versicherungsvermittlung** (§§34d, 34e GewO) genannt.

Auch **Freiberufler wie Apotheker, Architekten, Ärzte, Rechtsanwälte oder Notare** haben besondere Regelungen zu beachten. Je nach Tätigkeit (und manchmal auch Bundesland) dürfen freiberuflich Tätige eine Unternehmergesellschaft (haftungsbeschränkt) gründen oder auch nicht.

Im Einzelnen dürfen sich **Notare** oder **Apotheker** im Rahmen ihrer berufsspezifischen Tätigkeit nicht zu einer GmbH – und somit natürlich auch nicht zu der GmbH-Variante UG – zusammenfinden *(für Apotheker vgl. diesbezüglich §8 ApothekenG).* Auch für **Rechtsanwälte** und **Steuerberater** gibt es berufsrechtliche Regelungen für die Zulassung einer UG (haftungsbeschränkt). Demnach dürfen Steuerberatungs- und Rechtsanwalts-Unternehmergesellschaften gegründet werden. **Wirtschaftsprüfer** dürfen hingegen aufgrund des in §28 Absatz 6 WPO festgelegten Mindest-Stammkapitals keine UG (haftungsbeschränkt) gründen.

Auch für **Versicherungen, Bausparkassen und Hypothekenbanken** kommt aufgrund gesetzlicher Restriktionen die Rechtsform der GmbH bzw. UG (haftungsbeschränkt) nicht in Betracht.

Praxistipp

Ob eine derartige oder andere Erlaubnis für Ihre geplante Tätigkeit erforderlich ist, sollten Sie besser <u>vor</u> Gründung der Unternehmergesellschaft (haftungsbeschränkt) prüfen.

Bei sogenannten erlaubnispflichtigen Tätigkeiten muss die Erlaubnis nämlich nicht zum Zeitpunkt der Eintragung in das Handelsregister, jedoch bei Aufnahme der Tätigkeit vorliegen. Sie ist der Gemeinde bzw. Kommune im Rahmen der Gewerbeanmeldung nachzuweisen.

Welches Mindestkapital ist zur Gründung erforderlich?

Grundsätzlich ist ein Stammkapital von lediglich einem Euro erforderlich. Deshalb wird diese Sondervariante der GmbH häufig auch als „Mini GmbH" oder „1-Euro-GmbH" bezeichnet. Um nicht unmittelbar nach der Gründung einen Insolvenzfall hervorzurufen (das oftmals geringe Eigenkapital der UG kann zu einer latenten Insolvenzgefahr durch Unterkapitalisierung führen), empfiehlt es sich, das Gründungskapital so zu wählen, dass zumindest die ersten Ausgaben (Notar, Registergericht) – besser der erwartete Finanzbedarf – abgedeckt werden. Dabei sind auch Kosten für Buchführung, Jahresabschlusserstellung, Offenlegung und IHK einzuplanen.

Ich empfehle – falls verfügbar – ein Stammkapital von mindestens EUR 600 zu wählen. Unterhalb eines Betrages von EUR 300 sollte die Gründung einer UG (haftungsbeschränkt) nicht ernsthaft erwogen werden. Bei einer offensichtlichen Unterkapitalisierung besteht bereits in den ersten Tagen nach der Gründung das Problem der rechnerischen Überschuldung und der daraus eventuell resultierenden Insolvenzantragspflicht.

Mit welchem Stammkapital ist die UG auszustatten?

Vorab: Das Stammkapital ist der Betrag, bis zu dessen Höhe die UG letztendlich für ihre Schulden aufkommen muss.

Die eigentliche Höhe des Stammkapitals legen die Gesellschafter in der Gesellschaftssatzung fest.

Dabei ist zu beachten, dass für die UG ein Mindeststammkapital von EUR 1 vorgeschrieben ist, dass das Stammkapital in voller Höhe auf ein Konto der UG eingezahlt werden muss, dass die Einlage jedes Gesellschafters mindestens einen EUR betragen muss, dass ein Gesellschafter mehrere Stammeinlagen übernehmen kann und dass die Stammeinlagen einzelner Gesellschafter unterschiedliche Höhe aufweisen können.

Da der Nennbetrag eines jeden Geschäftsanteils gemäß §5 Absatz 2 Satz 1 GmbHG auf volle EUR lauten muss und es sich bei einer Gesellschaft mit einem Stammkapital in Höhe von EUR 25.000 um eine „normale" GmbH handelt, folgt daraus, dass das Stammkapital der UG auf jeden vollen EUR-Betrag zwischen EUR 1 und EUR 24.999 festgesetzt werden kann.

Letztendlich werden sich die Gesellschafter in der Praxis daran orientieren, wie viel Kapital sie tatsächlich aufbringen können/wollen, um die Gesellschaft damit auszustatten. Wer seine Gründung professionell angeht, orientiert sich am tatsächlichen Kapitalbedarf seines Vorhabens. Dabei muss aber beachtet werden, dass jedes Unternehmen ein gewisses Startkapital benötigt.

Übrigens: Jeder EUR eines Geschäftsanteils gewährt eine Stimme.

Wie viele Geschäftsanteile können auf einen Gesellschafter entfallen?

Der Geschäftsanteil repräsentiert die mitgliedschaftsrechtlichen Rechte und Pflichten des jeweiligen Gesellschafters (Gewinnanspruch, Stimmengewichtung etc.)

Hier ist zwischen einer Errichtung nach „Musterprotokoll" oder „individueller Satzung" zu unterscheiden. Bei Verwendung des Musterprotokolls erhält ein Gesellschafter einen Geschäftsanteil. Im Rahmen einer individuellen Satzung sind Abweichungen möglich (zum Beispiel Vorratsteilung für Treuhandvertrag).

Grundsätzlich kann jeder Gesellschafter mehrere Geschäftsanteile übernehmen (§5 Absatz 2 Satz 2 GmbHG).

Vorab zwei Begriffserklärungen: Was bedeuten die Begriffe Sachgründung und Bargründung?

Bei dem Begriff der Sachgründung handelt es sich um eine Form der Gründung, bei der der/ die Gründer als Eigenkapital anstelle von Geld Sacheinlagen (Maschinen, Grundstücke) einbringt/ einbringen.

Bei einer Bargründung wird das Eigenkapital stattdessen durch Geldeinlagen der Gründer aufgebracht. Dabei muss auch nicht unbedingt Bargeld fließen (wie ich oft fälschlicherweise in Internet-Foren zur UG-Gründung gelesen habe), sondern es reicht ebenso gut aus, dass der Gesellschafter per Banküberweisung (Buchgeld) Geldmittel zufließen lässt.

Für die UG (haftungsbeschränkt) kommt grundsätzlich gemäß §5a Absatz 2 Satz 2 GmbHG ausschließlich die Bargründung in Betracht. Des Weiteren ist gemäß §5a Absatz 2 Satz 1 GmbHG die Einzahlung in voller Höhe zu erbringen.

Ist die Einbringung von Sacheinlagen als Stammkapital ausgeschlossen oder gibt es Sonderregelungen?

Nach §5a Absatz 2 Satz 2 GmbHG ist die Einbringung von Sacheinlagen als Stammkapital ausgeschlossen. Der Gesetzgeber hält derartige Sacheinlagen für nicht erforderlich und deshalb unzulässig.

Dieses Sacheinlagenverbot gilt uneingeschränkt bei der Gründung einer UG (haftungsbeschränkt) und in allen Fällen einer Kapitalerhöhung, in denen keine Erhöhung auf das Mindeststammkapital einer GmbH vorgenommen wird.

Achtung

Der Bundesgerichtshof (BGH) hat in einer Entscheidung vom 19. April 2011 (Az. II ZB 25/10) klargestellt, dass das Sacheinlagenverbot nach §5a Absatz 2 Satz 2 GmbHG für eine den Betrag des Mindestkapitals in Höhe von EUR 25.000 erreichende oder übersteigende Erhöhung des Stammkapitals einer UG

(haftungsbeschränkt) nicht gilt.

Im entschiedenen Fall war eine Unternehmergesellschaft (haftungsbeschränkt) mit einem Stammkapital von EUR 500 im Handelsregister eingetragen. Ihr Alleingesellschafter beschloss die Erhöhung des Stammkapitals um 24.500 EUR. Dabei sollte das erhöhte Kapital durch Leistung einer Sacheinlage in Form der Übertragung einer Beteiligung des Alleingesellschafters an einer anderen Gesellschaft erbracht werden. Das Registergericht lehnte die Eintragung der Kapitalerhöhung ab. Der Bundesgerichtshof hingegen hielt die beabsichtigte Sacheinlage für zulässig.

Aus der Urteilsbegründung des Bundesgerichtshofs geht ferner hervor, dass das Sacheinlagenverbot bei einer Unternehmergesellschaft (haftungsbeschränkt) nicht auf die Gründung beschränkt ist, sondern auch während des Bestehens der Gesellschaft anzuwenden ist.

Eine Ausnahme macht der BGH aber, wenn die Unternehmergesellschaft (haftungsbeschränkt) ihr Stammkapital durch eine Kapitalerhöhung im Wege der Sacheinlage so erhöht, dass es das Mindeststammkapital einer „normalen" GmbH (d.h. der „großen Schwester") in Höhe von EUR 25.000 erreicht oder übersteigt.

Bei einer Sachkapitalerhöhung ist m.E. jedoch zu beachten, dass Sacheinlagen stets in voller Höhe zu erbringen sind (vgl. §§7 Absatz 2 Satz 1, 56a GmbHG).

Am Rande: Der Bundesgerichtshof macht zudem deutlich, dass die Zulässigkeit der Erhöhung des Stammkapitals auf das

Mindeststammkapital der normalen GmbH im Wege der Sacheinlage nichts daran ändert, dass der Übergang zur vollwertigen GmbH erst mit der Eintragung der Kapitalerhöhung in das Handelsregister bewirkt wird. Dies hat zur Folge, dass bis dahin die Sonderregeln für die UG (haftungsbeschränkt) weiter gelten.

Wie erfolgt die Errichtung einer UG?

Eine UG muss grundsätzlich neu errichtet werden.

Zwar findet das sogenannte Umwandlungsgesetz (UmwG) vom Grundsatz her Anwendung. Da jedoch bei der UG das Verbot einer Sacheinlage besteht (*sowohl offene als auch verdeckte Sachgründungen sind bei der UG unzulässig, auf komplexe Details soll hier nicht eingegangen werden*), kann die UG de facto nur durch die Einbringung von Geld gegründet werden. Deshalb kann eine UG – beispielsweise durch Umwandlung eines Einzelunternehmens in eine UG – als Zielgesellschaft auf der Grundlage des Umwandlungsrechts nicht zur Entstehung gelangen, da in diesem Fall die Einzelfirma als Sacheinlage eingebracht werden müsste. Dies ist gerade nicht zulässig.

Höchstrichterlich entschieden ist bereits der Fall, dass eine Unternehmergesellschaft nicht im Wege der Abspaltung zur Neugründung gegründet werden kann (BGH vom 11.4.2011, II ZB 9/10, GmbHR 2011, 701).

Gleiches ist konsequenterweise auch für alle anderen Umwandlungsvorgänge nach dem UmwG zu unterstellen, die im Ergebnis eine Sachgründung beinhalten, wie zum Beispiel eine

Abspaltung, Ausgliederung oder Verschmelzung zur Neugründung, da in allen Fällen die Sachgründungsvorschriften zu beachten sind und damit auch das Sacheinlagenverbot des §5a Absatz 2 Satz 2 GmbHG zur Anwendung gelangt.

Auch kann eine bestehende GmbH nicht zur Unternehmergesellschaft gemacht und so das Haftungskapital auf EUR 1 gesenkt werden.

Wie kann ein bestehendes Einzelunternehmen in eine UG (haftungsbeschränkt) eingebracht werden?
Da – wie oben beschreiben – Sacheinlagen bei der UG nicht zulässig sind, lässt sich auch ein bestehender Einzelbetrieb schlecht in eine UG einbringen.

Praxistipp

Idee: Sie könnten ein kurzfristiges Privatdarlehen aufnehmen, mit dem Sie die Bareinlage der UG leisten. Anschließend verkaufen Sie Ihr Einzelunternehmen an die UG. Von dem Verkaufserlös zahlen Sie sodann das Darlehen zurück.

Achtung: Diesen Tipp müssen Sie im Vorfeld mit ihrem steuerlichen Berater diskutieren, um Risiken, bspw. in den Vertragsgestaltungen, zu umgehen.

Benötigen Sie zur Gründung einen Notar?
Ja! Die Gründung einer Unternehmergesellschaft

(haftungsbeschränkt) ist vom Notar zu beurkunden.

Der Notar Ihres Vertrauens berät Sie sicherlich gerne im Zusammenhang mit der Satzungsgestaltung. Dies gilt insbesondere für die Frage, ob eine Gründung mit Hilfe des gesetzlichen **Mustergründungsprotokolls** (auch „**Musterprotokoll**" genannt) sinnvoll ist.

Der Notar weist zudem auf mögliche Gefahren Ihres Vorhabens hin, entwirft die (elektronische) Anmeldung zum Handelsregister und bespricht mit Ihnen, welche Unterlagen dem Registergericht im Einzelfall vorzulegen sind.

Worin besteht der Unterschied zwischen einer notariellen Beurkundung und einer notariellen Beglaubigung?

Die zur Gründung einer UG (haftungsbeschränkt) erforderliche **notarielle Beurkundung** bedeutet, dass ein Dokument von einem Notar „vorgelesen" wird. Er muss sich zudem darüber vergewissern, dass alle Beteiligten den Inhalt dieses Dokumentes auch tatsächlich verstanden haben. Die Unterschriften müssen dann in Gegenwart des Notars vorgenommen werden.

Bei der **notariellen Beglaubigung** handelt es sich hingegen nur um einen Nachweis, dass eine Unterschrift tatsächlich von der entsprechenden Person vorgenommen wird. Der Notar verlangt dafür ein gültiges Ausweisdokument. Der eigentliche Inhalt des Dokumentes ist jedoch unerheblich.

Müssen bei der Gründung der UG (haftungsbeschränkt) alle Gesellschafter persönlich erscheinen?

Nein! Eine UG wird durch Abschluss eines **Gesellschaftsvertrages** (auch „Satzung" genannt) gegründet. Die Satzung muss dabei **von allen Gesellschaftern unterschrieben** werden (§2 Absatz 1 GmbHG) und zudem notariell beurkundet sein. Gesellschafter können sich aber **per Vollmacht** für die Unterschrift vertreten lassen, wenn ein persönliches Erscheinen an bzw. bei dem Notartermin nicht möglich ist. Die **Vollmacht** muss in jedem Fall von einem Notar errichtetet oder **beglaubigt** sein (§2 Absatz 2 GmbHG).

Wie ist der Gesellschaftsvertrag der UG zu entwerfen?

Hier bestehen mehrere Möglichkeiten: So können die Gesellschafter den Gesellschaftsvertrag individuell entwerfen oder alternativ auf ein als Anlage zum GmbH-Gesetz verfügbares sogenanntes „Musterprotokoll" zurückgreifen. Das Musterprotokoll ist – vereinfacht gesagt – eine verkürzte Fassung eines GmbH-Gesellschaftsvertrages. Die UG- Gründung unter Verwendung des Musterprotokolls stellt eine kostengünstige Variante dar. Nachteil ist, dass es sich de facto um eine nicht veränderbare Satzung handelt. Die Verwendung des Musterprotokolls führt insbesondere zur Einsparung von Notarkosten. Das Musterprotokoll muss von einem Notar beurkundet und an das Registergericht weitergeleitet werden.

Das Musterprotokoll kann sowohl bei der Gründung einer Ein- als auch einer Mehr-Personengesellschaft verwendet werden. Voraussetzung für die Verwendung des Musterprotokolls ist jedoch, dass die UG maximal drei Gesellschafter und nur einen

Geschäftsführer hat.

Erfährt das Musterprotokoll entgegen §2 Absatz 1a Satz 3 GmbHG nicht nur völlig unbedeutende Änderungen und Ergänzungen, so gelten die Erleichterungen des § 2 Absatz 1a GmbHG nicht mehr (OLG Düsseldorf vom 12.7.2011, I-3Wx 75/11, GWR 2011 mit Anmerkung Mosel).

Wo erhalte ich Vorlagen für Mustergründungsprotokolle einer Ein-/bzw. Mehr-Personen-Unternehmergesellschaft?

Hier empfehle ich einen Blick auf die Website „Gesetze im Internet", die das Bundesministerium der Justiz und für Verbraucherschutz in einem gemeinsamen Projekt mit der Juris GmbH bereitstellt. Unter

https://www.gesetze-im-internet.de/normengrafiken/bgbl1_2008/j2026_0010.pdf

stehen im PDF-Format Musterprotokolle für die Gründung einer Ein-Personen-Unternehmergesellschaft sowie einer Mehr-Personen-Unternehmergesellschaft mit bis zu drei Gesellschaftern zum kostenlosen Download zur Verfügung.

Des Weiteren sind die Protokolle als Anlage des GmbHG-Gesetzes (namentlich zu §2 Absatz 1a) niedergeschrieben.

Abschließend sollte spätestens auch der Notar Ihres Vertrauens eine entsprechende Vorlage bereithalten.

Welche drei Alternativen bestehen in der Praxis, um eine UG (haftungsbeschränkt) zu gründen?

Hier ist zunächst die Gründung einer **Ein-Personen-Unternehmergesellschaft** (haftungsbeschränkt) mit einem Stammkapital von mindestens EUR 1 **unter Verwendung des Musterprotokolls** zu nennen.

Beim sogenannten **Musterprotokoll** *handelt es sich um die verkürzte Fassung eines Gesellschaftsvertrages mit lediglich wenigen Regelungen. De facto beinhaltet es in einem einzigen Schriftstück die bei einer „normalen" GmbH-Gründung auf vier Dokumente verteilten Gründungsunterlagen „Gründungsurkunde", „Satzung", „Bestellung des Geschäftsführers" und „Gesellschafter-Liste".*

Die zweite Alternative besteht in der Gründung einer **Mehr-Personen-Unternehmergesellschaft** (haftungsbeschränkt) **mit bis zu 3 Gesellschaftern**, die ebenfalls **unter Verwendung des Musterprotokolls** vorgenommen wird.

Die dritte Alternative besteht in der Gründung einer **Ein- oder Mehr-Personen-Unternehmergesellschaft** unter **Verwendung eines individuellen Gesellschaftsvertrags.**

Hat die Firma **mehr als 3 Gesellschafter**, so kann das Musterprotokoll nicht mehr verwendet werden.

Am Rande: Bei mehr als 3 Gesellschaftern ist es immer empfehlenswert, besondere Regelungsinhalte im Hinblick auf bestimmte spätere Konstellationen zu treffen.

Welche Nachteile bestehen bei Verwendung des Musterprotokolls?
Der Nachteil des Gesellschaftsvertrags per Musterprotokoll
besteht darin, dass keine vom Gesetz abweichenden
Bestimmungen getroffen werden können. So ist beispielsweise
nicht geregelt, wie beim Ausscheiden eines Gesellschafters dessen
Anteil bewertet wird. Bei einem individuell zugeschnittenen
Gesellschaftsvertrag können die Bedürfnisse der Gesellschafter
berücksichtigt werden (zum Beispiel Regelungen bei Streitfällen,
Kündigung/ Ausscheiden eines Gesellschafters, Übertragung von
Geschäftsanteilen, Einziehung von Geschäftsanteilen). Selbst zur
profanen Durchführung von Gesellschaftsversammlungen fehlen
Regelungen.

Das Hauptproblem besteht meines Erachtens darin, dass die
Gesellschafter jederzeit die Möglichkeit haben, ihren
Gesellschaftsanteil an Dritte zu veräußern, ohne dass es der
Zustimmung der übrigen Gesellschafter beziehungsweise des
Geschäftsführers bedarf.

Weitere Gründe, die gegen die Verwendung des
„kostengünstigen" Mustergründungsprotokolls sprechen, sind: Es
soll mehr als ein Geschäftsführer berufen werden, es sollen mehr
als drei Gesellschafter aufgenommen werden, die
Vertretungsregelung des Geschäftsführers soll ausgeweitet
werden oder von der vorgefertigten Vorlage abweichen, In-Sich-
Geschäfte sollen ausgeschlossen werden.

Schließen sich mehrere Gesellschafter zusammen, so müssen
gegebenenfalls unterschiedliche Interessen „unter einen Hut
gebracht" werden, um spätere Missverständnisse und
Spannungen zu vermeiden.

Insbesondere der Fall, dass die UG mit zunehmendem Erfolg am Wirtschaftsleben teilnimmt und spätere Probleme bei der Kapitalerhaltung oder dem Gesellschafterwechsel auftreten, ist bei Verwendung des Mustergründungsprotokolls nur unzureichend abgebildet.

Also: Bei mehr als einem Gesellschafter sollte die Verwendung des Musterprotokolls gut bedacht sein. Eine sinnvolle Vorgehensweise besteht meines Erachtens darin, dass die Gesellschafter zunächst das Musterprotokoll verwenden und dieses dann in einem gewissen Zeitraum nach der Eintragung abändern. Dazu muss jedoch die Zustimmung von mindestens einer ¾-Mehrheit der Gesellschafter vorliegen. Achtung: Bei 3 Gesellschaftern und Verwendung des Musterprotokolls ist die Drei-Viertel-Mehrheit nur durch Einstimmigkeit erreichbar, da 2 von 3 Gesellschaftern rechnerisch keine ¾-Mehrheit erlangen können. Letzteres kann in der Praxis durchaus problematisch werden.

Kann eine gemeinnützige Unternehmergesellschaft mit einem Musterprotokoll gegründet werden?

Nein! Grundsätzlich ist es zwar zulässig, die Unternehmergesellschaft als gemeinnütziges Unternehmen zu begründen. Will die Unternehmergesellschaft jedoch gemeinnützig tätig werden und steuerlich als solche anerkannt werden, so muss der gemeinnützige Zweck der Unternehmergesellschaft zwingend im Gegenstand der Gesellschaft benannt werden und dort die Kriterien für die Gemeinnützigkeit erfüllen. Das ist jedoch bei einer Gründung unter Verwendung des Musterprotokolls nicht vorgesehen. Aus meiner Sicht können insbesondere die Vorgaben des §60 Absatz 1 Satz 2 Abgabenordnung (AO) nicht in das Musterprotokoll eingearbeitet werden. Die gemeinnützige Unternehmergesellschaft muss deshalb mit einem individuellen Gesellschaftsvertrag gegründet werden.

Welche Vorteile gibt es in der Praxis bei Anfertigung eines individuellen Gründungs- bzw. Gesellschaftsvertrages?

Der Gesellschaftsvertrag kann hier individuell auf die tatsächlichen Bedürfnisse der Gesellschafter zugeschnitten werden. Rechtlich ist es durchaus zulässig, für alle denkbaren Fall-Konstellationen des Geschäftslebens bereits vorab vertragliche Vereinbarungen zu treffen. Nach notarieller Beurkundung erfolgt dann die Anmeldung zum Handelsregister durch den Notar. Als Vorteile sind zu nennen:

- Bestellung mehrerer Geschäftsführer möglich,

- unterschiedliche Interessen verschiedener Gesellschafter können im Vertrag festgeschrieben werden,

- In-Sich-Geschäfte des Geschäftsführers können ausgeschlossen werden,

- Aufnahme klarer Regelungen zur Einberufung und Abhaltung von Gesellschafterversammlungen,

- Regelungen zur Kündigung, Beendigung oder Fortsetzung der Gesellschaft und zum Verkauf/Vererbung von Geschäftsanteilen können entsprechend formuliert werden.

Welche Nachteile können in der Praxis bei Anfertigung eines individuellen Gründungs- bzw. Gesellschaftsvertrages entstehen?
Allumfassende vertragliche Regelungen können dazu führen, dass der Handlungsspielraum im Rahmen der späteren Geschäftstätigkeit unnötig eingeschränkt wird. Deshalb sollten meines Erachtens nur wirklich wichtige Regelungen getroffen werden, die die Geschäftstätigkeit der Unternehmergesellschaft sowie den Interessensbereich des/der Gesellschafter definieren.

Wurden für bestimmte Punkte keine speziellen Regelungen getroffen, so gelten für diese Punkte die gesetzlichen Bestimmungen insbesondere des GmbH-Gesetzes.

Welches sind die elementaren Angaben für den Gesellschaftsvertrag bzw. das Musterprotokoll?
Da das Stammkapital der UG – im Unterschied zur GmbH – weniger als EUR 25.000 ausmachen dürfte, ist die Höhe im Gesellschaftsvertrag festzulegen.

Gleiches gilt für die Anzahl der übernommenen Geschäftsanteile und deren Nennbetrag. Dabei müssen die Geschäftsanteile auf volle Euro lauten. Für einen Geschäftsanteil ist eine Einlage zu leisten. Wie bereits dargestellt, sind bei der UG die Einlagen zwingend in Geld zu leisten.

Übrigens: Im weiteren Verlauf haben die Geschäftsführer der UG in der Anmeldung zu versichern, dass die Geldeinlagen voll eingezahlt sind und der Gesellschaft endgültig zur freien Verfügung stehen. Bei einer falschen Versicherung können strafrechtliche Konsequenzen drohen.

Als Sitz der Gesellschaft kann jede Gemeinde in Deutschland gewählt werden. Unabhängig von diesem Satzungssitz ist die Geschäftsanschrift im Handelsregister einzutragen. Jede spätere Sitzverlegung bedarf eines Gesellschafterbeschlusses, der notariellen Beurkundung und Meldung an das Registergericht. Letzteres teilt die Sitzverlegung dann dem neu zuständigen Registergericht mit. Also: Jede (spätere) Sitzverlegung stellt eine Änderung des Gesellschaftsvertrages dar, die Notar- und Eintragungsgebühren nach sich zieht.

Im Gesellschaftsvertrag bzw. dem Musterprotokoll ist ferner der Gegenstand des Unternehmens der UG so zu bezeichnen, dass den Teilnehmern am Wirtschaftsverkehr (der Gegenstand wird im Handelsregister eingetragen) eine konkrete Vorstellung vom Betätigungsfeld der Gesellschaft ermöglicht wird (zum Beispiel Einzelhandel mit Büchern). Zudem begrenzt er den Handlungsbereich der Geschäftsführung. Der/die Geschäftsführer leitet/-en seine/ihre operativen und strategischen Ziele aus dem Unternehmensgegenstand her. Vorsicht: Wenn Sie als Fremdgeschäftsführer Geschäfte außerhalb des Unternehmensgegenstandes tätigen (die UG darf jederzeit Geschäfte außerhalb des Gegenstandes tätigen, insofern dabei nicht gegen gesetzliche Vorschriften verstoßen wird), so sollten Sie sich unbedingt vorher durch einen entsprechenden Gesellschafterbeschluss absichern, um nicht schadenersatzpflichtig zu werden. Zudem haben die Gesellschafter die Möglichkeit, Geschäfte, die nicht durch ihre UG (haftungsbeschränkt) getätigt werden (dürfen), anderweitig zu tätigen. Aber Achtung: Die Gesellschafter dürfen zu ihrer UG nicht in Konkurrenz treten. Sie unterliegen einem sogenannten allgemeinen Wettbewerbsverbot. Der Umfang dieses

50

Wettbewerbsverbotes ergibt sich wiederum aus dem Gegenstand der UG. Übrigens: Eine Änderung des Gegenstandes stellt eine Änderung des Gesellschaftsvertrages dar.

Zusammengefasst weist ein Gesellschaftsvertrag die folgenden Mindestinhalte auf:

- Firma,

- Sitz der Gesellschaft,

- Gegenstand des Unternehmens,

- Betrag des Stammkapitals bei der UG (haftungsbeschränkt),

- Gesellschafter (Vor- und Zuname, Geburtsdatum und Wohnort jedes Gesellschafters) und deren Geschäftsanteile,

- Vertretungsregelung (Einzel-/ Gesamtvertretungsbefugnis).

Weshalb sollte der Gesellschaftsvertrag regelmäßig überprüft und modifiziert werden? Welche formalen Schritte sind zur Änderung notwendig?

Gibt es gesetzliche Änderungen oder Veränderungen in der Rechtsprechung, so sind unter Umständen die in der Vergangenheit vereinbarten Regelungen nicht mehr gesetzeskonform. Auch können sich die Interessen der Gesellschafter im Laufe der Zeit ändern.

Weitere – häufig anzutreffende – Anlässe für Änderungen des Gesellschaftsvertrages sind

- die Aufnahme neuer Gesellschafter,

51

- Nachfolgeregelungen,

- Kapitalerhöhungen,

- Sitzverlegungen sowie

- die Anpassung von Abfindungsregelungen und Ausscheidensgründen an tatsächlich bestehende Wünsche/ Veränderungen.

Die Änderung des Gesellschaftsvertrags vollzieht sich formal in den folgenden Schritten:

Zunächst sind detaillierte Überlegungen dahingehend anzustellen, welche Satzungsänderung(en) überhaupt durchgeführt werden sollen. Im nächsten Schritt erfolgt die Einberufung der Gesellschafterversammlung mit entsprechender Tagesordnung. Sodann werden die Gesellschafterversammlung (jede Veränderung des Wortlautes des Gesellschaftsvertrages stellt eine Änderung des Gesellschaftsvertrages dar und muss mit ¾-Mehrheit beschlossen werden) und die notarielle Beurkundung durchgeführt. Im Anschluss erfolgt durch den/ die Geschäftsführer (in vertretungsberechtigter Anzahl) die Anmeldung der Satzungsänderung zur Eintragung beim Handelsregister. Erst mit der Eintragung der Satzungsänderung im Handelsregister ist diese vollzogen. Übrigens: Im Innenverhältnis sind die Gesellschafter und die Organe an den Änderungsbeschluss auch schon vor dessen Eintragung gebunden.

Muss eine sogenannte Gesellschafterliste an das Registergericht übermittelt werden?

Die Geschäftsführung einer GmbH hat grundsätzlich nach jeder Veränderung bezüglich der Personen der Gesellschafter oder des Umfangs ihrer Beteiligung unverzüglich eine Liste der Gesellschafter zum Handelsregister einzureichen. In dieser öffentlich einsehbaren Gesellschafterliste werden die Gesellschafter sowie deren Geschäftsanteile aufgeführt.

Bei der UG (haftungsbeschränkt) entfällt – bei Verwendung des Mustergründungsprotokolls – die Gesellschafterliste, da die Gesellschafter im Musterprotokoll einzeln benannt sind. Diese Benennung ersetzt somit die Gesellschafterliste (§2 Absatz 1a Satz 4 GmbHG). Ansonsten wäre der Anmeldung der UG zum Handelsregister grundsätzlich eine Gesellschafterliste beizufügen (§8 Absatz 1 Nr. 3 GmbHG). Aus dieser müssen die Namen, Geburtsdaten und Wohnorte aller Gesellschafter sowie die Nennbeträge und die laufenden Nummern der von ihnen übernommenen Geschäftsanteile ersichtlich sein.

Welche Angaben bzw. Unterlagen sind dem Registergericht vorzulegen, wenn bei der Gründung der UG (haftungsbeschränkt) nicht das Musterprotokoll verwendet wird?

In diesem Falle sind grundsätzlich die aufwändigeren Gründungsvorschriften für GmbHs zu beachten, so dass der Gesellschaftsvertrag der UG, eine schriftliche Versicherung der Geschäftsführer, dass ihnen die eingezahlte Mindesteinlage in voller Höhe zur Verfügung steht und dass des Weiteren keine Umstände vorliegen, die einer Bestellung im Wege stehen, ein Anmeldeschreiben, der Beschluss der Gesellschafter über die

Bestellung des/der Geschäftsführer(s) sowie die oben genannte Gesellschafterliste vorzulegen.

Wie läuft die Gründung der UG in der Praxis ab (Ablaufplan)?

1. Im ersten Schritt sollten Sie eine sogenannte Vorab-Stellungnahme Ihrer zuständigen Industrie- und Handelskammer (IHK) bezüglich der beabsichtigten Firmierung Ihrer UG einholen. Die Firmierung Ihrer UG sollte klar, einzigartig und einprägsam sein. Die Stellungnahme der IHK können Sie formlos beantragen. Nachfolgend ein Formulierungsvorschlag:

„... Die Firma soll wie folgt lauten:

XXX UG (haftungsbeschränkt), Sitz: XXX-Stadt

Der guten Ordnung halber bitte ich Ihre IHK, eine kurze Vorab-Stellungnahme zu der vorgesehenen Firmierung abzugeben, die ich dann zum Registergericht mitgeben kann...“

Aufgrund Ihrer Anfrage prüft die IHK die von Ihnen gewählte Firma unter firmenrechtlichen Grundsätzen nach §§18, 30 HGB (z.B. deutliche Unterscheidung Ihrer vorgesehenen Firmierung von anderen Firmen am Ort). Das sich anschließende Antwortschreiben der IHK benötigen Sie später für das Registergericht, so dass Sie es zu Ihrem Notartermin mitnehmen sollten. Übrigens: Manchmal nimmt auch der Notar die Anfrage für Sie vor.

Da die IHK nicht prüft, ob Ihre Firmierung Schutzrechte Dritter verletzt, empfehle ich Ihnen, zusätzlich selbst eine

Recherche unter

https://www.dpma.de

vorzunehmen. Unter der dortigen Rubrik „Marke" finden Sie einen Dienst namens „DPMAregister", in dem Sie kostenfrei nach deutschen Marken recherchieren können.

2. Im nächsten Schritt sollten Sie den Gesellschaftsvertrag entwerfen oder das offizielle Mustergründungsprotokoll vorbereiten.

Da in den allermeisten Fällen zur Gründung das Musterprotokoll als Vorlage verwendet wird, sollten Sie einen Notartermin vereinbaren und dem Notariat vorab Ihren Entwurf des Musterprotokolls übermitteln, so dass der Notar vorab bereits „im Thema" ist. Falls der Entwurf in Ordnung ist, verliest der Notar das Musterprotokoll im Termin zur Kenntnis. Im Anschluss daran erfolgt dann die notarielle Beurkundung.

Übrigens: Zu diesem Termin bitte Ihren Personalausweis nicht vergessen!

3. Nach der notariellen Beurkundung sollten Sie umgehend Ihr Kreditinstitut aufsuchen und ein Geschäftskonto auf den Namen der UG eröffnen. Der Zusatz „in Gründung" ist zwingend erforderlich. Zur Eröffnung des Kontos müssen Sie der Bank im Normalfall eine Kopie der notariellen Gründungsurkunde vorlegen. Manchen Kreditinstituten langt auch bereits die Nummer der Urkundenrolle aus. In diesem Fall reichen Sie Ihrer Bank die Gründungsurkunde später nach. Idealerweise informieren Sie sich bei Vereinbarung Ihres

Banktermins, welche Unterlagen tatsächlich vorgelegt werden müssen. „Umgehend" deshalb, da Ihr Notar für seinen nächsten Schritt im Eintragungsprozess eine Rückbestätigung der Bank über den Zahlungseingang („Stammkapitalnachweis") benötigt.

Übrigens: Im Nachgang, d.h. nach erfolgter Eintragung, möchten die Mitarbeiter der Bank normalerweise Handelsregisterauszug, den Gesellschafterbeschluss zur Eröffnung eines Geschäftskontos sowie den Gesellschaftsvertrag (Musterprotokoll oder individueller Vertrag) vorgelegt bekommen.

4. Der/Die Gesellschafter überweisen nun am besten das Stammkapital bzw. den jeweiligen Kapitalanteil. Für jeden Gesellschafter muss eine eigene Zahlung eingehen, bei der er als Auftraggeber und als Betreff bzw. Verwendungszweck die Leistung der Einlage auf seinen Geschäftsanteil genannt ist.

Obwohl die Beträge überwiesen werden, spricht man in diesem Zusammenhang von einer „Bareinlage". *Banküberweisungen sind nämlich sogenannte zugelassene unbare Zahlungsformen, die ebenfalls zu den Bareinlagen zugerechnet werden.*

Bitte beachten Sie unbedingt die folgende Regel: Erst beurkunden, dann einzahlen! Einlagen auf Geschäftsanteile vor notarieller Gründung können möglicherweise unwirksam sein.

Am Rande: Zulässig sind nur Zahlungen in inländischer Währung. Devisen müssen daher vor einer etwaigen Einzahlung in Euro umgetauscht werden. Wechsel und Schecks müssen vorher gutgeschrieben sein. De facto scheint mir die simple Überweisung die einfachste Art zu sein, das Stammkapital zu erbringen.

Bei der UG kann/darf es – im Gegensatz zur GmbH – keine ausstehenden Einlagen geben. So setzt die Eintragung der UG in das Handelsregister voraus, dass das satzungsmäßige Stammkapital in voller Höhe aufgebracht ist. Das eingezahlte gezeichnete Kapital steht der UG dann für die Ausübung des eigentlichen Geschäftszwecks zur Verfügung.

5. Wie gesagt ist die Einzahlung dem Notar und/oder dem Handelsregister nachzuweisen. Erst danach kann die Eintragung ins Handelsregister erfolgen. Deshalb: Übermitteln Sie bitte nach erfolgter Verbuchung den Kontoauszug der Einzahlung/Überweisung des neuen Geschäftskontos an Ihren Notar (Kopie/Fax/E-Mail).

Praxistipp: Auf dem Kontoauszug sollten nach Möglichkeit keine weiteren Buchungen stehen, um Rückfragen des Registergerichts zu vermeiden.

Exkurs: Wegen einer möglicherweise entstehenden sogenannten Differenzhaftung sollte auch darauf geachtet werden, dass vor der Eintragung der UG in das Handelsregister keine Verträge abgeschlossen werden und Zahlungen nur an das Handelsregister und den Notar geleistet werden.

6. Erst im nächsten Schritt kann die formale Anmeldung der Gesellschaft zum Handelsregister erfolgen. Dabei wird die Anmeldung durch den Geschäftsführer erneut beim Notar vorgenommen. Der Notar muss die Unterschrift des

Geschäftsführers beglaubigen (auch hier ist allerdings eine Vollmachtstellung möglich). Zudem muss der Geschäftsführer schriftlich versichern, dass keine Gründe gegen seine Bestellung vorliegen (zum Beispiel keine rechtskräftige Verurteilung wegen einer Insolvenzstraftat) und dass er bezüglich seiner Auskunftspflicht gegenüber dem Gericht belehrt worden ist. Die eigentliche Anmeldung leitet der Notar dann auf elektronischem Wege dem Registergericht zu. Bei der Anmeldung muss eine inländische Geschäftsanschrift angegeben werden, unter der die Gesellschaft immer erreichbar ist.

Praxistipp:

Bitte tragen Sie unbedingt dafür Sorge, dass schon während des Gründungszeitraums ein entsprechendes Schild an Ihrem Briefkasten auf die UG hinweist. Ansonsten gehen womöglich Briefe von Notar, Bank, Registergericht, Finanzamt etc. zurück, da Ihr Postbote die neue Gesellschaft nicht findet. Dies führt erfahrungsgemäß zu Verzögerungen bei der Gründung.

---

7. In der Regel fordert das Registergericht nach Eingang der Anmeldung einen Kostenvorschuss, d.h. Ihre UG (haftungsbeschränkt) in Gründung erhält eine Rechnung des Gerichtes. Hier empfehle ich, das entsprechende Gericht persönlich aufzusuchen und den Vorschuss vor Ort bar zu bezahlen. Dies kann zu einer erheblichen Beschleunigung des Eintragungsverfahrens gegenüber einer Banküberweisung an das Gericht führen. Manchmal bietet Ihnen der Notar auch die Möglichkeit an, vorab die Gerichtskosten bei ihm zu hinterlegen. Auch dies führt zu einer Beschleunigung des

Verfahrens.

8. Danach wird das zuständige Registergericht (Amtsgericht) die Eintragung vornehmen und eine Handelsregisternummer vergeben – insofern keine Einwände gegen eine Eintragung Ihrer UG sprechen.

9. Sobald vom Registergericht die Bestätigung erfolgt ist, dass die Gesellschaft in das Handelsregister eingetragen ist, suchen Sie

a) Ihr Kreditinstitut auf und reichen dort den Handelsregisterauszug herein

b) Ihre Stadtverwaltung auf und nehmen dort die Gewerbeanmeldung vor. Letztere ist bei Gründung einer UG Pflicht (vgl. auch §14 Absatz 1 GewO). Formal hat sie durch den Geschäftsführer (bzw. alle Geschäftsführer gemeinsam) zu erfolgen. Bitte nehmen Sie Ihren Personalausweis und eine Kopie des Handelsregisterauszuges mit.

Bei der Unterhaltung von mehreren Betriebsstätten in unterschiedlichen Gemeinden ist pro Betriebsstätte jeweils eine Gewerbeanmeldung vorzunehmen *(was für die meisten kleinen Unternehmergesellschaften wohl nicht zutreffend sein dürfte)*.

Übrigens: Für einige Gewerbezweige können zusätzliche Genehmigungen erforderlich sein, zum Beispiel für das Betreiben eines Taxiunternehmens. Derartige Verpflichtungen klären Sie natürlich vor Ihrer UG-Eintragung ab.

Das Gewerbe kann auch schon zwischen der notariellen

Beurkundung und der Eintragungsbestätigung angemeldet werden. Auch die Tätigkeit kann dann bereits aufgenommen werden. In diesem Fall ist im Geschäftsverkehr aber zwingend die Bezeichnung „in Gründung" zu verwenden. Zudem haften die Gesellschafter in diesem Zeitraum noch persönlich.

Konkreter: Mit der Gründung kann die UG bereits ihren Geschäftsbetrieb aufnehmen, die Haftungsbeschränkung tritt aber erst dann vollständig in Kraft, wenn die Gesellschaft ins Handelsregister eingetragen wird. Deshalb sollten die Geschäfte – wenn möglich – auch erst zu diesem Zeitpunkt aufgenommen werden – zumal das gezeichnete Kapital bei Eintragung noch vorhanden sein muss.

10. Das Finanzamt dürfte nun bereits eine Durchschrift Ihrer Gewerbeanmeldung erhalten haben. Im Regelfall wird bereits sogar der Notar das Finanzamt über die notarielle Beurkundung in Kenntnis gesetzt haben. Wer seine Steuernummer eher benötigt (zwingend erforderlich, um beispielsweise Rechnungen ausstellen zu können), setzt sich einfach direkt mit dem Finanzamt in Verbindung.

Ansonsten ist in einem ersten Schritt der recht umfangreiche „Fragebogen zur steuerlichen Erfassung" nebst Eröffnungsbilanz beim Finanzamt einzureichen. Häufig fordert das Finanzamt bereits mit dem Fragebogen einen Handelsregisterauszug, eine Kopie des Gesellschaftsvertrages und die Vorlage der Eröffnungsbilanz an.

11. Auch die zuständige Berufsgenossenschaft („Gesetzliche Unfallversicherung") sollte automatisch eine Durchschrift der Gewerbeanmeldung erhalten haben und an die UG

(haftungsbeschränkt) herantreten. Nichtsdestotrotz muss – wer ein Unternehmen eröffnet – dieses binnen einer Woche beim zuständigen Unfallversicherungsträger anmelden. Diese Meldepflicht (§192 Sozialgesetzbuch VII) besteht unabhängig von der Tatsache, dass die gesetzliche Unfallversicherung eine Durchschrift jeder Gewerbeanmeldung erhält.

Ohne auf diese Thematik näher eingehen zu wollen, sollten Sie sich evtl. noch über den Abschluss betrieblicher Versicherungen für Ihre UG (haftungsbeschränkt) Gedanken machen.

Wann sollte der Geschäftsführer- Anstellungsvertrag formal abgeschlossen werden?

Wie bereits an anderer Stelle ausführlich thematisiert, gehört die **Bestellung** des Geschäftsführers gemäß §46 Nr. 5 GmbHG zum **Aufgabenkreis der Gesellschafter.**

In der Praxis erfolgt die Bestellung des UG-Geschäftsführers

- **unmittelbar im Gesellschaftsvertrag** *(bspw. sehen die Muster-Gründungsprotokolle der UG unter Tz. 4 einen entsprechenden „Passus" vor)* oder

- **durch Beschluss der Gesellschafterversammlung.**

Bei der eigentlichen Bestellung sind **zwei Handlungen** vorzunehmen:

1. **Formale Bestellung durch Beschluss der Gesellschafterversammlung.**

2. **Abschluss des Anstellungsvertrages** des Geschäftsführers.

Die **Bestellung ist** sodann **dem Registergericht** *(Handelsregister)* anzumelden.

Allein aufgrund des organschaftlichen Bestellungsbeschlusses ist jedoch noch nicht geregelt, wie viele Urlaubstage dem Geschäftsführer zustehen, ob er ein Dienstfahrzeug erhält etc. Letzteres wird vielmehr im **Geschäftsführer-Anstellungsvertrag** geregelt, der das **schuldrechtliche Verhältnis zwischen Unternehmergesellschaft und Geschäftsführer** abbildet.

Die Beantwortung von Fragen rund um die Aufgaben, Pflichten, Rechte, Vergütung, Kündigungsfristen, nachvertragliche Wettbewerbsverbote etc. resultieren also nicht aus dem organschaftlichen Verhältnis, sondern aus dem Anstellungsvertrag des Geschäftsführers.

Der Geschäftsführer-Anstellungsvertrag ist formal ein **Dienstvertrag** gemäß §611 BGB.

In diesem Abschnitt geht es nun insbesondere um den Zeitpunkt des **Abschlusses dieses Anstellungsvertrages.**

Er sollte **spätestens mit Aufnahme der Geschäfte und vor Zahlung des ersten Monatsgehaltes** aufgesetzt sein. Aufgrund der Notwendigkeit, den Vertrag als Anlage zum „Fragebogen zur steuerlichen Erfassung" dem Finanzamt einzureichen, sollten Sie den Vertrag spätestens zu diesem Zeitpunkt **auch schriftlich verfasst** haben. Aus zivilrechtlichen Gründen ist zwar eine schriftliche Fixierung nicht zwingend notwendig, **aus steuerlichen Gründen ist Schriftform bei Gesellschafter-Geschäftsführern unabdingbar.**

Zuständiges Organ für den Abschluss des Geschäftsführer-

Anstellungsvertrages ist die Gesellschafterversammlung. Der Anstellungsvertrag muss also von den Gesellschaftern unterschrieben werden. Wird der Vertrag etwa „nur" von einem weiteren Geschäftsführer anstelle der Gesellschafter unterschrieben, so wird das Finanzamt diesen bei Gesellschafter-Geschäftsführern nicht anerkennen.

Benötigt die UG (haftungsbeschränkt) eine Betriebsnummer?

Sobald **Arbeitnehmer** – auch geringfügig Beschäftigte („Minijobber") – eingestellt werden, benötigt die UG (haftungsbeschränkt) eine **Betriebsnummer.** Letztere dient zur **Identifikation der Arbeitgeber bei der Sozialversicherung** und findet in Meldeverfahren der Sozialversicherungsträger Verwendung. Die Betriebsnummer ist in die Versicherungsnachweise der Arbeitnehmerinnen bzw. Arbeitnehmer einzutragen. Um bspw. einen Beschäftigten bei der Einzugsstelle anmelden zu können, benötigt der Arbeitgeber für jeden seiner Beschäftigungsbetriebe eine Betriebsnummer. Auch für Unfallanzeigen an die Berufsgenossenschaft ist die Betriebsnummer wichtig.

Die Betriebsnummer ist eine achtstellige Zahl, die in Deutschland vom Betriebsnummern-Service (BNS) der **Bundesagentur für Arbeit** vergeben wird. Die Vergabe der Betriebsnummer ist **kostenlos.**

Anhand der Meldungen der Arbeitgeber an die Krankenkassen nach der Datenerfassungs- und Übermittlungsverordnung (DEÜV), die zwingend die Betriebsnummer enthalten müssen, wird auch die amtliche Beschäftigungsstatistik erstellt. Die

Betriebsnummer hat also noch eine weitere Funktion: Sie dient als Schlüssel für die Beschäftigungsstatistik, durch die wiederum Aussagen zur Beschäftigungssituation in den einzelnen Wirtschaftszweigen, Regionen und weiteren Merkmalen möglich werden.

Die Betriebsnummer kann vom Arbeitgeber, d.h. der UG (haftungsbeschränkt) selbst oder von einer vertretungsberechtigten Person beantragt werden. Häufig ist dies der Steuerberater. Die Beantragung kann telefonisch, schriftlich oder mithilfe eines Online-Antrags unter

https://www.arbeitsagentur.de/unternehmen/betriebsnummern-service

erfolgen.

Ich rate an, die Betriebsnummer recht frühzeitig zu beantragen, damit sie - falls benötigt - kurzfristig zur Verfügung steht. Der Versand von Bescheiden durch den oben genannten Betriebsnummern-Service erfolgt nämlich aus datenschutzrechtlichen Gründen grundsätzlich auf dem Postwege.

Wurde eine Betriebsnummer an Ihre Unternehmergesellschaft neu vergeben, so ist diese nach rund 3 Arbeitstagen auch bei den Sozialversicherungsträgern bekannt. Sie sollten deshalb diese Zeit abwarten, bis Sie Ihre erste Meldung an die Sozialversicherung übermitteln.

Was ist bezüglich der Firmierung der UG zu beachten?

Grundsätzlich muss ein Kaufmann im Sinne des

Handelsgesetzbuches einen Namen führen, unter dem er seine Geschäfte betreibt (sog. Handelsname).

Die *(zu gründende)* UG muss folglich als Formkaufmann einen Namen erhalten – die sogenannte „Firma".

Als „Firma" wird gemäß §17 Absatz 1 HGB **rechtlich** der Name eines Kaufmanns bzw. einer Gesellschaft bezeichnet, mit dem im Handelsverkehr Geschäfte betrieben werden; **faktisch** ist die „Firma" jedoch mehr – nämlich das Aushängeschild Ihres Geschäftsbetriebes.

Nichtkaufleute dürfen übrigens nach deutschem Handelsrecht keine Firma führen. Hier könnte allenfalls eine „Geschäftsbezeichnung" in Frage kommen (siehe dazu meine Ausführungen weiter oben).

Am Rande: Die bisherige Firma kann z.B. auch bei einem Inhaberwechsel fortgeführt werden *(**Grundsatz der Firmenbeständigkeit**).*

Die Firma der UG (haftungsbeschränkt) ist zwingend ins Handelsregister einzutragen *(**Grundsatz der Firmenöffentlichkeit**).*

Bei der Auswahl des Firmennamens sind für eine UG (haftungsbeschränkt) die folgenden **Firmenarten** zulässig:

* **Personenfirma** *Firma trägt den/die Namen des/der Gesellschafter/s, z.B. „Alexander Sprick UG (haftungsbeschränkt)",*

* **Sachfirma** *Firma enthält Informationen über den Geschäftszweck/ leitet sich aus dem Gegenstand ab, z.B. „XYZ Softwareentwicklung UG (haftungsbeschränkt)",*

- **Phantasiefirma** *reine Phantasiebezeichnung ohne Bezug auf die Personen oder den Geschäftszweck, z.B. „Schlaraffenland UG (haftungsbeschränkt)",*

- Auch eine **Mischfirma** bzw. **Kombination** aus Personen-, Sach- und/oder Phantasiefirma ist erlaubt, z.B. *„Alexander Sprick Kosmetikhandel UG (haftungsbeschränkt)".*

Wer eine Firma führt, hat – außer den oben genannten – noch weitere **Firmengrundsätze** zu beachten:

Eine Firma muss gemäß §18 Absatz 1 HGB **unterscheidungs- und kennzeichnungskräftig sein** – zudem darf **keine Verwechslungs- oder Irreführungsgefahr („Täuschungsverbot")** bestehen (§18 Absatz 2 HGB). Dies impliziert insbesondere die Verwechslungsgefahr mit einer anderen Firma am selben Ort oder derselben Kommune, wobei die zuerst eingetragene Firma Bestandsschutz genießt. Deshalb muss bei Neugründung Ihrer UG (haftungsbeschränkt) insbesondere die Unterscheidbarkeit von anderen Firmen am selben Ort geprüft werden.

Nehmen Sie bitte zusätzlich den an anderer Stelle erläuterten **„Marken-Check"** vor, da auch markenrechtliche Einwände gegen die geplante Firmierung sprechen können.

Weitere Firmengrundsätze bestehen in der Offenlegung der Haftungsverhältnisse sowie der Gesellschaftsverhältnisse. Beide Grundsätze werden **durch Hinzufügen eines sogenannten Rechtsformzusatzes** und die Eintragung ins Handelsregister gewährleistet.

Für die UG (haftungsbeschränkt) bedeutet dies in der Praxis:

Während Standard-GmbHs den Zusatz „Gesellschaft mit beschränkter Haftung" oder eine verständliche Abkürzung davon führen müssen (§4 GmbHG), ist die UG zwingend mit „Unternehmergesellschaft (haftungsbeschränkt)" oder „UG (haftungsbeschränkt)" zu bezeichnen (§5a Absatz 1 GmbHG). Häufig wird dabei die Abkürzung „UG" anstelle der langen Form „Unternehmergesellschaft" vorgezogen.

Achtung: Eine Abkürzung des Klammerzusatzes „haftungsbeschränkt" ist nicht zulässig, da die Firmierung die Haftungsbeschränkung nach außen hin erkennbar machen soll. Dies dient dem Gläubigerschutz.

Wie oben ausführlich dargestellt, ist unbedingt zu empfehlen, die Firmierung vorab mit der IHK abzustimmen.

Wie ist die UG vor Abschluss des Gründungsvorgangs zu behandeln? Welche Gründungsphasen bzw. -stadien werden unterschieden? Welche Haftungsrisiken bestehen in den einzelnen Phasen?

Zu beachten ist, dass die UG (haftungsbeschränkt) entsprechend §11 Absatz 1 GmbHG **erst mit der Eintragung in das Handelsregister entsteht.** So wird erst mit der Eintragung die HRB-Nummer erteilt. Fachleute sprechen in diesem Fall von einer sogenannten konstitutiven Eintragung. *Hintergrund: Bei konstitutiven Eintragungen bestimmt das Gesetz, dass erst die Eintragung im Handelsregister die mit dem Eintragungsantrag vorgesehene Rechtswirkung entfaltet.* Erst mit der Eintragung im

Handelsregister ist die UG (haftungsbeschränkt) als juristische Person tatsächlich entstanden.

Im Rahmen der UG-Gründung werden **3 Gründungsphasen** bzw. -stadien unterschieden:

1. **Vorgründungsgesellschaft** *(Phase vor dem Notartermin)*,

2. **Vor-UG bzw. UG i.G.** *(Phase zwischen Notartermin und Eintragung)*,

3. In das Handelsregister **eingetragene UG.**

Ist die notarielle Beurkundung noch nicht erfolgt, so liegt eine sogenannte **„Vorgründungsgesellschaft"** vor, bei der die Gesellschafter persönlich haften. Eine Vorgründungsgesellschaft entsteht, wenn der oder die Gründer den Entschluss fassen oder eine Absprache treffen, eine UG (haftungsbeschränkt) zu gründen. Wichtig: In diesem Stadium handelt es sich um eine Gesellschaft bürgerlichen Rechts mit einem persönlichen und unbegrenzten Haftungsrisiko der Beteiligten für in dieser Phase bereits entstehende Verbindlichkeiten. Deutlicher: Im Rahmen einer Vorgründungsgesellschaft kann es zu einer **Haftung der Gesellschafter mit ihrem Privatvermögen** kommen.

Betreiben mehrere Beteiligte durch eine Vorgründungsgesellschaft bereits ein sogenanntes Handelsgewerbe gemäß §1 HGB, so liegt eine OHG vor.

Mit der notariellen Beurkundung des Gesellschaftsvertrages endet die Vorgründungsgesellschaft. Sodann entsteht eine sogenannte „Vor-UG". Manche Experten sprechen auch von einer „UG i.G." oder „Vorgesellschaft". Diese kann bereits als

Gesellschaft am Rechtsgeschehen teilnehmen. Das **Vermögen** der Vor-UG stellt bis zur Eintragung sogenanntes **Gesamthandsvermögen** der Gesellschafter dar. Die Vor-UG muss den Zusatz „in Gründung" oder dessen Abkürzung „i.G." führen.

Die Vor-UG endet mit der **erfolgreichen Eintragung** der UG in das Handelsregister. Ab diesem Zeitpunkt ist dann die gewünschte **Haftungsbeschränkung** erreicht worden.

Wann ist der Gründungsvorgang für eine UG formal abgeschlossen bzw. zu welchem Zeitpunkt ist die UG entstanden?
Die UG entsteht als juristische Person erst mit der Eintragung in das Handelsregister (§§ 11 Absatz 1 und 13 GmbHG) und der Vergabe der entsprechenden Handelsregisternummer. Kommt es nicht zur Eintragung der UG (haftungsbeschränkt) – *in diesem Fall sprechen Fachleute von einer „unechten Vor-UG"* – so haften die Gründungsgesellschafter für etwaige aufgelaufene Verluste der UG (haftungsbeschränkt) in Gründung.

Welche Regelungen gibt es im Hinblick auf die anfallenden Gründungskosten?
Wird eine GmbH *(oder auch Aktiengesellschaft)* gegründet, so ist es üblich, die Kosten der Gründung – vorrangig die Gebühren für das Registergericht und/oder den Notar – der Gesellschaft aufzuerlegen. Damit verringert sich das Grund- oder Stammkapital schon mit der Gründung der Gesellschaft. Rechnet man die Mindesteinlage einer GmbH in Höhe von EUR 25.000 gegen die Gründungskosten, so bleiben noch ausreichend

finanzielle Mittel zur Tätigung des operativen Geschäftes übrig.

Anders liegt der Fall bei der Gründung einer UG, die ja theoretisch mit einem Stammkapital von einem Euro gegründet werden kann. Folglich können die Gründungskosten das Stammkapital rasch übersteigen. Deshalb hat der Gesetzgeber **bei Verwendung des Mustergründungsprotokolls** die Höhe der Gründungskosten, welche man der UG auferlegen darf, auf **maximal EUR 300** begrenzt. Einen etwaigen übersteigenden Betrag übernimmt der Gesellschafter.

Nach ersten Urteilen (OLG Hamburg, Az.: 11 W 19/11 sowie KG Berlin: Beschluss vom 31. Juli 2015, 22 W 67/14) gibt es bei Verwendung einer **individuellen Satzung (***d.h. ohne Verwendung des Musterprotokolls)* keine Höchstgrenze – außer natürlich der Höhe des Stammkapitals...

Ist der Anfall von Notar- und Gerichtskosten für die Gründung einer UG unvermeidlich?

Bei jeder Gründung einer UG fallen Amtsgebühren an – und zwar zum einen für die Tätigkeiten des Notars und zum anderen für die Eintragung der UG durch das Registergericht in das Handelsregister. Sowohl die Notartätigkeiten, als auch die Eintragung in das Handelsregister sind bei der Gründung einer UG verpflichtend und können nicht vermieden werden.

Dabei sind die Gebühren für die Beurkundung und die Eintragung der Höhe nach gesetzlich vorgeschrieben. Weder der Notar noch das Registergericht sind befugt, eigenmächtig Gebühren festzusetzen. Einzig bei den Auslagen haben die Notare einen gewissen Spielraum, der allerdings wenige Euro nicht übersteigt.

Übrigens: Der Notar wird auf seiner Rechnung eine Rechtsbehelfsbelehrung angeben, nach der man seine Rechnung beim Landgericht überprüfen lassen kann.

Mit welchen Gründungskosten sollten Sie bei der Gründung einer UG (haftungsbeschränkt) rechnen?

Die Notarkosten der Gründung einer UG richten sich danach, wie hoch das Stammkapital der zu gründenden Gesellschaft ist. Die Kosten für den Notar variieren zudem danach, ob die UG als Ein-Personen-Gesellschaft gegründet wird, oder ob mehrere Gesellschafter die UG gründen wollen. Die notarielle Tätigkeit bei Gründung einer UG wird überdies deutlich teurer, wenn für die Gründung nicht das Mustergründungsprotokoll verwendet wird. Grundsätzlich bestimmen sich die Kosten des Notars nach dem Gerichts- und Notarkostengesetz (GNotKG).

Nachfolgend exemplarisch einige mögliche Fälle (Stand: Juni 2018). Aufgrund der Komplexität dieser Thematik können weder Verlag noch Autor für diese Angaben eine Haftung übernehmen. Bitte fragen Sie Ihren Notar <u>vor</u> Beauftragung, welche Kosten in Ihrem konkreten (und individuellen) Fall entstehen.

Gründet <u>ein</u> Gesellschafter unter Verwendung des <u>Musterprotokolls</u> und verfügt die UG über ein <u>Stammkapital von bis zu EUR 5.000</u>, so wird Ihnen der Notar wahrscheinlich die folgenden Beträge berechnen: Gründungsbeschluss (Musterprotokoll) EUR 60, Handelsregisteranmeldung EUR 30, elektronischer Vollzug via XML EUR 15, Dokumentenpauschale (Ausdrucke, Kopien und/ oder Scans) EUR 5 sowie eine Post- und Telekommunikationspauschale von ungefähr EUR 21. Im Ergebnis zahlen Sie ca. EUR 131 netto, zzgl. 19% Umsatzsteuer, die die Gesellschaft im Regelfall seitens des Finanzamtes über den Vorsteuerabzug zurückbekommt (für Details zur Vorsteuer/ Umsatzsteuer siehe bitte meine Ausführungen unter „Steuern"). Bei dieser Berechnung ist der Notar nicht mit der Überwachung der Einzahlung des Stammkapitals beauftragt. Manche Notare splitten Gründungsbeschluss und Handelsregisteranmeldung auch auf zwei getrennte Rechnungen auf. Der Gesamtbetrag sollte auch dann nicht den Betrag von EUR 131 netto überschreiten. Evtl. können Sie mit dem Notar noch vereinbaren, dass die Post- und Telekommunikationskosten nicht pauschal, sondern nach tatsächlichem Anfall abgerechnet werden, was noch einige Euro Einsparpotential bedeuten würde.

Hinzu kommen Gerichtskosten in der Größenordnung von rund EUR 150. Auf letztere fällt natürlich keine Umsatzsteuer an.

Im zweiten Beispiel gründen mehrere Gesellschafter unter Verwendung des Musterprotokolls und mit einem Stammkapital von bis zu EUR 5.000. In diesem Fall wird Ihnen der Notar wahrscheinlich berechnen: Gründungsbeschluss (Musterprotokoll) EUR 120, Handelsregisteranmeldung EUR 30, Elektronischer Vollzug via XML EUR 15, Dokumentenpauschale (Ausdrucke, Kopien und/ oder Scans) EUR 5 sowie eine Post- und Telekommunikationspauschale von EUR 29. Im Ergebnis zahlen Sie EUR 199 netto, zzgl. 19% Umsatzsteuer, die die Gesellschaft im Regelfall über den Vorsteuerabzug zurückbekommt. Auch bei dieser Berechnung ist der Notar nicht mit der Überwachung der

Einzahlung des Stammkapitals beauftragt.

Hinzu kommen auch in diesem zweiten Fall Gerichtskosten von rund EUR 150.

Im dritten Fallbeispiel wird ohne Verwendung eines Musterprotokolls gegründet. Bei einer Ein-Personen-UG und einem beispielhaften Stammkapital von EUR 1 (Gegenstandswert: EUR 30.000!!!) dürften dann rund EUR 384 für die Beurkundung des Gesellschaftervertrags und die Geschäftsführerbestellung anfallen, die Handelsregisteranmeldung dürfte mit EUR 62,50 zu Buche schlagen, die Erzeugung der XML-Datei mit EUR 37,50. Zu berücksichtigen wäre hier noch die Erstellung der Gesellschafterliste (EUR 96,00) und die o.g. Auslagen für Post- und Telekommunikation. Hinzu kommen erneut Gerichtskosten in der Größenordnung von rund EUR 150. Auf letztere fällt natürlich keine Umsatzsteuer an.

Abschließend: Es fallen auch Kosten für die Veröffentlichung der Gründung im elektronischen Bundesanzeiger an. Die eigentliche Veröffentlichung wird dabei vom Registergericht veranlasst. Diese Kosten sind meiner Meinung nach allerdings nur marginal.

Ist der Notar mit der Überwachung der Einzahlung des Stammkapitals zu beauftragen?

Die Handelsregisteranmeldung darf erst dann beim Handelsregister eingereicht werden, wenn das Stammkapital vollständig eingezahlt ist. Wird der Notar damit beauftragt, dies zu überwachen, so fällt eine 0,5-fache Gebühr (häufig als sog. „Betreuungsgebühr" bezeichnet) an, die man vermeiden kann, wenn der Geschäftsführer sich selbst vergewissert, dass das Stammkapital eingezahlt ist und dies dem Notar mitteilt. Seit der Änderung des GmbH-Rechts im Jahr 2008 muss man weder dem Notar noch dem Registergericht Nachweise über die Einzahlung des Stammkapitals vorlegen.

Man sollte trotzdem darauf achten, dass die Handelsregisteranmeldung erst dann beim Handelsregister eingereicht wird, wenn auch das Stammkapital vollständig eingezahlt wurde, da der Geschäftsführer dies in der Handelsregisteranmeldung versichern muss und die Abgabe einer falschen Versicherung eine Straftat darstellen würde.

Was kann man tun, wenn die Gründungskosten den Höchstbetrag von EUR 300, den die UG laut Musterprotokoll übernimmt, übersteigen?

Notarkosten und Gerichtskosten können zusammen den Maximalbetrag von EUR 300, bis zu dem die Gesellschaft die Gründungskosten tragen darf, übersteigen.

Praxistipp:

In diesem Fall sollte zur Optimierung des Vorsteuerabzugs die Gesellschaft die Notarkosten und die Gesellschafter die Gerichtskosten zahlen, da auf letztere keine Umsatzsteuer anfällt.

Wie lange dauert der gesamte Gründungsvorgang in der Praxis?

Das ist pauschal schwierig zu beantworten. Wenn die UG beim Notar gegründet ist, benötigen Sie ein bis zwei Tage Zeit zur

Eröffnung des Bankkontos. Dann müssen Sie das Gründungskapital überweisen und auf den ersten Kontoauszug warten (da Ihre Bankkarte für das neue Geschäftskonto wahrscheinlich einige Tage auf dem Postwege unterwegs sein dürfte). Den Kontoauszug übermitteln Sie wiederum an den Notar, der normalerweise noch am selben Tage die formale Anmeldung an das Registergericht sendet. Von da an dauert es im Idealfall rund zehn Tage, bis die Gesellschaft in das Handelsregister eingetragen ist. In der Praxis benötigen insbesondere die Registergerichte deutlich länger. So sind mir Fälle bekannt, bei denen die Gerichte nach der oben genannten Anmeldung des Notars rund drei Wochen benötigten, ehe sie die Vorschusskostenrechnung ausfertigten. Zur Erklärung: Das Registergericht stellt im Regelfall einen Kostenvorschuss in Rechnung. Erst wenn dieser Vorschuss überwiesen/ eingezahlt wurde, wird das Gericht Ihren Antrag überhaupt bearbeiten. Hinweis am Rande: Wird auf eine sog. Vorrats-Unternehmergesellschaft zurückgegriffen, so dürfte sich der Vorgang beschleunigen.

Welche unseriösen Offerten werden Sie höchstwahrscheinlich im Rahmen der Gründung erhalten?

Leider gibt es betrügerische Firmen, die Eintragungen in alle möglichen und oftmals unnötigen Register kostenpflichtig anbieten und zeitgleich mit der Rechnung des Registergerichts (Handelsregister) oftmals amtlich aussehende Rechnungen/ Auftragsformulare verschicken. Bitte prüfen Sie diese Schreiben sorgfältig – insbesondere bevor Sie irgendetwas bezahlen oder unterschreiben. Bei Zweifeln sollten Sie beim Registergericht

Rücksprache halten, ob die Rechnung tatsächlich von diesem verschickt wurde.

3. Gestaltungsmöglichkeiten

Kann eine UG als Komplementärin einer Kommanditgesellschaft bzw. „… & Co. KG" fungieren?

Da es sich bei der UG (haftungsbeschränkt) um eine Variante der GmbH handelt, spricht nichts dagegen, dass sie auch als **Komplementärin** – d.h. persönlich und unbegrenzt haftende Gesellschafterin – einer Kommanditgesellschaft fungieren kann.

Das Ziel einer derartigen gesellschaftsrechtlichen Konstruktion besteht darin, **Haftungsrisiken** für die hinter der Gesellschaft stehenden Personen zu **begrenzen** oder **auszuschließen**. Die o.g. Haftung der Komplementärin *(also der UG)* ist ja auf deren eingesetztes Stammkapital begrenzt.

Zivilrechtlich handelt es sich bei der „UG & Co. KG" um eine **Personengesellschaft**, wirtschaftlich um eine **Doppelgesellschaft** und steuerrechtlich – normalerweise – um eine **Mitunternehmerschaft**.

Im Rahmen dieser Konstruktion ist wie folgt zu firmieren: „Firma UG (haftungsbeschränkt) & Co. KG". Dabei kann natürlich an die Stelle von „UG" auch „Unternehmergesellschaft" treten.

Letztendlich könnte sogar eine einzige natürliche Person diese Konstruktionsform gestaltend wählen. Die natürliche Person wird einerseits Allein-Gesellschafter der Unternehmergesellschaft und andererseits Kommanditist der Kommanditgesellschaft. Als KG-Kommanditist haftet diese natürliche Person nur mit ihrer Einlage. Fachleute sprechen bei dieser Gestaltung von einer **„Ein-Personen UG & Co. KG"**.

Auch die Konstruktion einer ineinander verschachtelten **„Einheits-UG & Co. KG"**, bei der die KG alle Anteile der Komplementär-UG hält, ist meiner Meinung nach möglich, soll an dieser Stelle jedoch nicht vertieft werden.

Der große Vorteil, eine UG (haftungsbeschränkt) anstelle einer GmbH als Komplementärin der KG zu implementieren, besteht darin, dass es theoretisch ausreicht, die Komplementär-UG mit einem Stammkapital von EUR 1 auszustatten. Wird hingegen eine GmbH als Komplementärin eingesetzt, so müssen mindestens EUR 12.500 *(Details zu diesem Betrag diskutiere ich an anderer Stelle)* tatsächlich als Stammeinlage eingezahlt werden.

Da im Rahmen einer „UG & Co. KG" bzw. „GmbH & Co. KG" jedoch die KG das operative Geschäft betreibt, kann die Stammeinlage der UG bzw. GmbH im Regelfall ja gar nicht wirtschaftlich sinnvoll eingesetzt werden. Deshalb macht es Sinn, diesen Betrag möglichst niedrig anzusetzen.

Abschließend: Die UG (haftungsbeschränkt) sollte unbedingt einen Kapitalanteil an der Kommanditgesellschaft halten, damit sie Anspruch auf einen Gewinnanteil hat. Nur so ist sie überhaupt in der Lage, ihre gesetzliche Rücklage anzusparen.

Fazit: Als Komplementärin einer Kommanditgesellschaft spielt die UG ihre Vorteile gegenüber der GmbH aus. Eine weitere Alternative, nämlich die Gestaltung über eine „Limited & Co. KG", dürfte meines Erachtens keine Rolle mehr spielen.

Kann eine UG (haftungsbeschränkt) als Tochtergesellschaft im Rahmen eines Konzerns eingesetzt werden?

Da insbesondere die Vorgaben des Mustergründungsprotokolls der Unternehmergesellschaft nicht den Anforderungen eines Konzerns („Einheitlicher Rechtsrahmen", ggf. „Gewinnabführungsverpflichtungen") genügen dürften, scheint dies zunächst problematisch.

Nichtsdestotrotz kann in Branchen, in denen das „Image" der Tochtergesellschaft zweitrangig ist, durchaus sinnvoll die beschränkte Haftung der Gesellschafter erreicht werden.

Praxistipp:

Erst eine UG mit Musterprotokoll gründen. Danach das Stammkapital erhöhen und das Musterprotokoll durch einen individuellen, den Erfordernissen der Konzern-Mutter entsprechenden, Gesellschaftsvertrag ersetzen. Hintergrund: Die Änderungsgebühren dürften im Rahmen dieser Gestaltung niedriger als die Gründungsgebühren bei von Beginn an höherem Stammkapital ausfallen.

Welche Möglichkeiten gibt es, einer UG (haftungsbeschränkt) nachträglich weitere Liquidität zuzuführen?

Hier gibt es drei verschiedene Möglichkeiten:

Zunächst könnte das Stammkapital erhöht werden. Wesentlicher Nachteil ist hier, dass für die Stammkapitalerhöhung Notarkosten anfallen.

Die zweite Möglichkeit besteht darin, der UG ein Gesellschafter-Darlehen zu geben. In diesem Fall ist auf eine formal sehr sorgfältige und korrekte vertragliche Vereinbarung sowie Durchführung zu achten.

Praxistipp:

Die dritte Alternative ist die Erhöhung der Kapitalrücklage. Diese ist in §272 Absatz 2 Nr. 4 HGB geregelt. Gerade bei der UG wird sie oft „vergessen", obwohl sie eine interessante Alternative darstellt. Vorteil der Erhöhung der Kapitalrücklage ist, <u>dass weder ein Notar noch ein Vertrag erforderlich sind.</u> Es reichen vielmehr ein schriftlicher Gesellschafterbeschluss und die Überweisung auf das Firmenkonto (Verwendungszweck „Kapitalrücklage"). Buchhalterisch ist dann „Bank" an „Kapitalrücklage" zu buchen. Der Vorgang ist als Zugang zum sogenannten steuerlichen Einlagekonto (das außerhalb der Bilanz zu führen ist) zu dokumentieren. Der Nachteil einer Erhöhung der Kapitalrücklage gegenüber einer Stammkapitalerhöhung besteht bei Mehr-Personengesellschaften darin, dass sich das Stimmrecht ausschließlich nach den Stammkapitalanteilen richtet; Kapitalrücklagen bleiben hier außen vor. Ein großer Vorteil besteht darin, dass Ihnen zu einem späteren Zeitpunkt – wenn es die finanzielle Lage Ihrer UG zulässt und Sie die obige Dokumentation bei Ihrem Finanzamt vorgenommen haben – diese Gelder wieder *(ohne Einbehalt von Kapitalertragsteuer)* zurückgezahlt werden können.

Welche Möglichkeiten bestehen, Sacheinlagen in die UG (haftungsbeschränkt) einzubringen?

Wie oben erläutert, kann die UG nur gegen Bareinlagen gegründet werden – Sacheinlagen (PKW, Geschäftsausstattung etc.) sind grundsätzlich erst einmal nicht möglich. Aber...

Zu betonen ist, dass dieses Sacheinlageverbot des §5a Absatz 2 GmbHG, das sowohl für die Aufbringung als auch für eine Erhöhung des Stammkapitals gilt, eben nur bezüglich des Stammkapitals im Sinne des §272 Absatz 1 HGB gilt – nicht jedoch für die Kapitalrücklage nach §272 Absatz 2 Nr. 4 HGB.

So ergeben sich in der Praxis die folgenden Alternativen zur Einbringung von Sacheinlagen:

1. Zunächst könnte die UG die Vermögensgegenstände (steuerlich: Wirtschaftsgüter) durch Kauf erwerben. Ein derartiger Erwerb muss steuerlich korrekt abgewickelt werden (insbesondere müssen auch tatsächliche Zahlungen geleistet werden).

2. Die zweite Alternative besteht darin, die Vermögensgegenstände im Rahmen einer Kapitalerhöhung gegen Sacheinlagen einzubringen. *Zur Verdeutlichung: Eine Kapitalerhöhung liegt vor, wenn der UG neues Stammkapital zugeführt wird.* Die Änderung des Gesellschaftsvertrages ist dazu Pflicht. Das Registergericht wird die Eintragung jedoch grundsätzlich ablehnen, da das Stammkapital einer UG bis zu EUR 25.000 in BAR eingezahlt werden muss.

   a) Unproblematisch (da bereits entsprechende Urteile vorliegend) ist der Fall dann, wenn die Summe aus Stammeinlage plus Wert der geplanten Sacheinlage zusammen EUR 25.000 ausmacht.

b) Ist dies nicht der Fall, so sollten Sie die fehlende Differenz bar zuschießen. Also: <u>Die Summe aus Stammeinlage plus Wert der Sacheinlage plus Bareinlage</u> ergibt wiederum EUR 25.000.

c) Bei den beiden vorgenannten Konstellationen habe ich unterstellt, dass die UG über keine nennenswerte Gewinnrücklage verfügt.

Hat die UG bereits eine Gewinnrücklage gebildet, so wird die Gewinnrücklage mit der Kapitalerhöhung gegen Sacheinlagen in Stammkapital umgewandelt. Also: <u>Die Summe aus Stammkapital plus Gewinnrücklage plus Wert der Sacheinlage</u> muss EUR 25.000 betragen.

Exkurs: Grundsätzlich ist für eine Kapitalerhöhung ein Gesellschafterbeschluss mit ¾ -Mehrheit erforderlich. Verwenden die UG-Gesellschafter einen individuellen Gesellschaftsvertrag und nicht das Musterprotokoll, so können größere Mehrheiten bis hin zur Einstimmigkeit vereinbart werden. Eine geringere Mehrheit ist hingegen nicht erlaubt. Der Beschluss ist notariell zu beurkunden.

3. Nun zur dritten (und interessantesten) Möglichkeit: Da das Sacheinlageverbot des §5a Absatz 2 GmbHG nur bezüglich des Stammkapitals gilt und die Schaffung einer Kapitalrücklage im Sinne des §272 Absatz 2 auch bei einer UG möglich ist, könnten die Sachwerte meines Erachtens ohne weiteres in die Kapitalrücklage eingebracht werden. Der entsprechende Buchungssatz wäre dann: „Anlagekonto" an

„Kapitalrücklage". Auf Formalia soll hier nicht eingegangen werden. Nur so viel: Eine Einbringungserklärung des Gesellschafters, in der die Vermögensgegenstände einzeln aufgelistet und bewertet sind, ist natürlich Pflicht.

In der Literatur gibt es sogar Stimmen, die auf diese Art und Weise ein ganzes Unternehmen – sozusagen als Kapitalrücklage – in die UG (haftungsbeschränkt) einbringen wollen.

Weshalb wird eine Kapitalerhöhung der UG (haftungsbeschränkt) im Normalfall von Außenstehenden positiv beurteilt?

Eine Kapitalerhöhung führt zu einer Verbesserung der sogenannten Eigenkapitalquote der UG. Damit geht – im Normalfall – auch eine Verbesserung der Bonität der UG einher.

Beträgt das Stammkapital der UG nach der Kapitalerhöhung EUR 25.000, so darf die UG offiziell zur „GmbH" umfirmieren.

Macht es Sinn, dass die Unternehmergesellschaft einen Firmenwagen für den Gesellschafter-Geschäftsführer anschafft?

Insbesondere aus steuerlicher Sicht stellt die Anschaffung eines Firmenwagens eine interessante Gestaltung dar. Bei der Unternehmergesellschaft *(und auch der Gesellschaft mit beschränkter Haftung)* gehört der Firmen-Pkw im Normalfall zum Betriebsvermögen. Wirtschaftlich ist das Fahrzeug Eigentum der Unternehmergesellschaft.

Unterstellen wir einen Kauf des Firmenwagens (also kein

Leasing), so stellen die Anschaffungskosten Betriebsausgaben der Unternehmergesellschaft dar. Sie werden als sogenannte AfA auf die Nutzungsdauer des Firmenwagens verteilt. Das Kürzel AfA steht dabei für Absetzung für Abnutzung. Durch die Berechnung der AfA wird sichergestellt, dass die Ausgaben für die Anschaffung des Firmenwagens korrekt auf die Nutzungsdauer verteilt werden. Die Nutzungsdauer von neuen Firmen-PKWs beträgt gemäß der AfA-Tabelle der Steuerbehörden 6 Jahre.

Bei einem Firmenfahrzeug, bei dessen Kauf die Rechnung des Autohändlers auf die Unternehmergesellschaft ausgestellt wird, kann auch die Umsatzsteuer in voller Höhe als Vorsteuer verrechnet werden. Ausnahme: Bei bestimmten Gebrauchtkäufen wendet der Autohändler die sogenannte Differenzbesteuerung an und darf dann keine Umsatzsteuer in Rechnung stellen.

Neben der AfA stellen auch die laufenden Kfz-Kosten wie bspw. KFZ-Versicherung, KFZ-Steuer, Reparaturen, Inspektionen und Benzin für die Unternehmergesellschaft Betriebsausgaben dar, die den Gewinn mindern.

Aber Achtung: Die Nutzung eines Firmenwagens durch den Gesellschafter-Geschäftsführer einer Unternehmergesellschaft führt in der Praxis gerade bei Betriebs- und/ oder Lohnsteuerprüfungen häufig zu Streitereien, da oftmals sogenannte verdeckte Gewinnausschüttungen unterstellt werden. Zur Problematik der verdeckten Gewinnausschüttung an anderer Stelle mehr.

Konstellation 1: Im Normalfall wird der Firmenwagen auch für private Fahrten genutzt. Da die o.g. KFZ-Kosten den Gewinn der Unternehmergesellschaft vollumfänglich mindern, ist – ganz vereinfacht gesagt – für die private Nutzung eine Korrektur vorzunehmen.

Also: Wenn der Gesellschafter-Geschäftsführer den Firmen-PKW auch privat nutzen darf, so muss im Geschäftsführer-Anstellungsvertrag vorab und deutlich festgehalten werden, dass er das zur Verfügung gestellte Fahrzeug bspw. auch privat am Wochenende und im Urlaub nutzen darf. Meines Erachtens ist zusätzlich ein Beschluss der Gesellschafterversammlung notwendig. Sieht der Anstellungsvertrag diese private Nutzungsform des Firmenwagens ausdrücklich vor, so sind 2 Berechnungsmethoden des geldwerten Vorteils denkbar:

1. Führung eines ordnungsgemäßen und steuerlich anerkannten Fahrtenbuches. *(Das Führen eines Fahrtenbuchs ist aufwändig, es bildet aber die tatsächlichen Kosten ab.)*

2. „1%"-Regelung: Bei einer mehr als 50%igen betrieblichen Nutzung ist für jeden Kalendermonat 1% des inländischen Bruttolistenpreises im Zeitpunkt der Erstzulassung zuzüglich Sonderausstattung als privater Nutzungsanteil anzusetzen. *Vorsicht Falle: Wurde für Sie ein Gebrauchtwagen als Firmenfahrzeug angeschafft und hat das gebrauchte Auto bei einem ursprünglichen Neupreis von 50.000 EUR lediglich 10.000 EUR gekostet, so müssen Sie trotzdem monatlich 500 EUR (1% von 50.000 EUR) versteuern.* Auf die betriebliche Nutzung bis einschließlich 50% soll an dieser Stelle nicht eingegangen werden.

Übrigens: Wird ein Leasing-Pkw zu mehr als 50% betrieblich genutzt und kein Fahrtenbuch geführt, so ist auch hier der Privatanteil nach der 1%-Methode zu berechnen. Die Netto-

Leasingraten mindern übrigens normalerweise den Gewinn der Unternehmergesellschaft (jedoch sehr komplexes Thema: Zurechnung).

Bei der zweiten Konstellation, nämlich dann, wenn der Geschäftsführer den Firmen-PKW gar nicht privat nutzt (weil bspw. ein weiterer Privat-PKW im Haushalt vorhanden ist), ist ein sogenanntes Privatnutzungsverbot zu regeln, vertraglich zu dokumentieren und gegebenenfalls glaubhaft zu machen.

Was ist hinsichtlich Verträgen zwischen der Unternehmergesellschaft (UG) und Familienangehörigen bzw. nahen Angehörigen zu beachten?

Vorab: Es ist grundsätzlich erlaubt, dass Angehörige des/der Gesellschafter(s) in der Unternehmergesellschaft (UG) **mitarbeiten**, an die Unternehmergesellschaft **Darlehen vergeben** (*alternativ: Darlehen der UG in Anspruch nehmen*) oder **Räume** an die Unternehmergesellschaft **vermieten**.

Das Problem im täglichen Leben besteht nun jedoch häufig darin, dass nahestehende Angehörige miteinander anders umgehen als mit fremden Dritten, beispielsweise schließt der alleinige Gesellschafter-Geschäftsführer mit seiner Unternehmergesellschaft eventuell einen Geschäftsführervertrag zu anderen Konditionen ab als mit einer fremden Gesellschaft.

Damit nun derartige Regelungen und weitere Gestaltungen (z.B. Kauf- und Beraterverträge) zwischen der Unternehmergesellschaft (UG) und Angehörigen vom Finanzamt steuerlich anerkannt werden, sind unbedingt bestimmte Formalia zu beachten bzw. einzuhalten.

Für Experten: Ich denke an dieser Stelle insbesondere an eine **Unternehmergesellschaft, die von einem nahen Angehörigen beherrscht wird** *und Konstruktionen wie die* **Familien UG & Co. KG,** *bei der die Thematik der Angehörigenverträge sogar in doppelter Hinsicht eine Rolle spielt.*

Erkennt das Finanzamt eine der oben genannten Gestaltungen an, so ist bei der Unternehmergesellschaft (UG) eine Betriebsausgabe gegeben, beim Angehörigen bzw. Familienmitglied eine Einnahme, die mit dem jeweiligen individuellen Einkommensteuersatz zu versteuern ist. Ein Beispiel: Bei einem Mietvertrag über Büroräume in der eigenen Immobilie liegt bei der Unternehmergesellschaft sogenannter Mietaufwand vor (Betriebsausgabe), beim Angehörigen einkommensteuerliche Einnahmen aus Vermietung und Verpachtung.

Exkurs: Wer wird steuerlich als **Angehöriger** angesehen?

§15 Absatz 1 Abgabenordnung (AO) zählt als Angehörige auf:

- Verlobte (auch im Sinne des Lebenspartnerschaftsgesetzes),

- Ehegatten oder Lebenspartner,

- Verwandte und Verschwägerte gerader Linie,

- Geschwister,

- Kinder der Geschwister,

- Ehegatten oder Lebenspartner der Geschwister und Geschwister der Ehegatten oder Lebenspartner,

> - Geschwister der Eltern,
>
> - Pflegeeltern und Pflegekinder.
>
> Besteht bspw. die die Beziehung begründende Ehe oder Lebenspartnerschaft nicht mehr, greift §15 Absatz 2 AO.

Da es unter Familienangehörigen an einem sogenannten **Interessengegensatz** (wie unter fremden Dritten) fehlen kann, besteht nach Auffassung der Steuerverwaltung die Gefahr, dass zivilrechtliche Gestaltungsmöglichkeiten steuerrechtlich missbraucht werden können. Oftmals geht es um die angemessene Festlegung der Höhe der Gegenleistung (z.B. Vergütung).

Nach welchen Grundsätzen sollten nun Verträge zwischen Unternehmergesellschaft und Familienangehörigen abgeschlossen werden?

1. Zivilrechtliche Wirksamkeit

Der Vertrag muss zivilrechtlich wirksam sein. Die Vereinbarung muss bereits vor Beginn des Vertragsverhältnisses geschlossen sein. Gesetzliche Formvorschriften sind einzuhalten. Zwar können Verträge grundsätzlich mündlich abgeschlossen werden, aufgrund der oben beschriebenen Problematik liegt de facto Schriftformerfordernis vor, da die Finanzverwaltung die Verträge sowieso fordert und sich bspw. im Rahmen einer steuerlichen Betriebsprüfung ansehen wird. Es sollte besonders auf klare, eindeutige und tatsächlich gewollte Vereinbarungen geachtet werden.

2. Fremdvergleich

Hier ist zu prüfen, ob der Vertrag „wie zwischen fremden Dritten" ausgestaltet ist. Insbesondere haben Zahlungen in der Höhe zu erfolgen, in der sie auch ein fremder Dritter erhalten bzw. zahlen würde. Familiäre Interessen im Rahmen der Vertragsgestaltung sind rechtlich/wirtschaftlich geprägten Vereinbarungen unterzuordnen. Maßgebend ist dabei die „Gesamtheit der objektiven Gegebenheiten" – nicht jede kleinste Abweichung vom Üblichen führt gleich zu einer steuerlichen Aberkennung.

3. Tatsächliche Durchführung

Achten Sie unbedingt auf die tatsächliche Durchführung der Verträge – und zwar dergestalt, wie Sie auch mit fremden Dritten verfahren würden. Zahlungen sind tatsächlich zu leisten und vertragliche Vereinbarungen zu erbringen und einzuhalten. Modifikationen der Verträge sind durch schriftliche Ergänzungsvereinbarungen zu dokumentieren.

Was bedeutet das nun konkret für Verträge zwischen der Unternehmergesellschaft (UG) und nahen Angehörigen?

So sollten Arbeitsverträge zwischen UG und Familienangehörigen stets schriftlich abgeschlossen werden. Dabei sind übliche Klauseln zu Arbeitszeit, Vergütung, Hauptvertragsverpflichtungen etc. zu verwenden. Rückwirkende Vereinbarungen sind sehr problematisch.

Grundsätzlich rate ich zum Abschluss eines

Musteranstellungsvertrages, der auch bei fremden Arbeitnehmern zum Einsatz käme. Derartige Muster finden Sie im Internet.

Wichtig ist zudem, dass der Arbeitsvertrag tatsächlich „gelebt" – d.h. durchgeführt – wird. So ist das Gehalt fristgerecht zu zahlen, die auf dieses Arbeitsverhältnis entfallenden Lohnsteuern sind ordnungsgemäß einzubehalten und abzuführen, Sozialversicherungsbeiträge sind zu entrichten.

Nachfolgend ein Beispiel, das ich in der Praxis schon recht häufig angetroffen habe: Im Anstellungsvertrag zwischen der Unternehmergesellschaft (UG) und dem Gesellschafter-Geschäftsführer ist festgehalten, dass jede Vertragsänderung schriftlich zu erfolgen hat. In der Folge wird das Geschäftsführergehalt – je nach Gusto und wirtschaftlicher Situation – herauf- oder herabgesetzt. Dabei wird jedoch „vergessen", schriftliche Vertragsergänzungen und Gesellschafterbeschlüsse zu dokumentieren. Meine Frage: Wäre dies auch bei einem fremden Geschäftsführer dergestalt gehandhabt worden?

Werden die o.g. Punkte (und weitere) eingehalten, so stellen die Lohn- bzw. Gehaltszahlungen bei der Unternehmergesellschaft Betriebsausgaben dar.

Auch Darlehens- und Mietverträge zwischen Unternehmergesellschaft (UG) und Angehörigen sollten schriftlich abgeschlossen werden. Da ebenfalls übliche Vereinbarungen (wie unter Fremden) zu verwenden sind und die Verträge tatsächlich „durchgeführt" werden müssen. Wird bspw. bei einem Mietvertrag die Miete gar nicht bezahlt, so gilt dies bereits als „K.-o.-Kriterium" zur Nichtanerkennung. Am Rande:

Bitte beachten Sie auch gesetzliche Pflichten im Rahmen des Mietverhältnisses: So ist jeder Vermieter verpflichtet, gegenüber dem Mieter jedes Jahr die umlagefähigen Nebenkosten abzurechnen...

Ich empfehle auch hier den Einsatz von Online-Vertragsmustern. Schauen Sie bitte zunächst auf der Website Ihrer IHK. Dort sollten Sie kostenlose Vertragsmuster finden.

Gezahlte Zinsen auf Darlehen stellen für die UG Betriebsausgaben dar.

Worum handelt es sich bei einem Gesellschafterdarlehen? Was sollten Gesellschafter wissen, bevor sie der UG Kredite gewähren?
Gesellschafterdarlehen sind Darlehen eines Gesellschafters an seine Unternehmergesellschaft.

Hintergrund ist, dass der Gesellschafter einer Kapitalgesellschaft versuchen kann, sich durch entsprechende Vertragsgestaltungen eine Rückzahlungsmöglichkeit wie ein „normaler" Gläubiger zu verschaffen. Dazu gewährt er seiner Unternehmergesellschaft – anstelle von Eigenkapital – ein Darlehen, welches den bürgerlich-rechtlichen Bestimmungen der §§488 ff. BGB unterliegt und damit eine Rückzahlungspflicht durch den Schuldner beinhaltet. Diese Rückzahlungspflicht darf auch durch die schuldende UG erfüllt werden, solange sie sich nicht in einer Unternehmenskrise befindet.

Kritisch werden Darlehen und vergleichbare Schulden im Insolvenzfall der UG. Hier werden die Ansprüche der Gesellschafter nämlich lediglich nachrangig erfüllt. Nur wenn nach der vorrangigen Befriedigung der übrigen Gläubiger bei der UG noch Vermögensmasse vorhanden sein sollte, können die Gesellschafter mit einer Erfüllung ihrer Ansprüche rechnen.

Im Detail konnten nach bisherigem Recht in der Unternehmenskrise (§32a Absatz 1 GmbHG alte Fassung) gewährte Gesellschafterdarlehen nicht zurückgezahlt werden bzw. gerieten in eine Haftungssituation, wenn sie dennoch zurückgezahlt wurden (§32b GmbHG a. F.).

Durch das Gesetz zur Modernisierung des GmbH-Rechts und zur Bekämpfung von Missbräuchen (MoMiG) wurden im Jahre 2008 die §§32a und 32b GmbHG a. F. aufgehoben und diese Thematik insbesondere in die Insolvenzordnung (InsO) verlagert. Seitdem werden alle Darlehensrückzahlungsansprüche von Gesellschaftern als nachrangige Insolvenzforderungen eingestuft, unabhängig von deren Eigenkapitalersatzcharakter (§§39 Absatz 1 Nr. 5, §44a, §135, §143 InsO).

Laut § 135 der Insolvenzordnung sind die Gesellschafterdarlehen in der Insolvenz also nachrangig zu behandeln. Das bedeutet: Zuerst werden die Insolvenzgläubiger bedient, bevor die Gesellschafter sich ihr Darlehen wieder auszahlen können. Hat innerhalb des vergangenen Jahres vor der Verfahrenseröffnung der Insolvenz eine Rückzahlung stattgefunden, so kann sie durch den Insolvenzverwalter angefochten werden. Die Gesellschafter werden also gezwungen, das Darlehen zurückzugeben und damit die Gläubiger zu befriedigen. Erst nachdem alle Forderungen beglichen sind, kann der übrige Betrag an die Gesellschafter zurückgezahlt werden.

Frühere Rechtsprechungsregeln zum Thema „Eigenkapitalersatz" gelten nicht mehr. Zudem wurde durch das MoMiG der Tatbestand der kapitalersetzenden Nutzungsüberlassung (§32a Absatz 3 GmbHG a.F.) gestrichen und in §135 Absatz 3 InsO neu geregelt.

Ein „Rangrücktritt" von Gesellschafterdarlehen zu Gunsten anderer Gesellschaftsgläubiger ist nun nicht mehr erforderlich. Dennoch gibt es in der Praxis weiterhin Rangrücktrittserklärungen, um den übrigen Gläubigern den Eigenkapitalcharakter des Gesellschafterdarlehens zu signalisieren.

Worin bestehen die beiden elementaren Nachteile der Gewährung von Gesellschafterdarlehen?

Bei einer UG mit mehreren Gesellschaftern („Mehr-Personen-UG") können sowohl Nach- als auch Vorteile gegeben sein, wenn die Darlehenshingabe nicht entsprechend der Beteiligungsquote erfolgt. Nachteil: Der darlehensgebende Gesellschafter trägt unter Umständen durch die Kreditgewährung jenseits seiner Beteiligungsquote ein größeres Risiko. Auf der anderen Seite kann die höhere Darlehenshingabe wegen einer attraktiveren Verzinsung (im Vergleich zu anderen „Spar"-Formen) interessant sein.

Der deutlichste Nachteil dürfte in der Praxis jedoch die geringere Eigenkapitalquote der UG sein. Hier sollte ein Gespräch mit dem Firmenkundenberater Ihrer Bank erfolgen, um ein schlechteres Rating zu vermeiden.

Welche formalen Voraussetzungen sind erforderlich, um das Gesellschafterdarlehen „korrekt" zu vereinbaren?

Zunächst muss – wer als Gesellschafter-Geschäftsführer im Namen der UG rechtswirksam mit sich selbst Verträge abschließen möchte – vom Verbot der „In-Sich"-Geschäfte (Selbstkontrahierungsverbot, §181 BGB) befreit sein. Diese Befreiung muss vor dem Vertragsschluss wirksam sein. Für Details zum Selbstkontrahierungsverbot verweise ich auf meine Ausführungen an anderer Stelle.

Des Weiteren muss der Darlehensvertrag unbedingt „wie unter fremden Dritten" abgeschlossen werden. Dies umfasst die Vereinbarung „fremdüblicher" Tilgungen und „fremdüblicher" Zinsen. Sind die Zinsvereinbarungen im Fremdvergleich zu hoch, so erkennt das Finanzamt darin eine sogenannte verdeckte Gewinnausschüttung mit der Folge, dass es die gezahlten Zinsen bei der UG (haftungsbeschränkt) nicht als Betriebsausgaben anerkennen dürfte. Achten Sie auch auf die Laufzeit und Kündigung, insbesondere aber – ganz wichtig – auf die Stellung entsprechender Sicherheiten.

Für einen derartigen Darlehensvertrag empfehle ich wegen der Beweiskraft der getroffenen Vereinbarungen unbedingt die Schriftform (die ja gesetzlich nicht unbedingt vorgeschrieben ist). Sie sollten diesen Vertrag schriftlich im Vorhinein vereinbaren, da das Finanzamt rückwirkende Verträge nicht anerkennt. Auch hier droht Ihnen eine verdeckte Gewinnausschüttung.

Der Vertrag mit einem Allein-Gesellschafter muss zudem protokolliert werden, denn ohne Protokoll wird das Finanzamt die vertraglichen Vereinbarungen nicht anerkennen. Folge: Alle Leistungen aus dem Vertrag sind verdeckte

Gewinnausschüttungen.

Abschließend ist der Darlehensvertrag zu „leben", das heißt, der Vertrag muss wie vereinbart durchgeführt werden. Das gilt vor allem für die vereinbarten Tilgungen, die in der Praxis häufig einfach ohne Zusatzvereinbarung ausgesetzt werden, aber auch für die Zinsen, die oftmals nicht – wie ursprünglich vereinbart – gezahlt werden. Auch in solchen Fällen unterstellt das Finanzamt eine verdeckte Gewinnausschüttung.

Welche steuerrechtlichen Folgen hat die Gewährung eines Gesellschafterdarlehens?

Darlehen eines Gesellschafters an seine Kapitalgesellschaft werden steuerrechtlich im Grundsatz anerkannt. Zunächst stellt das Gesellschafterdarlehen beim Gesellschafter eine Darlehensforderung dar und bei der Unternehmergesellschaft eine Verbindlichkeit. *Anmerkung: Gesellschafter-Darlehen werden in der UG-Bilanz regelmäßig als Verbindlichkeit gegenüber Ihnen als Gesellschafter gesondert ausgewiesen oder aber im Anhang aufgeführt.* Die Zinsen stellen bei der Gesellschaft Betriebsausgaben dar, beim Gesellschafter Zinseinnahmen. Die Vereinbarung wird durch das Finanzamt natürlich auf ihre Angemessenheit hin überprüft: Sind die gezahlten Zinsen überhöht, so werden die Zinsen nur in der angemessenen Höhe als Betriebsausgaben anerkannt. Der übersteigende Restbetrag stellt dann eine „verdeckte Gewinnausschüttung" dar. Details dazu siehe bitte unter „Steuern".

Am Rande: Durch eine Ausnahmevorschrift – nämlich §8a KStG – wird die Anerkennung derjenigen Zinszahlungen, die als

Betriebsausgabe anzusetzen wären, weiter eingegrenzt. Das Ziel dieser Ausnahmeregelung besteht in der Verhinderung, dass Gesellschafter ihre Kapitalgesellschaften nicht mehr mit Eigenkapital, sondern überwiegend mit Gesellschafterdarlehen finanzieren, um durch diese Form der Finanzierung Körperschaftsteuer zu sparen.

Wie sieht die Behandlung des Gesellschafter-Darlehens nun beim Gesellschafter selbst aus?

Ist die Beteiligung dem Privatvermögen des Gesellschafters zuzuordnen, so erzielt der Gesellschafter mit den Zinseinnahmen aus dem Darlehen Einkünfte aus Kapitalvermögen. Bei einer Beteiligung an der GmbH von weniger als 10% werden die Zinsen beim Gesellschafter mit dem Abgeltungssteuersatz von 25% (zzgl. Solidaritätszuschlag und ggf. Kirchensteuer) besteuert. Beträgt die Beteiligung mindestens 10% unterliegen die Zinseinkünfte dem individuellen Einkommensteuertarif des Gesellschafters. Ggf. kann dann auch das sogenannte Teileinkünfte-Verfahren zur Anwendung kommen.

Wie ist nun der umgekehrte Fall – das heißt, die UG (haftungsbeschränkt) gibt Ihrem Gesellschafter ein Darlehen – zu handhaben?

Vorab: Grundsätzlich darf das zur Erhaltung des Stammkapitals erforderliche Vermögen nicht an die Gesellschafter ausgezahlt werden. Kredite an die Gesellschafter aus dem zur Erhaltung des Stammkapitals erforderlichen Vermögen können zu einer Überschuldungsbilanz und damit zur Insolvenzantragspflicht führen. Also: Handelt es sich bei der

96

Gesellschaft um eine UG oder eine GmbH, so darf das Darlehen nur dann gewährt werden, wenn dadurch nicht das Stammkapital angegriffen wird.

Auch hier gilt, dass der Darlehensvertrag zwischen der UG (haftungsbeschränkt) und dem Gesellschafter in seiner Ausgestaltung einem Fremdvergleich standhalten muss, um von Beginn an steuerliche Komplikationen zu vermeiden. Stellen Sie sich also bitte die Frage: „Würde die Unternehmergesellschaft einem fremden Dritten mit denselben vertraglichen Vereinbarungen ein Darlehen gewähren?"

Achtung: Dient das Darlehen privaten Zwecken des Gesellschafters, so besteht die Gefahr, dass dieser als Verbraucher im Sinne des §13 BGB anzusehen ist und dass deshalb die Regelungen für Verbraucherdarlehen gemäß §§491 ff. BGB Anwendung finden. Dies gilt übrigens auch für Gesellschafter einer UG oder GmbH. Die Gesellschaft ist nämlich Unternehmer im Sinne des §14 BGB, selbst dann, wenn ihr eigentlicher Geschäftsbetrieb nicht auf die Darlehenshingabe ausgerichtet ist. Der Gesellschafter ist wiederum Verbraucher im Sinne des §13 BGB. Wegen der zu beachtenden Einzelheiten und Konsequenzen bei Gewährung eines Verbraucherdarlehens (zum Beispiel Schriftformerfordernis) verweise ich auf §492 BGB.

Auch hier darf der vereinbarte Zinssatz nicht unter dem marktüblichen Rahmen liegen, weil sonst die Differenz zum marktüblichen Zinssatz bei Darlehen einer UG an ihren Gesellschafter als verdeckte Gewinnausschüttung angesehen wird.

> **Praxistipp:**
>
> Steuerlich auf der sicheren Seite stehen die UG und deren Gesellschafter, wenn sich der Gesellschafter ein Darlehensangebot von einer Bank machen lässt. Verlangt die UG denselben Zinssatz, so ist eine verdeckte Gewinnausschüttung vom Tisch.

Ganz wichtig: Auf Sicherheiten kann wegen der Gefahr einer verdeckten Gewinnausschüttung bei einem solchen Darlehen zwischen Gesellschaft und Gesellschaftern nicht verzichtet werden.

Liegen Indizien vor, die eine Rückzahlung des Darlehens von Anfang an als unwahrscheinlich erscheinen lassen, so dürften ebenfalls steuerliche Komplikationen vorprogrammiert sein.

Das Kündigungsrecht des Darlehensnehmers kann – von den Ausnahmen des §489 Absatz 4 Satz 2 BGB abgesehen – nicht vertraglich ausgeschlossen oder erschwert werden, es sei denn, es ist beispielsweise durch ein Grundpfandrecht gesichert.

Gehen (Anfangs-) Verluste der UG (haftungsbeschränkt) „verloren"?

Nein! Die Verlustverrechnung der UG ist aber grundsätzlich anders gestaltet als beispielsweise bei einem Einzelunternehmen. Während Einzelunternehmer Verluste aus dem ersten Geschäftsjahr mit positiven Einkünften etwa aus einem Angestelltenverhältnis verrechnen können, ist dies bei der UG nicht möglich.

Vielmehr ist nur eine Verlustverrechnung innerhalb der UG erlaubt – nicht jedoch mit anderen Einkunftsarten. Anfangsverluste der UG werden in die Zukunft vorgetragen (Verlustvortrag) und mit zukünftigen Gewinnen verrechnet. Auf Betragsgrenzen soll hier nicht eingegangen werden, da sie die meisten UGs nicht betreffen dürften.

Bei Veräußerung bzw. Übertragung von Geschäftsanteilen sind ebenfalls Besonderheiten zu beachten.

Können die Geschäftsanteile an einer UG an einen anderen Gesellschafter übertragen werden?

Ja! Die Geschäftsanteile an einer UG können an einen anderen Gesellschafter oder auch einen Dritten durch Abtretungsvertrag übertragen werden. Für seine Wirksamkeit bedarf der Abtretungsvertrag der notariellen Beurkundung. Die Geschäftsführer haben die sich durch die Übertragung ergebenden Änderungen mittels einer Gesellschafterliste bei dem Handelsregister anzuzeigen.

Das gesetzlich vorgeschriebene Prozedere im Einzelnen:

Für die Übertragung von Geschäftsanteilen an einer UG (haftungsbeschränkt) ist §15 GmbHG maßgeblich. Das Gesetz spricht insoweit von einer „Abtretung" der Anteile. Die dafür erforderlichen Unterlagen sind die

- notarielle Beurkundung des Verfügungsgeschäftes,

- notarielle Beurkundung des Verpflichtungsgeschäftes,

also regelmäßig ein schuldrechtlicher Vertrag über die zu erwerbenden Geschäftsanteile und eine gesonderte Übertragungserklärung (= Abtretungsvertrag). Diese beiden Dokumente müssen vor einem Notar beurkundet werden.

Nur wer in einer aktualisierten Gesellschafterliste beim Handelsregister aufgenommen ist, gilt als Inhaber (vgl. §16 Absatz 1 Satz 1 GmbHG)

Diese neue Gesellschafterliste ist sodann vom Geschäftsführer zu erstellen und über den Notar in elektronischer Form beim zuständigen Handelsregister einzureichen.

Erlaubt und vor allem bei Familiengesellschaften üblich ist es, im Gesellschaftsvertrag die Veräußerung der Geschäftsanteile an bestimmte Bedingungen zu knüpfen. Bei Verwendung des Musterprotokolls ist diese Möglichkeit jedoch nicht gegeben.

4. Organe

Welche Funktion nimmt der Geschäftsführer bzw. die Geschäftsführerin im Rahmen der Unternehmergesellschaft ein? Welche Voraussetzungen muss er mitbringen? Wie erfolgt seine Berufung/Abberufung?

Gemäß §35 Absatz 1 GmbHG wird die Unternehmergesellschaft (haftungsbeschränkt) durch die **Geschäftsführer** gerichtlich und außergerichtlich **vertreten**. Gemäß §46 Nr. 5 GmbHG erfolgen **Bestellung** und **Abberufung** der Geschäftsführer **durch die Gesellschafter.**

Während die beiden obigen Vorschriften noch von „den" Geschäftsführern sprechen, stellt man bei einem Blick in das Musterprotokoll fest, dass bei Gründung mittels Musterprotokolls nur ein Geschäftsführer vorgesehen ist. Fazit: Jede UG muss einen oder mehrere Geschäftsführer haben. Dies deckt sich mit §6 Absatz 1 GmbHG. *Am Rande: Diese Vorschrift ist nicht zu unterschätzen! Falls beispielsweise der Allein-Geschäftsführer einer Unternehmergesellschaft verstirbt oder sein Amt niederlegt, kann das Registergericht einen sogenannten* **Notgeschäftsführer** *bestellen, da die UG nicht „führungslos" sein darf.*

§6 Absatz 2 GmbHG bestimmt, dass **Geschäftsführer** einer UG nur eine **natürliche und unbeschränkt geschäftsfähige Person** sein kann. Laut §6 Absatz 3 GmbHG können Gesellschafter oder andere Personen zu Geschäftsführern bestellt werden. Bei einer Ein-Personen-UG ist der Geschäftsführer jedoch in der Regel zugleich Gesellschafter.

In der Praxis wird/werden der/die Geschäftsführer durch einen sogenannten **Beschluss aller Gesellschafter** bestellt. Dabei reicht die einfache Mehrheit der Gesellschafter aus, es sei denn, der Gesellschaftsvertrag sieht eine abweichende Regelung vor. Bei einer Ein-Personen-UG beruft sich der Geschäftsführer in der Position des Gesellschafters selbst.

Da die Bestellung des Geschäftsführers beim Registergericht anzumelden ist, nimmt der Geschäftsführer im Anschluss die Anmeldung zum Handelsregister vor, wobei seine **Unterschrift notariell beglaubigt** werden muss.

Im Rahmen der Anmeldung zum Handelsregister muss/müssen der/die Geschäftsführer vor dem Notar versichern, dass keine Umstände vorliegen, die seiner/ihrer Bestellung entgegenstehen (§39 Absatz 3 GmbHG). Diese Umstände sind im §6 Absatz 2 GmbHG explizit genannt.

So kann Geschäftsführer nicht sein, wer

1. als Betreuer bei der Besorgung seiner Vermögensangelegenheiten ganz oder teilweise einem Einwilligungsvorbehalt (§1903 des Bürgerlichen Gesetzbuchs) unterliegt,

2. aufgrund eines gerichtlichen Urteils oder einer vollziehbaren Entscheidung einer Verwaltungsbehörde einen Beruf, einen Berufszweig, ein Gewerbe oder einen Gewerbezweig nicht ausüben darf, sofern der Unternehmensgegenstand ganz oder teilweise mit dem Gegenstand des Verbots übereinstimmt,

3. wegen einer oder mehrerer vorsätzlich begangener Straftaten

a) des Unterlassens der Stellung des Antrags auf Eröffnung des

Insolvenzverfahrens (Insolvenzverschleppung),

b) nach den §§283 bis 283d des Strafgesetzbuchs (Insolvenzstraftaten),

c) der falschen Angaben nach §82 dieses Gesetzes oder §399 des Aktiengesetzes,

d) der unrichtigen Darstellung nach §400 des Aktiengesetzes, §331 des Handelsgesetzbuchs, §313 des Umwandlungsgesetzes oder § 17 des Publizitätsgesetzes oder

e) nach den §§263 bis 264a oder den §§265b bis 266a des Strafgesetzbuchs zu einer Freiheitsstrafe von mindestens einem Jahr

verurteilt worden ist; dieser Ausschluss gilt für die Dauer von fünf Jahren seit der Rechtskraft des Urteils, wobei die Zeit nicht eingerechnet wird, in welcher der Täter auf behördliche Anordnung in einer Anstalt verwahrt worden ist.

Gewisse Personen können also für bestimmte Zeiträume nicht zum Geschäftsführer einer UG bestellt werden.

Den Geschäftsführern obliegt

• die **Geschäftsführung der Gesellschaft nach innen,**

• die **Vertretung der Gesellschaft nach außen.**

Gemäß §37 Absatz 2 GmbHG ist die **Vertretungsmacht der Geschäftsführer im Außenverhältnis unbeschränkt,** d.h. eine Einschränkung ist ohne Bedeutung. Letztendlich ist die UG im Außenverhältnis verpflichtet. Halten sich Geschäftsführer dabei jedoch nicht an Einschränkungen laut Satzung, Weisungen der Gesellschafter etc., so können sie **im Innenverhältnis zur Rechenschaft gezogen** bzw. in Anspruch genommen werden. Dritten gegenüber kann diese interne „Einschränkung" jedoch nicht entgegengehalten werden.

Tipp: Um derartigen Missverständnissen vorzubeugen, könnte/sollte bereits in den Gesellschaftsvertrag bzw. die Satzung ein „Katalog" zustimmungspflichtiger Geschäfte eingearbeitet werden.

Gemäß §43 Absatz 1 GmbHG haben Geschäftsführer bei den Angelegenheiten der Gesellschaft die **Sorgfalt eines ordentlichen Geschäftsmannes anzuwenden,** d.h. Kenntnisse der wesentlichen Rechtsnormen, die die Unternehmergesellschaft betreffen, mitzubringen, aufzubauen und zu erweitern. Dies betrifft – neben den Fachkenntnissen – insbesondere auch steuerrechtliche und betriebswirtschaftliche Kenntnisse sowie Kenntnisse der unter Kaufleuten üblichen Geschäftsgepflogenheiten.

Geschäftsführer *(und Gesellschafter)* der UG (haftungsbeschränkt) riskieren für Schulden der Gesellschaft eine Haftung mit ihrem Privatvermögen, wenn die Gesellschaft nicht seriös geführt wird. So entschied das Verwaltungsgericht Koblenz, dass die Allein-Geschäftsführerin einer Unternehmergesellschaft (UG) für Gewerbesteuerschulden der UG haften müsse, da sie – sinngemäß – die betrieblichen Steuererklärungen ihrer UG nicht abgegeben und die (geschätzten) Steuern auch nicht gezahlt habe (Urteil des Verwaltungsgerichts Koblenz, Urteil vom 13. November 2015, Az. 5 K 526/15).

Fazit: Da der/die Geschäftsführer treuhänderisch fremdes Vermögen verwaltet/verwalten, hat er/haben sie dabei die gesetzlichen Pflichten zu beachten. Werden letztere „vorwerfbar" verletzt, so trifft den/die Geschäftsführer ein persönliches Haftungsrisiko.

§51a GmbHG besagt zudem, dass die Geschäftsführer jedem Gesellschafter **auf Verlangen unverzüglich Auskunft über die Angelegenheiten der Gesellschaft zu erteilen und Einsicht in Bücher und Schriften zu gestatten** haben. Diese Auskunfts- und Einsichtsrechte können auch im Gesellschaftsvertrag nicht abweichend geregelt werden.

Welche Handlungen sind bei der Bestellung des Geschäftsführers einer Unternehmergesellschaft vorzunehmen?

Vorab: Die Unternehmergesellschaft muss gemäß §6 Absatz 1 GmbHG einen oder mehrere Geschäftsführer haben. Gemäß §6 Absatz 2 GmbHG kann nur eine natürliche, unbeschränkt geschäftsfähige Person als Geschäftsführer fungieren. §6 Absatz 3 GmbHG besagt, dass sowohl Gesellschafter als auch andere *(fremde)* Personen zu Geschäftsführern bestellt werden können.

Die **Bestellung** des Geschäftsführers gehört gemäß §46 Nr. 5 GmbHG zum **Aufgabenkreis der Gesellschafter.**

In der Praxis erfolgt die Bestellung des UG-Geschäftsführers

- **unmittelbar im Gesellschaftsvertrag** *(bspw. sehen die Muster-Gründungsprotokolle der UG unter Tz. 4 einen entsprechenden „Passus" vor)* oder

- **durch Beschluss der Gesellschafterversammlung.**

Bei der eigentlichen Bestellung sind **zwei Handlungen**

105

vorzunehmen:

3. **Formale Bestellung durch Beschluss der Gesellschafterversammlung.**

4. **Abschluss des Anstellungsvertrages** des Geschäftsführers.

Vorbehaltlich anderslautender Vereinbarungen im Gesellschaftsvertrag erfolgt die **Beschlussfassung mit einfacher Mehrheit.** Dabei sind **alle Gesellschafter stimmberechtigt** – auch derjenige Gesellschafter, der als Geschäftsführer bestellt werden soll. Die Bestellung ist allerdings nur dann **rechtswirksam, wenn Sie von dem Bestellten angenommen wird.**

Die **Bestellung ist** sodann **dem Registergericht** *(Handelsregister)* anzumelden. Apropos: Diese Anmeldung erfolgt durch den Geschäftsführer. Dabei muss der neu bestellte Geschäftsführer nach §6 Absatz 2 GmbHG **versichern, dass keine Ausschlussgründe vorliegen**, die der Bestellung entgegenstehen.

Der **Anstellungsvertrag** des Geschäftsführers bildet dann das **schuldrechtliche Verhältnis** zwischen Unternehmergesellschaft und Geschäftsführer ab. Darin werden bspw. Aufgaben, Pflichten, Rechte, Vergütung, Kündigungsfristen, nachvertragliche Wettbewerbsverbote etc. festgelegt.

Darf ein Gesellschafter-Geschäftsführer bei seiner ordentlichen Abberufung mitstimmen?
Ja! Bei der ordentlichen Abberufung nach §38 Absatz 1 GmbHG darf er selbst mit abstimmen, bei einer Abberufung aus wichtigem Grund darf er gemäß §47 Absatz 4 GmbHG nicht abstimmen.

Grundsätzlich erfolgt der Beschluss zur Abberufung des Geschäftsführers mit einfacher Mehrheit.

Achtung: Die Abberufung der Organstellung „Geschäftsführer" lässt grundsätzlich das Anstellungsverhältnis unberührt. Dieses endet erst durch Kündigung oder Zeitablauf.

Durch welche Gestaltung kann die Abberufung eines Gesellschafter-Geschäftsführers erschwert werden?

Im Normalfall kann der Geschäftsführer einer UG (haftungsbeschränkt) jederzeit mit einfacher Stimmenmehrheit abberufen werden (§46 GmbHG). Der Gesellschafter-Geschäftsführer kann bei Gründung eine Klausel in den Gesellschaftsvertrag einarbeiten, nach der er nur mit einer ¾-Mehrheit oder aus wichtigem Grund abberufen werden kann. Formulierung im Gesellschaftsvertrag:

> *„... die Abberufung eines Gesellschafter-Geschäftsführers ... ist nur mit ¾-Mehrheit des stimmberechtigten Kapitals möglich."*

Auch eine Klausel wie

> „Der Gesellschafter-Geschäftsführer kann nur aus wichtigem Grund abberufen werden ..."

sollte zusätzlich eingearbeitet werden.

Welche Probleme können in der Praxis bei der Abberufung eines Gesellschafter- Geschäftsführers einer Zwei-Personen-Unternehmergesellschaft auftreten?

Sind beide Gesellschafter zu jeweils 50% an der UG beteiligt und hat einer von diesen beiden Gesellschaftern auch die Geschäftsführung übernommen, so hat der andere nicht die erforderliche Mehrheit, um den Gesellschafter-Geschäftsführer abzuberufen.

Letztendlich kann in einem solchen Fall nur gerichtlich die Entziehung der Geschäftsführungsbefugnis beantragt werden. Für Details sei auf §§117, 127 HGB verwiesen.

Wie kann ein Gesellschafter-Beschluss zur Abberufung/Bestellung des Geschäftsführers (inklusive Entlastung bzw. deren Verweigerung) exemplarisch formuliert werden („Formulierungs-Muster")?

„Niederschrift über die Gesellschafterversammlung der Firma ... mit dem Sitz in ...

Ich/Wir, der/die Gesellschafter der ... halten hiermit unter Verzicht auf alle durch Gesetz und Gesellschaftsvertrag vorgeschriebenen Formen und Fristen der Einberufung und Ankündigung eine Gesellschafterversammlung der ... ab und beschließen:

1. Die Bestellung von Herrn ... zum Geschäftsführer wird mit sofortiger Wirkung widerrufen. Herrn ... wird die Entlastung erteilt/verweigert.

2. Herr ..., geboren am ..., wohnhaft in ... wird mit sofortiger Wirkung zum Geschäftsführer bestellt. *Je nach Gestaltungswunsch: Er vertritt die Gesellschaft gemeinsam mit einem anderen Geschäftsführer oder einem Prokuristen. Er ist, soweit er als Vertreter eines Dritten handelt, von den Beschränkungen des §181 BGB befreit.*

Ort, den ...

Unterschriften aller Gesellschafter"

Was geschieht bei Abberufung des einzigen Geschäftsführers?

In diesem Fall sollten die Gesellschafter unbedingt dazu in der Lage sein, sich auf einen neuen Geschäftsführer zu einigen. Berufen die Gesellschafter nämlich den einzigen Geschäftsführer ab und können sie sich nicht auf die Berufung eines neuen Geschäftsführers einigen, so wird das Registergericht auf Antrag einen sogenannten Notgeschäftsführer bestellen.

Welche Pflichtverletzungen führen zu einer persönlichen Haftung des Geschäftsführers?

- Verletzt der Geschäftsführer die Pflicht zur Erstellung einer ordnungsgemäßen Buchführung und/oder werden Lohn- und Umsatzsteuern nicht rechtzeitig/vollständig abgeführt, so kann den Geschäftsführer eine vermögensrechtliche Haftung treffen (Verletzung steuerlicher Pflichten, §§34, 69 AO). Er haftet für Steuerschulden, wenn er dieser Verpflichtung vorsätzlich oder grob fahrlässig nicht nachkommt. Ausnahme: Eine Haftung kommt dann nicht in Betracht, wenn die UG ohnehin nicht in der Lage gewesen wäre, die Steuerschuld zu erfüllen. Der Geschäftsführer ist auch nicht verpflichtet, den Fiskus gegenüber anderen Gläubigern vorzuziehen. Er darf ihn jedoch auch nicht benachteiligen. Bei Verletzung der o.g. Pflichten sind des Weiteren strafrechtliche Konsequenzen möglich.

- Werden Sozialversicherungsabgaben nicht/nicht rechtzeitig abgeführt, so haftet der Geschäftsführer persönlich für die Arbeitnehmeranteile der Sozialversicherungsbeiträge. Auch in diesem Falle macht er sich strafbar (§266a StGB).

- §15a InsO: Meldet der Geschäftsführer bei einer drohenden Insolvenz nicht ohne schuldhaftes Zögern, spätestens aber innerhalb von drei Wochen, die Insolvenz an, so drohen haftungs- und strafrechtliche Konsequenzen nach StGB und InsO. *Übrigens: Die gleiche Pflicht trifft auch **Gesellschafter**, sollte zum entscheidenden Zeitpunkt kein Geschäftsführer vorhanden sein. Wer gegen diese Vorschrift verstößt macht sich nicht nur strafbar, sondern haftet nach §823 II BGB auch für den dadurch entstanden Schaden, da es sich bei dieser Vorschrift um ein sog. Schutzgesetz handelt.*

- Macht der Geschäftsführer im Rahmen des Gründungsvorgangs der UG bestimmte falsche Angaben, so kann er mit seinem privaten Vermögen zur Haftung herangezogen werden. Dies betrifft vor allem den Fall, dass unkorrekte Angaben zu den eingezahlten Einlagen gemacht werden. Sind letztere nämlich nicht in der angegebenen Höhe eingezahlt oder werden sie innerhalb von sechs Monaten an die Gesellschafter zurückgezahlt, so haftet der Geschäftsführer aufgrund falscher Angaben.

- Haftung aus unerlaubter Handlung

§823 BGB: „Wer vorsätzlich oder fahrlässig das Leben, den Körper, die Gesundheit, die Freiheit, das Eigentum oder ein sonstiges Recht eines anderen widerrechtlich verletzt, ist dem anderen zum Ersatz des daraus entstehenden Schadens verpflichtet."

Die Haftung aus unerlaubten Handlungen ist im BGB normiert und tritt neben die Haftung aus dem GmbHG. Hiermit sollen Verhaltensweisen des Geschäftsführers der Unternehmergesellschaft bestraft werden, mit denen er seine Stellung zur Durchsetzung seiner eigenen Interessen zu Lasten der Gesellschaft missbraucht.

Insbesondere Geschäfte, die der Geschäftsführer im wirtschaftlichen Eigeninteresse abschließt, weil er dadurch einen persönlichen Vorteil erlangt, führen zu einer persönlichen Haftung. Beispiel: Der Geschäftsführer schließt im Namen der bzw. für die UG einen umfangreichen Vertrag mit einem neuen Lieferanten ab und erhält vom Lieferanten auf sein privates Konto eine „Schmiergeldzahlung".

- Haftung für die Verletzung der Pflicht zur Einreichung der Gesellschafterliste gemäß §40 III GmbHG

Der Geschäftsführer ist nach §40 I GmbHG verpflichtet, den jeweils aktuellen Stand der Gesellschafter dem Handelsregister anzuzeigen. Verletzt er diese Pflicht schuldhaft, macht er sich gegenüber den Gläubigern der Gesellschaft sowie den Gesellschaftern, deren Beteiligung sich geändert hat, schadenersatzpflichtig.

Was ist bezüglich der Haftung mehrerer Geschäftsführer einer UG zu beachten?

Machen sich gegenüber der UG mehrere Geschäftsführer schadenersatzpflichtig, so haften diese als sogenannte Gesamtschuldner. Im Ergebnis kann die UG – entsprechend Ihrer Wahl – von jedem Geschäftsführer den Ausgleich des Schadens verlangen. Wird ein Geschäftsführer voll in Anspruch genommen, so kann letzterer wiederum die übrigen Geschäftsführer zum Ausgleich in Anspruch nehmen.

Wozu ist der Geschäftsführer einer UG (haftungsbeschränkt) bei drohender Zahlungsunfähigkeit im Hinblick auf die Gesellschafter verpflichtet?

Der UG-Geschäftsführer ist bei drohender Zahlungsunfähigkeit der UG (haftungsbeschränkt) verpflichtet, die Gesellschafter zu einer Gesellschafterversammlung einzuberufen.

Drohende Zahlungsunfähigkeit liegt dann vor, wenn die UG voraussichtlich nicht dazu in der Lage sein wird, bestehende Zahlungsverpflichtungen im Zeitpunkt der Fälligkeit zu bedienen.

Verletzt der Geschäftsführer diese Pflicht, so macht er sich gegenüber der UG schadenersatzpflichtig, so dass insbesondere die Gläubiger in der Insolvenz direkt auf den Geschäftsführer zugreifen können.

Welche Verpflichtungen hat der Geschäftsführer einer UG (haftungsbeschränkt) bei Zahlungsunfähigkeit, drohender Zahlungsunfähigkeit und/oder Überschuldung der UG?

Ohne auf Details eingehen zu wollen: Ist die UG (haftungsbeschränkt) zahlungsunfähig und/oder überschuldet und/oder droht Zahlungsunfähigkeit, so besteht die Verpflichtung, innerhalb von 3 Wochen nach Vorliegen des Insolvenzgrundes „Antrag auf Eröffnung des Insolvenzverfahrens" zu stellen. Wird die rechtzeitige Anmeldung der Insolvenz unterlassen, so drohen Konsequenzen – u.a. strafrechtlicher Natur nach § 15a InsO.

Eine UG ist dann zahlungsunfähig, wenn sie fällige Zahlungsverpflichtungen nicht mehr leisten kann. Der Geschäftsführer kann bereits bei drohender Zahlungsunfähigkeit Insolvenzantrag stellen.

Für Zahlungen nach Insolvenzreife haftet der Geschäftsführer gegenüber der UG persönlich. Auf erlaubte Ausnahmen („nicht Masse schmälernde Zahlungen") soll hier nicht eingegangen werden.

Die Haftung gilt auch für Zahlungen an Gesellschafter, wenn dadurch die Zahlungsunfähigkeit der UG eintritt. Zur Definition von drohender Zahlungsunfähigkeit siehe oben.

Die UG ist dann überschuldet, wenn das Vermögen die Schulden nicht mehr deckt. Dazu eine Anmerkung: Die von der Bundesregierung im Rahmen der Finanzmarktkrise gewährte Übergangsregelung hinsichtlich der Überschuldungsproblematik wurde inzwischen entfristet. Sah diese Übergangsregelung zunächst nur bis Ende 2013 vor, dass ein

Unternehmen, das nicht nach §17 Absatz 2 InsO zahlungsunfähig, aber überschuldet war, bei Vorlage einer positiven Fortführungsprognose keinen Insolvenzantrag stellen musste, so wurde diese Regelung nun entfristet, um allen Unternehmern Rechtssicherheit zu geben.

Der Gesetzgeber hat den insolvenzrechtlichen Begriff der Überschuldung also so dargelegt, dass Unternehmen, die voraussichtlich in der Lage sind, ihre Verpflichtungen zu leisten, auch dann nicht insolvenzantragspflichtig werden, wenn eine vorübergehende bilanzielle Unterdeckung vorliegt.

Zusammengefasst: Unter Überschuldung versteht man die Situation, wenn das Vermögen des Unternehmens nicht mehr ausreicht, um die bestehenden Verbindlichkeiten zu decken – es sei denn, die Fortführung des Unternehmens ist sehr wahrscheinlich. Ist die Fortführungsprognose der Unternehmergesellschaft nun negativ, so muss mit einer Insolvenz gerechnet werden.

Für Details zu dieser Problematik empfehle ich im „Fall der Fälle" die Hinzuziehung eines Steuerberaters/ Wirtschaftsprüfers/ Fachanwalts.

Werden trotz Insolvenzreife weitere Geschäfte mit Dritten abgeschlossen, die der Sorgfalt eines ordentlichen Geschäftsführers nicht entsprechen, so kann eine persönliche Haftung in Betracht kommen.

Zu betonen ist auch, dass Betrugs- und Insolvenzstraftatbestände zumeist eine persönliche Haftung nach sich ziehen.

Praxistipp:

Eine Krisensituation bedeutet für den Geschäftsführer eine enorme Stress-Situation, verbunden mit extremer Arbeitsbelastung. Es ist deshalb außerordentlich schwierig, sich in dieser Zeit einen vollständigen Überblick über die rechtlichen Anforderungen zu verschaffen und diese dann – auch zur eigenen Haftungsbegrenzung – konsequent umzusetzen. Deshalb: Informieren Sie sich in „guten" Zeiten über rechtliche Anforderungen und potentielle Vorgehensweisen in der Unternehmenskrise.

Kann der Fremdgeschäftsführer einer UG persönlichen Haftungsrisiken aus dem Weg gehen, indem er bei einer Unternehmenskrise möglichst frühzeitig einen Insolvenzantrag stellt?

Nein! Zwar mag mancher UG-Fremdgeschäftsführer (ohne eigene Beteiligung) aus Angst vor einer eventuell aufkommenden persönlichen Haftung die Idee haben, möglichst frühzeitig Insolvenzantrag zu stellen. Doch gerade dadurch kann er wiederum in die persönliche Haftung geraten – nämlich gegenüber der Gesellschaft bzw. den Gesellschaftern.

Sollte der Geschäftsführer nämlich Insolvenzantrag stellen, obwohl die UG objektiv noch nicht insolvenzreif ist, so schädigt er die Gesellschaft/Gesellschafter und ist diesen zu Schadensersatz verpflichtet.

Ist der Geschäftsführer von den Beschränkungen des §181 BGB befreit? Wie ist bei der UG die Vertretungsbefugnis geregelt?

Laut §181 des Bürgerlichen Gesetzbuches (BGB) sind sog. In-Sich-Geschäfte vom Grundsatz her unzulässig. Diese Regelung gilt für das gesamte Zivilrecht. §181 BGB verbietet dabei grundsätzlich den Abschluss von Rechtsgeschäften durch einen Vertreter mit sich selbst (Selbstkontrahieren) oder als Vertreter eines Dritten (Doppelvertretung). Etwaige Ausnahmen sollen hier nicht betrachtet werden.

Grundsätzlich bedeutet dies, dass der Geschäftsführer als Vertreter einer GmbH oder UG (haftungsbeschränkt) mit sich selbst als Privatperson oder als Vertreter für eine dritte Person keine Rechtsgeschäfte abschließen kann.

Die generelle Befreiung eines GmbH-Geschäftsführers von den Beschränkungen des §181 BGB setzt voraus, dass die Befreiung unmittelbar in der GmbH- Satzung selbst oder durch einen Beschluss der Gesellschafterversammlung erfolgt. Darüber hinaus ist die generelle Befreiung eines Geschäftsführers von den Beschränkungen des §181 BGB ins Handelsregister der GmbH einzutragen.

Bezüglich der Vertretung stellt §35 GmbHG klar, dass die UG durch einen oder mehrere Geschäftsführer vertreten wird. Diese Vertretungsbefugnis ist nicht beschränkbar. Allerdings ist der Geschäftsführer verpflichtet, Einschränkungen der Vertretungsmacht, die sich aus Gesellschaftsvertrag, Geschäftsordnung oder Anstellungsvertrag ergeben, zu beachten.

Doch was gilt nun konkret bei der UG?

Hier ist zwischen einer Gründung nach Musterprotokoll und

individueller Satzung zu differenzieren. Wird die UG nach Musterprotokoll errichtet, so herrscht zwingend Befreiung von den Beschränkungen des §181 BGB sowie Einzelvertretung. Bei einer individuellen Satzung ist die Befreiung nach §181 BGB möglich, aber nicht zwingend vorgeschrieben. Bezüglich der Vertretungsbefugnis kann Einzel- oder Gesamtvertretung festgelegt werden. Insbesondere bei größeren Unternehmergesellschaften mit mehreren Geschäftsführern hat sich in der Praxis die Vereinbarung bewährt, dass immer zwei Geschäftsführer gemeinsam oder ein Geschäftsführer zusammen mit einem Prokuristen die UG vertreten.

Warum sollte man unbedingt darauf achten, dass die Handelsregisteranmeldung erst dann beim Registergericht eingereicht wird, wenn auch das Stammkapital vollständig eingezahlt wurde?

Man sollte deshalb darauf achten, da der Geschäftsführer dies in der Handelsregisteranmeldung versichern muss und die Abgabe einer falschen Versicherung eine Straftat darstellen würde. Zu beachten sind insbesondere so unglückliche Konstellation wie die Berechnung von Bankgebühren, die das Kreditinstitut für die Kontoeröffnung der UG frühzeitig verbucht und die eventuell noch vor der Handelsregisteranmeldung die Stammeinlage vermindern, selbst wenn die Stammeinlage in vollständiger Höhe seitens der Gesellschafter eingezahlt wurde.

Weshalb ist der formale Abschluss eines Geschäftsführer-Anstellungsvertrages wichtig?

Hier geht es in erster Linie – aber nicht nur – um die steuerliche Anerkennung von Leistungen an den Geschäftsführer.

Zunächst zwei Vorbemerkungen zum besseren Verständnis:

1. Der Anstellungsvertrag des Geschäftsführers einer Unternehmergesellschaft ist ein Dienstvertrag im Sinne des §611 BGB.

2. Das Gehalt des Geschäftsführers führt bei der Unternehmergesellschaft zu Betriebsausgaben und dadurch zu einer Minderung der Körperschaftsteuer und Gewerbesteuer.

Der Gesellschafter- Geschäftsführer, der an seiner Unternehmergesellschaft beteiligt ist, kann häufig die Konditionen seines Dienstvertrages wesentlich mitbestimmen. Dadurch besteht die Gefahr, dass keine angemessene Vergütung vereinbart wird, da Unternehmensgewinne vermindert werden sollen, um die o.g. Ertragssteuern zu sparen.

Das Finanzamt wird deshalb prüfen, ob die Bezüge des Gesellschafter-Geschäftsführers angemessen sind und einem Fremdvergleich standhalten würden.

Praxistipp:

Stellen Sie sich als Gesellschafter-Geschäftsführer die Frage, ob Sie auch einem fremdem Geschäftsführer vergleichbare Leistungen zahlen würden.

Also: Der Gesellschafter-Geschäftsführer benötigt einen schriftlich aufgesetzten Anstellungsvertrag, damit Gehaltszahlungen und andere Leistungen, die die Unternehmergesellschaft gewährt, steuerrechtlich anerkannt werden. Der Anstellungsvertrag muss formal von den Gesellschaftern – alternativ einem dazu bevollmächtigten Gesellschafter – unterschrieben sein und nicht etwa von einem Mitgeschäftsführer. Das Ganze sollte natürlich auf der Grundlage eines Gesellschafterbeschlusses basieren.

Praxistipp:

Der schriftlich vorliegende Vertrag eines Gesellschafter-Geschäftsführers muss zur steuerlichen Anerkennung zwingend „gelebt", d.h. tatsächlich umgesetzt, werden.

Also:

- Keine rückwirkenden Vertragsänderungen

- Konditionen, die einem Drittvergleich standhalten

- Befreiung vom Verbot des Selbstkontrahierens

Ein Fremdgeschäftsführer, der keine Beteiligung an der Unternehmergesellschaft innehat, sollte aus Gründen der Rechtssicherheit seine Rechte und Pflichten in einem Anstellungsvertrag festhalten.

Wann sollte der Geschäftsführer-Anstellungsvertrag abgeschlossen werden?

Der Geschäftsführer-Anstellungsvertrag sollte – weniger aus zivilrechtlichen, wohl aber aus steuerlichen Gründen – spätestens mit Aufnahme der Geschäfte und vor Zahlung des ersten Gehalts an den Geschäftsführer schriftlich abgeschlossen sein.

Das Finanzamt erkennt Leistungen an Gesellschafter-Geschäftsführer nämlich nur dann an, wenn ihnen ein zivilrechtlich wirksamer Vertrag zugrunde liegt und dieser auch „gelebt", d.h. umgesetzt, wird.

Wie bereits oben ausgeführt, ist für den Abschluss des Anstellungsvertrages und spätere Modifikationen die Gesellschafterversammlung zuständig (BGH vom 27.03.1995, NJW 1995, 1750), es sei denn, der Gesellschaftsvertrag sieht etwas anderes vor. *Auf den Sonderfall der mitbestimmungspflichtigen Unternehmergesellschaft und die Rolle deren Aufsichtsrats soll hier nicht eingegangen werden.* Im Normalfall muss der Anstellungsvertrag in der Gesellschafterversammlung beschlossen und protokolliert werden.

Worauf sollte ein Fremdgeschäftsführer bei Abschluss eines Geschäftsführer-Anstellungsvertrages achten?
Ich empfehle, nach Möglichkeit einen unbefristeten Vertrag zu unterschreiben, der nur aus wichtigem Grund gekündigt werden darf. Können Sie dies nicht durchsetzen, so sollten Sie einen befristeten Vertrag mit Verlängerungsoption wählen. Ist auch das nicht durchsetzbar, so sollten Sie eine möglichst lange Kündigungsfrist vereinbaren (zum Beispiel 6 Monate zum Jahresende) – es sei denn, Sie verfügen über Alternativen…

Des Weiteren sollten Sie explizit vereinbaren, dass Sie mit der turnusmäßigen Feststellung des Jahresabschlusses und dem Beschluss über die Gewinnverwendung einen Rechtsanspruch auf einen Beschluss zu Ihrer Entlastung haben. Durch die Entlastung billigt die Gesellschafterversammlung letztendlich Ihre Geschäftsführung des abgelaufenen Geschäftsjahres. Sie bedeutet im Normalfall einen Verzicht auf Schadenersatzansprüche der Gesellschafter (auf Sonderfälle soll hier nicht eingegangen werden).

Auch sollte eine Klausel, die bei der vorzeitigen Auflösung des Anstellungsvertrages die Zahlung einer betragsmäßigen Abfindung zusichert, eingearbeitet werden. Ansonsten würden lediglich Abfindungs-Ansprüche von einem Monatsgehalt pro Beschäftigungsjahr entstehen.

Am Rande: Neben der Entlastung sollten Sie als Geschäftsführer unbedingt auf die sogenannte **Generalbereinigung** drängen! Bei der Generalbereinigung handelt es sich um einen weitergreifenden Mechanismus als bei der Entlastung. Im Gegensatz zur Entlastung verzichten die Gesellschafter bei einer Generalbereinigung auf sämtliche Schadenersatzansprüche gegen den Geschäftsführer, auch wenn diese nicht bekannt waren. Praktische Bedeutung hat eine Generalbereinigung dann, wenn ein Geschäftsführer die Gesellschaft verlässt und sich vollumfänglich absichern möchte. Bitte konsultieren Sie dazu einen Anwalt Ihres Vertrauens.

Für alle Anweisungen, die Gremien (insbesondere die Gesellschafterversammlung) dem Geschäftsführer erteilen, sollte das Schriftformerfordernis vorgesehen sein.

Für den Fall, dass Sie vor Erreichen der Altersgrenze ausscheiden (müssen), sollten Sie ein vertragliches Wettbewerbsverbot nur gegen ausdrückliche Zahlung einer Karenzentschädigung akzeptieren.

Wo kann ich ein Muster für einen Geschäftsführer-Anstellungsvertrag finden?

Einige IHKs halten derartige Vertragsmuster zum kostenlosen Download parat, also bitte einfach „googeln".

Zu betonen ist, dass die Verwendung von derartigen Vorlagen eher als Anregung aufzufassen ist. Modifikationen sind fast immer erforderlich, um Ihre individuellen Absichten und Motive korrekt abzubilden. Steuerliche Auswirkungen sollten zusätzlich von einem Steuerberater geprüft werden.

Ist das Gehalt des Geschäftsführers steuerlich abzugsfähig?

Das Geschäftsführer-Gehalt gehört bei der UG zu den abziehbaren Betriebsausgaben, sollte aber buchhalterisch auf einem gesonderten Konto – getrennt von den übrigen Löhnen und Gehältern – gebucht werden (es sei denn, es soll in der Buchhaltungsabteilung nicht „gezeigt" werden).

Beim beherrschenden Gesellschafter-Geschäftsführer gibt es darüber hinaus einige Besonderheiten, die in diesem Zusammenhang zu beachten sind. Hier müssen bestimmte Voraussetzungen erfüllt werden, damit die Zahlungen an den Gesellschafter-Geschäftsführer auch im Falle einer Betriebsprüfung durch das Finanzamt als abziehbare Betriebsausgaben anerkannt werden. Dazu weiter unten mehr.

122

Was muss unbedingt beachtet werden, damit das Finanzamt Leistungen der UG an den Gesellschafter-Geschäftsführer anerkennt?

Zunächst muss ein zivilrechtlich wirksamer Vertrag geschlossen sein, auf dessen Grundlage Leistungen bewirkt werden. Meines Erachtens sollte der Vertrag schriftlich abgeschlossen werden, um Beweiskraft zu erlangen. Dies betrifft auch spätere Nachträge. Des Weiteren dürfen auf gar keinen Fall Vertragsänderungen rückwirkend vorgenommen werden. Wie bereits angedeutet, ist die Gesellschafter-Versammlung für den Abschluss des Geschäftsführer-Anstellungsvertrages zuständig. Das Finanzamt dürfte nur derartige Vertragsklauseln akzeptieren, die einem Drittvergleich standhalten. Natürlich sollten Sie – wenn Sie sowohl für die UG als auch für sich selbst zeichnen – auch vom Verbot des Selbstkontrahierens (siehe §181 BGB) befreit sein. Abschließend wird in der Literatur von einem Durchführungsgebot gesprochen, d.h. vertragliche Bestandteile sollten auch „gelebt" werden.

Sind alle Gehaltsbestandteile des Geschäftsführers im Detail im Geschäftsführer-Anstellungsvertrag anzugeben?

Ja! Ich empfehle eine detaillierte Aufzählung. Sie sollten dabei genauso umsichtig vorgehen, als wenn Sie als Arbeitnehmer bei einer dritten Firma einen Anstellungsvertrag ausarbeiten.

Neben dem monatlichen Bruttogehalt sind also – falls anfallend – 13. und 14. Monatsgehälter, Tantiemen und insbesondere die Gehaltsfortzahlung im Krankheitsfall (inklusive Krankentagegeld) schriftlich niederzulegen. Auch Leistungen wie Firmen-PKW, Versicherungsprämien und Beiträge zu Berufsverbänden sind anzugeben.

Apropos Firmen-PKW: Als Geschäftsführer sollten Sie vereinbaren, dass Sie beim Ausscheiden den PKW zum Buchwert übernehmen dürfen oder alternativ in den Leasing-Vertrag eintreten können.

Fremdgeschäftsführern sei zudem die Aufnahme einer Klausel empfohlen, dass das Gehalt jährlich der Höhe nach geprüft und angepasst wird („Indexierung").

Abschließend rate ich, unbedingt auch die Aufgaben- bzw. Geschäftsverteilung, Verbot/ Erlaubnis von Nebentätigkeiten, die Kündigungsmodalitäten (inklusive eventueller Abfindungsvereinbarungen), ein potentielles nachvertragliches Wettbewerbsverbot und einen (möglichst klein gehaltenen) Katalog an zustimmungspflichtigen Geschäften einzuarbeiten.

Auch über Direktversicherungen etc. sollte alsbald nachgedacht werden. Achtung: Vor Erteilung einer Pensionszusage sollte die UG 5 Jahre bestehen. Auf Ausnahmen zu dieser „Probezeit" soll hier nicht eingegangen werden. Nur so viel: Eine Pensionszusage stellt m.E. immer ein Hindernis dar, wenn die UG später einmal verkauft werden soll.

Welche Vergütung ist für den Gesellschafter-Geschäftsführer einer UG angemessen?

Der (beteiligte) Gesellschafter-Geschäftsführer einer UG kann durch die geschickte Festlegung (s)eines adäquaten Gehalts die Belastung „seiner" UG mit Körperschaftsteuer und Gewerbesteuer minimieren.

Die Steuerverwaltung wird jedoch darauf achten, dass die Vergütung nur in dem Umfang als Betriebsausgabe der UG (haftungsbeschränkt) in Frage kommt, in dem sie üblich und angemessen ist. Darüber hinausgehende Beträge werden als „verdeckte Gewinnausschüttungen" eingestuft. Auch das Kriterium eines externe Gehaltsvergleiches (*„Was würde ein Fremdgeschäftsführer von der UG erhalten?"*) spielt eine Rolle.

Wie hoch nun die angemessene Vergütung im Einzelfall ist, hängt von vielerlei Kriterien (Branche, Unternehmensgröße, Umsatz, Bilanzsumme, Ertragslage, Mitarbeiterzahl, eigene Verantwortlichkeit, Ausbildung, Alter, Berufserfahrung etc.) ab.

Die Steuerverwaltung bezieht üblicherweise sämtliche Gehaltsbestandteile in ihre Prüfung ein und ermittelt im Normalfall eine sog. Gesamtvergütung. Übrigens: Die Beweislast, ob Gesamtbezüge unangemessen sind, trägt ebenfalls die Steuerverwaltung.

Gestaltungsvariante 1: Beabsichtigt der Gesellschafter-Geschäftsführer, einen möglichst hohen Anteil des Gewinns der UG in ebendieser zu belassen und dabei selbst nur wenig (Lohn-) Steuern zu bezahlen, so wählt er als Geschäftsführer-Gehalt einen Betrag in der Höhe, in der er laufende Lebenshaltungskosten hat. *Hinweis am Rande: Der beherrschende Gesellschafter-Geschäftsführer einer Unternehmergesellschaft unterliegt nicht dem Mindestlohngesetz, da er nicht als Arbeitnehmer angesehen wird. Nicht beherrschende Gesellschafter-Geschäftsführer, insbesondere Fremdgeschäftsführer, unterliegen dem Mindestlohngesetz.*

Gestaltungsvariante 2: Beabsichtigt der Gesellschafter-

Geschäftsführer hingegen, möglichst viel Geld steuergünstig aus der UG herauszuziehen, so setzt er ein hohes Geschäftsführer-Gehalt an – und zwar bis zu einem Lohn- und Einkommensteuersteuer- Abzug, der unter dem Satz liegt, mit dem auf Gesellschafterebene ausgeschüttete Gewinne versteuert werden.

Der Unternehmergesellschaft sollte dabei eine angemessene Rendite bleiben. Der Gesellschafter-Geschäftsführer sollte höchstens ein Gehalt in der Höhe beziehen, wie es ein vergleichbarer Geschäftsführer in einer vergleichbaren Firma beziehen würde. Die Summe aller an die Gesellschafter-Geschäftsführer gezahlten Tantiemen darf maximal 50% des Bilanzgewinns ausmachen.

Achtung: Bitte variieren Sie im Hinblick auf das Finanzamt nicht ständig mit Gehaltsgestaltungen – siehe dazu auch die folgende Fragestellung.

Darf der Gesellschafter-Geschäftsführer für die UG unentgeltlich tätig sein? Ist in einem solchen Fall ein schriftlicher Anstellungsvertrag zu schließen?
Fast jeder Gesellschafter-Geschäftsführer einer UG kennt das Problem. Der Gesellschafter-Geschäftsführer arbeitet eine gewisse Zeit ohne Vergütung, um zu vermeiden, dass seine Gesellschaft schon das Startkapital „aufzehrt", bevor Einnahmen generiert werden können. Es kann sein, dass die Gesellschaft dabei sogar noch mehr oder minder „ruht", also hauptsächlich geplant und vorbereitet wird. Es kann aber auch vorkommen, dass schon recht viel operative Arbeit anfällt, ohne dass anfangs „Geld

hereinkommt". Darf der Geschäftsführer deshalb seine Tätigkeit zu Beginn unentgeltlich ausüben und/oder muss er in einem solchen Fall einen formalen Anstellungsvertrag aufsetzen?

Zu unterscheiden ist hier die formale Bestellung als Geschäftsführer der UG, die in der Satzung/ Gesellschaftsvertrag/ Musterprotokoll erfolgt ist und die zur Veröffentlichung im Handelsregister angemeldet wurde. Damit ist der Gesellschafter-Geschäftsführer der gesetzliche Vertreter der UG. Dafür muss er meiner Meinung nach kein Gehalt beziehen. Also: Grundsätzlich kann die Tätigkeit des Geschäftsführers unentgeltlich ausgeübt werden.

Steuerrechtlich „dürfte" für das Finanzamt zunächst auch kein formaler Geschäftsführer-Anstellungsvertrag notwendig sein. Andererseits wird im Anschreiben zum Betriebseröffnungsbogen explizit nach der Vorlage eines Anstellungsvertrages gefragt. Eventuell kann man sich zum Start gegenüber dem Finanzamt mit dem schlichten Hinweis durch-„hangeln", dass der Geschäftsführer kein Gehalt bezieht.

Auch das Problem der „verdeckten Einlage" sollte hier steuerlich nicht auftreten, da als deren Voraussetzung ja gerade der Verzicht des Gesellschafters auf einen bestehenden Anspruch gilt. <u>Wenn der Gesellschafter-Geschäftsführer von Vornherein aber gar kein Gehalt vereinbart hat, so kann er auch nicht auf diesen Anspruch verzichten.</u>

Aber Achtung bei späterem Gehaltsverzicht: Verzichtet der Gesellschafter-Geschäftsführer nach Entstehung seines Entgeltanspruchs auf seine Vergütung, so wird damit der Zufluss von Einnahmen fingiert. Die Vergütungen sind auf Ebene des

Gesellschafters entsprechend als Einnahmen zu versteuern. Der Verzicht stellt dann eine – die steuerlichen Anschaffungskosten des Gesellschafters erhöhende – verdeckte Einlage dar.

Bestehen zum Zeitpunkt des Verzichts jedoch Liquiditätsschwierigkeiten seitens der Gesellschaft, so wirkt sich dies lediglich auf die Werthaltigkeit der Forderung aus, so dass die verdeckte Einlage gegebenenfalls unter dem Nennwert zu bewerten ist.

Fazit: Verzichtet der Gesellschafter <u>auf noch nicht entstandene Vergütungsansprüche</u> (zum Beispiel Gehalt, Miete, Zinsen), so ergeben sich hieraus weder bei der Unternehmergesellschaft noch beim Gesellschafter-Geschäftsführer ertragsteuerliche Folgen (sogenannte Nutzungseinlage).

Sollten Sie nun auf die Idee kommen, sich als Gesellschafter-Geschäftsführer gar kein Gehalt und stattdessen ausschließlich eine Tantieme zahlen zu wollen, so rate ich unbedingt zur Vorsicht. Tantieme- Vereinbarungen von Gesellschafter-Geschäftsführern müssen sowohl das nachfolgend beschriebene 75/25-Verhältnis als auch die 50%-Grenze erfüllen:

Die Prüfer des Finanzamts ermitteln bei der Tantiemen-Prüfung im ersten Schritt das Gesamtgehalt des Gesellschafter-Geschäftsführers. Anschließend wird das Verhältnis von Festgehalt und Tantieme zur Gesamtvergütung festgestellt. Beträgt das Festgehalt 75% und die Tantieme 25%, so sind zunächst (noch) keine Probleme zu erwarten.

Anschließend prüft das Finanzamt in einem zweiten Schritt das Verhältnis der Tantieme zum handelsrechtlichen Gewinn.

Überschreiten die Tantiemen- Versprechen nun 50% des handelsrechtlichen Gewinns, so wird der übersteigende Betrag als verdeckte Gewinnausschüttung eingestuft. Dabei wird der maßgebliche Gewinn als der handelsrechtliche Jahresüberschuss vor Abzug erfolgsabhängiger Steuern und vor Abzug der Tantieme definiert.

Kann für den Gesellschafter-Geschäftsführer der UG (haftungsbeschränkt) eine Erfolgsvergütung (Tantieme) vereinbart werden? Worin besteht der Vorteil einer solchen Vereinbarung?

Das ist möglich. In diesem Fall stellt der steuerpflichtige Gewinn die Bemessungsgrundlage dar. Wie eben dargestellt, ist zwingend eine Obergrenze für eine solche Tantieme zu vereinbaren.

So werden Tantiemen in Höhe von 25% des Gewinns regelmäßig von den Finanzämtern bei Gesellschafter-Geschäftsführern anerkannt.

Sie dürfen der Summe nach jedoch nicht mehr als 25% des Festbezugs ausmachen.

Zusätzlich darf die Summe der Tantiemen aller Berechtigten nicht mehr als 50% des Gewinns vor Steuern ausmachen.

Mögliche Formulierung im Anstellungsvertrag:

> *„Der Geschäftsführer erhält ein festes Monatsgehalt von EUR xxxx,xx. Darüber hinaus erhält er eine Tantieme in Höhe von 25% des Gewinns der Gesellschaft vor Gewerbe- und Körperschaftsteuer, maximal jedoch EUR yy,yy."*

Bitte vermeiden Sie aus steuerlichen Gründen Umsatztantiemen –

oder konsultieren Sie bezüglich dieser Fragestellung Ihren steuerlichen Berater.

Der eigentliche Vorteil einer gewinnbasierten Tantieme-Vereinbarung besteht darin, dass die Tantieme nur dann fällig wird, wenn die UG tatsächlich Gewinne erwirtschaftet.

Welche Voraussetzungen sind an Gehaltserhöhungen bzw. -kürzungen eines Gesellschafter-Geschäftsführers zu stellen, damit diese steuerlich anerkannt werden?

Zunächst muss ein Gesellschafterbeschluss zur Modifikation des Anstellungsvertrages vorliegen (dies gilt übrigens für alle Änderungen und/oder Zusatzvereinbarungen), des Weiteren eine klare und eindeutige Festlegung der neuen Gehaltsvereinbarung. Dabei sollten Gehaltssprünge vermieden werden.

Regelmäßige Gehaltsanpassungen können auch über sogenannte Wertsicherungs- oder Anpassungsklauseln in Geschäftsführer-Anstellungsverträgen geregelt werden. Tipp: Bei Verwendung von Anpassungsklauseln sollte detailliert herausgestellt werden, welche Gehaltsbestandteile diese tatsächlich umfassen.

Bezüglich der Reduzierung von Geschäftsführer-Gehältern ist zwischen einer zukünftigen und einer rückwirkenden Reduzierung zu unterscheiden.

Grundsätzlich ist eine Reduzierung des Geschäftsführer-Gehaltes mit Wirkung für die Zukunft jederzeit möglich. Bei Gesellschafter-Geschäftsführern kann sie – außer in Krisensituationen – geboten sein, um (noch) die Angemessenheit der Bezüge zu wahren. Achtung: Werden Bezüge gesenkt, so haben Sie – selbst wenn die

Krise ausgestanden ist – keinerlei Ansprüche auf Nachzahlung der Differenzbeträge.

Beim rückwirkenden Verzicht auf Gehaltsansprüche ist zwischen Fremdgeschäftsführer und Gesellschafter-Geschäftsführer zu unterscheiden: Verzichtet der Fremdgeschäftsführer gegenüber der UG rückwirkend auf noch nicht ausgezahlte Gehaltsansprüche, so entsteht keine Lohnsteuerpflicht. Verzichtet hingegen der Gesellschafter-Geschäftsführer auf bereits entstandene Ansprüche, so besteht trotzdem Lohnsteuerpflicht. Daneben wird eine verdeckte Einlage unterstellt.

Eine Gehaltsreduzierung ist von der Gesellschafter-Versammlung zu beschließen und zu protokollieren.

Im Rahmen einer steuerlichen Betriebsprüfung wird ihr Geschäftsführer-Gehalt dahingehend bestandet, dass angeblich eine verdeckte Gewinnausschüttung vorläge. Was tun?
Prüfen Sie bitte zunächst den eigentlichen Grund für die Beanstandung. So könnte ein formaler Fehler vorliegen, eine Vereinbarung fehlen oder eine nicht übliche Gestaltung gegeben sein. Im nächsten Schritt schalten Sie Ihren Steuerberater ein. Suchen Sie nun nach Anhaltspunkten, die das Gehalt als „angemessen" belegen. Hierzu bietet sich insbesondere die Beschaffung von Vergleichszahlen an.

Ist der Geschäftsführer einer UG (haftungsbeschränkt) sozialversicherungspflichtig?
Bei Abschluss des Anstellungsvertrages ist zu prüfen, inwiefern

der Geschäftsführer eher Angestellter oder eher „Unternehmer"
im sozialversicherungsrechtlichen Sinne ist.

Grundsätzlich unterliegen nämlich Personen, die sich in einem
abhängigen Beschäftigungsverhältnis befinden, der
Versicherungspflicht in der Kranken-, Pflege-, Renten- und
Arbeitslosen-versicherung. Beschäftigung in diesem Sinne (§7
Absatz 1 Satz 1 SGB IV) stellt dabei die nichtselbstständige Arbeit
– insbesondere in einem Arbeitsverhältnis – dar.

Während bspw. selbständige Einzelunternehmer im Regelfall
nicht der gesetzlichen Sozialversicherungspflicht unterliegen, sind

- Gesellschafter-Geschäftsführer oder

- mitarbeitende Gesellschafter einer UG (haftungsbeschränkt)

nach der Rechtsprechung des Bundessozialgerichts (BSG) de facto
nicht allein wegen ihrer Beteiligung am Stammkapital oder
aufgrund ihrer Organstellung von der Sozialversicherungspflicht
befreit.

Stattdessen stellt sich die Frage, ob der Gesellschafter-
Geschäftsführer oder der mitarbeitende Gesellschafter in der UG
(haftungsbeschränkt) abhängig beschäftigt ist oder aber von einer
selbständigen Tätigkeit auszugehen ist. Diese Einstufung richtet
sich nach dem Gesamtbild der Arbeitsleistung
(Betriebseingliederung und Unternehmensrisiko).

Abhängig beschäftigt	Nicht abhängig beschäftigt
Sozialversicherungspflichtig	Sozialversicherungsfrei

Vorab: Entscheidend ist, ob der Geschäftsführer der UG (haftungsbeschränkt) aufgrund seiner Kapitalbeteiligung einen derartig entscheidenden Einfluss auf die Unternehmergesellschaft besitzt, so dass nicht mehr von einer Weisungsbefugnis der UG (haftungsbeschränkt) gegenüber dem Geschäftsführer ausgegangen werden kann.

Umfang der Kapitalbeteiligung

Die Weisungsunabhängigkeit des Geschäftsführers lässt sich vor allem anhand der Kapitalbeteiligung einschätzen, die das wichtigste Beurteilungskriterium darstellt.

1. Ein **Fremdgeschäftsführer** ohne Kapitalbeteiligung ist grundsätzlich – wie jeder andere Mitarbeiter der UG (haftungsbeschränkt) auch – sozialversicherungspflichtig, obwohl er formal nicht als Arbeitnehmer im Sinne des Arbeitsrechts angesehen wird. Dies steht einer versicherungspflichtigen Beschäftigung des Geschäftsführers im Sinne des Sozialversicherungsrechts jedoch nicht entgegen. Bei Fremdgeschäftsführern einer UG (haftungsbeschränkt) bzw. GmbH liegt also regelmäßig eine abhängige und damit sozialversicherungspflichtige Beschäftigung vor, da der Geschäftsführer gemäß §46 Nr. 6 GmbHG weisungsgebunden arbeitet und von den Gesellschaftern kontrolliert und überwacht wird. Eine Befreiung von der Sozialversicherung ist deshalb nicht

133

möglich; die UG (haftungsbeschränkt) führt für den Geschäftsführer Beiträge zur Sozialversicherung ab. *Anmerkung: In bestimmten Konstellationen kann auch der Fremdgeschäftsführer als nicht weisungsgebunden angesehen werden. Auf derartige Ausnahmen (insbesondere „familiäre Bindung" in Familienunternehmen) soll hier jedoch nicht eingegangen werden.*

2. Schwieriger ist die Beurteilung der Sozialversicherungspflicht beim **beteiligten Gesellschafter- Geschäftsführer** einer UG (haftungsbeschränkt). Hier ist das wesentliche Kriterium für die Frage der Abhängigkeit des Geschäftsführers der Umfang der Kapitalbeteiligung und damit der Einfluss auf die Gesellschaft.

In der Literatur werden drei Konstellationen unterschieden:

a. Sogenannte **beherrschende Gesellschafter- Geschäftsführer (Mehrheitsgesellschafter- Geschäftsführer)** mit einer Beteiligung von mehr als 50% der Anteile an der UG unterliegen im Normalfall *(Ausnahmen möglich!)* nicht der Sozialversicherungspflicht. Hier liegt kein abhängiges Beschäftigungsverhältnis zu der UG (haftungsbeschränkt) vor, da der Mehrheitsgesellschafter sich seine Weisungen de facto selbst erteilen kann.

b. Ist der Geschäftsführer **zu exakt 50%** an der UG (haftungsbeschränkt) **beteiligt**, so liegt im Regelfall keine abhängige Beschäftigung im sozialversicherungsrechtlichen Sinne vor. Hintergrund ist, dass im Normalfall keine Entscheidung gegen den Willen

134

dieses Gesellschafter- Geschäftsführers getroffen werden kann.

c. Bei sogenannten **Minderheitsgesellschafter-Geschäftsführern,** d.h. wenn der Gesellschafter-Geschäftsführer weniger als 50% der UG-Anteile hält, ist zunächst das Vorliegen einer Sozialversicherungspflicht zu bejahen.

Hiervon können jedoch die folgenden – wichtigen – Ausnahmen bestehen:

Im Rahmen einer sogenannten **Sperrminorität** ist der Minderheitsgesellschafter-Geschäftsführer trotz seiner geringen Kapitalbeteiligung dazu in der Lage, einen so maßgeblichen Einfluss auf die Entscheidungen der Gesellschaft zu haben, dass er jeden Beschluss der Gesellschafter verhindern kann. Konkret gelingt es ihm, ihn belastende Beschlüsse bzw. Entscheidungen der anderen Gesellschafter zu verhindern. *Entscheidend ist dabei die Ausgestaltung bzw. der Umfang der Sperrminorität. Ideal wäre eine „umfassende Sperrminorität".*

Ist der Minderheitsgesellschafter- Geschäftsführer nur gering an der UG (haftungsbeschränkt) beteiligt und besitzt er keine Sperrminorität, so kann er auch dann als nicht sozialversicherungspflichtig gelten, wenn er die UG (haftungsbeschränkt) gleichberechtigt mitleitet und deshalb in keinem persönlichen Abhängigkeitsverhältnis steht.

Als Indiz hierfür kann beispielsweise die Befreiung vom

Verbot des Selbstkontrahierens (§181 BGB) genannt werden. Allein die Befreiung vom Verbot des Selbstkontrahierens ist jedoch nicht ausreichend. Sie begründet keine persönliche Unabhängigkeit und damit Sozialversicherungsfreiheit.

Ein weiteres Indiz: Verfügt der Minderheitsgesellschafter-Geschäftsführer als einziger Gesellschafter über besondere Branchenkenntnisse oder sonstige Erfahrungen *(wie zum Beispiel entscheidende Kundenverbindungen)* und lenkt er die Geschicke der Gesellschaft maßgeblich, so kann die Sozialversicherungspflicht ebenfalls entfallen.

Nachfolgend noch einige zusätzliche Indizien, von denen idealerweise mehrere zutreffen sollten:

- Geschäftsführer ist faktisch nicht weisungsgebunden (bezüglich Tätigkeit und Arbeitszeit)

- Geschäftsführer hat alleinige Personalverantwortung für seinen Geschäftsbereich

- Geschäftsführer bezieht eine erfolgsabhängige Vergütung

- Darlehensgewährung an die UG (haftungsbeschränkt)

- Übernahme einer Bürgschaft

- Geschäftsführer trägt erhebliches Unternehmerrisiko

Praxistipp: Zur Entscheidung darüber, ob die genannten Voraussetzungen tatsächlich in Ihrem Einzelfall vorliegen bzw. nicht vorliegen, empfehle ich Ihnen – um von Beginn an auf der sicheren Seite zu sein – einen Blick auf das nachfolgend beschriebene „**Statusfeststellungsverfahren**" zu werfen.

Welche Folgen kann eine Falschbeurteilung der Sozialversicherungspflicht für Geschäftsführer und Unternehmergesellschaft haben?

Behält die Unternehmergesellschaft irrtümlich keine Sozialversicherungsbeiträge ein und führt dementsprechend keine Beiträge ab, obwohl der Geschäftsführer sozialversicherungspflichtig ist, so haftet die Unternehmergesellschaft als Arbeitgeberin für die nicht abgeführten Sozialversicherungsbeiträge.

Nimmt die Unternehmergesellschaft bei einem gar nicht sozialversicherungspflichtigen Geschäftsführer eine Sozialversicherungspflicht an und führt deshalb Arbeitnehmer- und Arbeitgeberbeiträge ab, so zahlt sie zu hohe Beiträge. Diese Beiträge werden ihr von den Sozialversicherungsträgern nur im Rahmen der Verjährungsfrist (Regelfall: 4 Jahre) erstattet (*wenn der Fehler entdeckt wird*).

Die Arbeitsagentur prüft bspw. erst bei Arbeitslosigkeit des früheren Geschäftsführers, ob tatsächlich eine Sozialversicherungspflicht bestand. Wenn diese nicht bestand, so hat der Geschäftsführer trotz eventuell jahrelanger Beitragszahlungen keinen Anspruch auf Bezug von Arbeitslosengeld.

Worum handelt es sich bei dem sog. Statusfeststellungsverfahren?
Um spätere Nachteile bei der Entrichtung von Sozialversicherungsbeiträgen auszuschließen, haben der Geschäftsführer oder die Gesellschaft die Möglichkeit, ein sogenanntes Statusfeststellungsverfahren nach §7a Absatz 1 Satz 2 SGB IV bei der „Clearing-Stelle der deutschen Rentenversicherung" zu beantragen.

Dies betrifft insbesondere Gesellschafter-Geschäftsführer mit einem Kapitalanteil von weniger als 50%.

Im Rahmen dieser Statusprüfung für Gesellschafter-Geschäftsführer wird durch die Krankenkasse und die Deutsche Rentenversicherung auf Antrag oder seit dem 31.12.2004 für Einzelfälle obligatorisch überprüft, ob besondere Kriterien vorliegen, die für eine Befreiung von der gesetzlichen Sozialversicherung sprechen. Es erfolgt eine verbindliche Entscheidung in Form eines Bescheides über den Status des Geschäftsführers.

Dieses Verfahren verschafft allen Beteiligten bei Zweifeln hinsichtlich der sozialversicherungsrechtlichen Einordnung der Erwerbstätigkeit Rechtssicherheit.

Die Kosten für ein derartiges Statusfeststellungsverfahren sind durch das Beschäftigungsverhältnis bedingt und können deshalb steuerlich als Werbungskosten oder alternativ als Betriebsausgaben geltend gemacht werden.

Um welche Aufgaben und Pflichten hat/haben sich der/die Geschäftsführer einer UG (haftungsbeschränkt) – neben dem eigentlichen Kerngeschäft – zu kümmern?

Gemäß §43 Absatz 1 GmbHG in Verbindung mit §347 HGB hat der Geschäftsführer grundsätzlich mit der **„Sorgfalt des ordentlichen Geschäftsmannes"** zu handeln. Dies betrifft die Einhaltung geltenden Rechts; er muss aber zusätzlich innerhalb der Vorschriften von **Gesellschaftsvertrag, Geschäftsordnung** und **Gesellschafterweisungen** agieren.

Des Weiteren unterliegt der Gesellschafter-Geschäftsführer einer weitreichenden Treuepflicht gegenüber der UG. Diese verlangt von ihm, dass er alles tun muss, um Gegenstand und Zweck der UG zu fördern. Im Umkehrschluss hat er all das zu unterlassen, was der UG schadet. Eine schuldhafte Treuepflichtverletzung führt zu einem Schadenersatzanspruch seitens der UG mit Verjährungsfrist von 30 Jahren.

In der Praxis wird grundsätzlich zwischen turnusmäßig wiederkehrenden (zumeist jährlichen) sowie einmaligen Aufgaben/Pflichten unterschieden.

Zunächst zu den turnusmäßigen Pflichten:

Der/die Geschäftsführer ist/sind verpflichtet, für die ordnungsmäßige Buchführung der Gesellschaft zu sorgen (§41 GmbHG). Ordnungsmäßige Buchführung bedeutet, eine Buchführung gemäß den Vorschriften der §238 ff. des Handelsgesetzbuches zu implementieren und zu führen. Zusammengefasst muss jeder Kaufmann – somit auch die Unternehmergesellschaft – ihre Geschäftsvorfälle im Rahmen der doppelten Buchführung aufzeichnen und eine Handelsbilanz erstellen. Eine Befreiung von der Buchführungspflicht, die für Einzelkaufleute in Betracht kommen kann, gilt für die UG nicht. Natürlich muss der Geschäftsführer die Bücher nicht selbst führen; er muss vielmehr für die ordnungsgemäße Erledigung sorgen und jederzeit dazu in der Lage sein, in die Buchführung korrigierend einzugreifen. Dies gilt auch dann, wenn die Buchführung an einen Steuerberater „ausgelagert" wurde.

Die Verantwortlichkeit für die Erfüllung dieser Pflichten obliegt – bei Vorhandensein mehrerer Geschäftsführer – allen Geschäftsführern. Diese Pflichten können nicht durch Gesellschaftsvertrag, Geschäftsordnung etc. an einen Geschäftsführer delegiert werden. Wird eine derartige Delegierung vorgenommen (in der Praxis der Normalfall), so haben die ressortfremden Geschäftsführer regelmäßige Kontrollen vorzunehmen. Pflichtverletzungen können Regressansprüche auslösen.

Darüber hinaus ist der Jahresabschluss der UG (haftungsbeschränkt) jährlich zu erstellen und gemäß §325 f. HGB beim elektronischen Bundesanzeiger zur Offenlegung oder Hinterlegung einzureichen. Wie auch bei der GmbH müssen alle UG-Geschäftsführer den Jahresabschluss unterzeichnen – so sie denn von seiner Richtigkeit überzeugt sind. Bei Nichteinhaltung drohen Bußgelder. Die Einreichung hat spätestens zwölf Monate nach dem Abschluss-Stichtag zu erfolgen. Das HGB sieht – nach Größenklassen der Gesellschaften (§267 ff. HGB) – Erleichterungen im Rahmen der Einreichung und Veröffentlichung vor. Für besonders erfolgreiche Unternehmergesellschaften kann es durchaus Sinn machen, umfangreichere Unterlagen – als entsprechend Größenklasse gefordert – zu veröffentlichen, da die UG an sich im Geschäftsleben eher mit Skepsis betrachtet wird. Bitte stimmen Sie sich hier vor Veröffentlichung mit Ihrem Steuerberater ab.

Die betrieblichen Steuererklärungen sind form- und fristgerecht gegenüber dem Finanzamt abzugeben. Der Steuererklärung ist entweder eine Steuerbilanz der UG oder die Handelsbilanz – ergänzt um eine Überleitungsrechnung – beizufügen, da sich die Wertansätze im Handelsgesetzbuch teilweise von denen des Einkommensteuergesetzes unterscheiden. Sind die Unterschiede erheblich, so sollten regelmäßig zwei Bilanzen erstellt werden – eine Handelsbilanz und eine Steuerbilanz. Ansonsten dürfte die Übergangsrechnung genügen.

Praxistipp:

Aufgrund der Komplexität dieses Themas empfehle ich unkundigen Geschäftsführern einer kleineren UG, die laufenden Geschäftsvorfälle durch eine angestellte (Teilzeit-) Buchhalterin buchen zu lassen und den Jahresabschluss dann durch einen Steuerberater zu erstellen.

Die UG (haftungsbeschränkt) versteuert als eigenständige juristische Person ihre Gewinne selbst. So sind Jahressteuererklärungen für Körperschaftsteuer, Gewerbesteuer und Umsatzsteuer abzugeben. Daneben sind dem Finanzamt aber auch monatlich oder vierteljährlich Voranmeldungen (Umsatzsteuer) bzw. Anmeldungen (Lohnsteuer) einzureichen. Natürlich ist dafür Sorge zu tragen, dass die in den

Steuererklärungen und (Vor-)Anmeldungen gemeldeten Beträge auch an das Finanzamt bezahlt/abgeführt werden. Übrigens: Der Geschäftsführer haftet auch für unvollständige oder unrichtige Angaben im Rahmen von Steuererklärungen.

Im Ergebnis haftet der Geschäftsführer bei vorsätzlichen oder fahrlässigen Verstößen gegen die vorgenannten steuerlichen Pflichten mit seinem Privatvermögen, wenn dadurch Steuern nicht rechtzeitig festgesetzt oder entrichtet werden.

In der Kranken-, Pflege-, Renten-, Arbeitslosen- und gesetzlichen Unfallversicherung (Berufsgenossenschaft) bestehen umfangreiche Meldepflichten. Dies betrifft sowohl die Aufnahme als auch die Beendigung von Beschäftigungsverhältnissen sowie die Abgabe turnusmäßiger Jahresmeldungen. Im Einzelnen sind der sogenannten Einzugsstelle Beginn und Ende von versicherungspflichtigen Beschäftigungsverhältnissen, Änderungen in der Beitragspflicht, Wechsel der Einzugsstelle, Unterbrechungen der Entgeltzahlung, Beginn/Ende der Altersteilzeit etc. anzuzeigen. Darüber hinaus hat die UG auf jeden 31. Dezember eine sog. Jahresmeldung zu fertigen.

Diese Verpflichtung umfasst auch die Budgetierung der Sozialversicherungsbeiträge inklusive fristgerechte Abführung an die jeweiligen Einzugsstellen.

Grundlage all dieser Angaben sind regelmäßig und korrekt geführte Lohnunterlagen. Sind Sie als UG-Geschäftsführer dazu nicht selbst in der Lage, so sollten Sie frühzeitig einen

Steuerberater aufsuchen, der die Gehaltsabrechnungen und Entgeltmeldungen erstellt/abgibt und die Lohnkonten führt.

Praxistipp:

Sie möchten (und können!) die Lohn- und Gehaltsabrechnung selbst durchführen?

Dann empfehle ich Ihnen die folgenden kostenlosen Tools, mit denen Sie rechtskonforme Abrechnungen erstellen und sozialversicherungsrechtliche Meldungen abgeben können.

Erstellung der Abrechnung inklusive Lohnkonto:

http://www.parmentier.de/steuer/index.php?site=formulare

Übermittlung von Meldungen:

https://standard.gkvnet-ag.de/svnet/

Gegenüber den Gesellschaftern ist die sog. Gesellschafterversammlung vorzubereiten und die eigentliche Gewinnausschüttung durchzuführen.

Neben den turnusmäßigen Verpflichtungen gibt es noch einmalig bzw. situativ vorkommende Aufgaben:

Gegenüber den Gesellschaftern besteht eine sog. Auskunftspflicht des/der Geschäftsführer(s).

Apropos Gesellschafter: Dem Registergericht ist die Aufnahme neuer Gesellschafter gemäß §40 Absatz 1 GmbHG zu melden.

Verfügt die UG (haftungsbeschränkt) noch nicht über eine Betriebsnummer, so ist diese vor Einstellung von Mitarbeitern beim zentralen Betriebsnummern-Service (BNS) der Bundesagentur für Arbeit in Saarbrücken zu beantragen *(Link siehe ausführliche Besprechung dieses Themas weiter oben)*

Im Falle der Insolvenz treffen den/die Geschäftsführer besondere Pflichten und Befugnisse. Zunächst muss er den Insolvenzantrag rechtzeitig stellen. Weiterhin treffen ihn im vorläufigen und im eröffneten Insolvenzverfahren umfassende Auskunfts- und Mitwirkungspflichten, die sogar nach Amtsniederlegung oder Abberufung durch das zuständige Organ bestehen bleiben. Selbst frühere Geschäftsführer sind gemäß §101 Absatz 1 Satz 2 und Absatz 2 Insolvenzordnung zur Auskunft verpflichtet, wenn sie nicht eher als zwei Jahre vor dem Antrag auf Eröffnung des Insolvenzverfahrens aus dem Amt des Geschäftsführers ausgeschieden sind.

Gemäß § 97 Abs. 3 Insolvenzordnung ist der Geschäftsführer verpflichtet, sich auf Anordnung des Gerichts jederzeit zur Verfügung zu stellen, um seine Auskunfts- und Mitwirkungspflichten zu erfüllen. Er hat alle Handlungen zu unterlassen, die der Erfüllung dieser Pflichten zuwiderlaufen. Gibt es mehrere Geschäftsführer, treffen diese Pflichten alle gemeinsam, unabhängig von den durch Geschäftsverteilungsplan festgelegten Aufgaben.

Über welche „Basics" sollte sich ein Fremdgeschäftsführer spätestens mit Dienstantritt informiert haben?

Die folgenden Ausführungen betreffen übrigens nicht nur UG-

sondern auch GmbH-Geschäftsführer:

Zuallererst sollten Sie prüfen, ob Ihre Anmeldung (als Geschäftsführer) sowie die Eintragung im Handelsregister korrekt erfolgt sind.

Weitere „Basics", über die Sie sich rasch einen Überblick verschaffen sollten, bestehen darin, ob ein Geschäftsverteilungsplan vorliegt, ob Sie den Gesellschaftsvertrag inhaltlich und alle Organmitglieder persönlich kennen. Daneben sollten Ihnen die wesentlichen Vertragsverhältnisse (insbesondere zu verbundenen Unternehmen und Gesellschaftern) sowie die Jahresabschlüsse der vergangenen Jahre bekannt sein. Auch die Anstellungsverträge Ihrer leitenden Angestellten sollten Sie – insbesondere hinsichtlich Zielvorgaben, Sonderzahlungen etc. – kennen. Sowohl Berichtswesen/Reporting als auch Kosten- und Leistungsrechnung/ Deckungsbeitragsrechnung sollten Sie zu Beginn – zumindest in wesentlichen Zügen – studiert haben. Abschließend sollten Ihnen die Gesellschafter im Rahmen der Anbahnungsgespräche die detaillierte Zukunftsplanung der UG vorgestellt haben.

Mit Dienstantritt gilt es dann, so rasch wie möglich Ihre Mitarbeiter sowie die wichtigsten Kunden und Lieferanten der UG kennenzulernen.

Wann muss der Geschäftsführer einer UG (haftungsbeschränkt) zwingend einen Gesellschafterbeschluss einholen?
Der Geschäftsführer muss die Gesellschafterversammlung dann einberufen, wenn eine Beschlussfassung ansteht, die laut

Gesellschaftsvertrag der Gesellschafterversammlung übertragen ist oder wenn der angestrebte Beschluss laut Gesetz den Gesellschaftern vorbehalten ist.

Des Weiteren ist er dazu verpflichtet, wenn er einem Gesellschafter das Auskunfts-/ Einsichtsrecht verweigern will, Gesellschafter mit mindestens 10% des Gesellschaftskapitals die Einberufung fordern und bei drohender Zahlungsunfähigkeit (*Drohende Zahlungsunfähigkeit liegt nach §18 Absatz 2 InsO dann vor, wenn die Unternehmergesellschaft voraussichtlich nicht in der Lage sein wird, die bestehenden Zahlungsverpflichtungen zum Zeitpunkt der Fälligkeit zu erfüllen. Der Unterschied zur bereits eingetretenen Zahlungsunfähigkeit besteht darin, dass nicht nur auf die gegenwärtig fälligen Zahlungsverpflichtungen, sondern auch auf zukünftig fällig werdende Zahlungsverpflichtungen abzustellen ist*).

Des Weiteren ist die Gesellschafterversammlung einzuberufen, wenn eine Einberufung im Interesse der UG notwendig erscheint, wenn sich aus der Jahresbilanz – alternativ einer Zwischenbilanz – ergibt, dass die Hälfte des Stammkapitals verloren ist (*Achtung: Dieser letzte Punkt ist in der Literatur strittig: Gegen die Einberufung spricht der Gesetzeswortlaut in §5a Absatz 4 GmbHG [„abweichend von §49 Absatz 3"]. Für die Einberufung spricht die Intention des Gesetzgebers, im Hinblick auf die geringe Kapitalausstattung der UG eine zusätzliche Sicherung vorzusehen. Ich habe diese Problematik ausführlich in einem Blog-Beitrag unter*

https://www.unternehmergesellschaft-blog.de/2016/12/28/unternehmergesellschaft-einberufung-der-gesellschafterversammlung-bei-schieflage/

erläutert.

Noch ein weiteres Detail zur Verdeutlichung: Auch bei der Unternehmergesellschaft (haftungsbeschränkt) besteht die Pflicht des bzw. der Geschäftsführer nach §49 Absatz 2 GmbHG, wonach die Gesellschafterversammlung stets dann einzuberufen ist, wenn es „im Interesse der Gesellschaft erforderlich erscheint" [s.o.]. Und das dürfte bei einer Krise der Unternehmergesellschaft bereits <u>vor</u> der drohenden Zahlungsunfähigkeit der Fall sein.)

Wann müssen Sie als (Fremd-) Geschäftsführer einer UG zwingend Ihr Amt niederlegen und worin bestehen die Rechtsfolgen?

Die Amtsniederlegung durch den Geschäftsführer ist als einseitige und sofortige Maßnahme bei Vorliegen eines wichtigen Grundes jederzeit zulässig und wirksam. Zwar ist die Niederlegung des Amtes getrennt von der Beendigung des Beschäftigungsverhältnisses des Geschäftsführers zu betrachten, im Normalfall dürfte die Niederlegung jedoch zur fristlosen Kündigung des Anstellungsvertrages führen.

Ein wichtiger Grund ist dann gegeben, wenn die Gesellschafter gesetzeswidrige Anweisungen erteilen, wirtschaftlich nachteilige Maßnahmen beschließen oder andere Geschäftsführer den Geschäftsbetrieb systematisch blockieren.

Übrigens: Die Unternehmenskrise der UG (haftungsbeschränkt) stellt keinen wichtigen Grund dar.

Die Amtsniederlegung sollten Sie formal gegenüber allen Gesellschaftern schriftlich erklären.

Achtung: Zwar ist die Amtsniederlegung auch dann wirksam,

wenn strittig ist, ob tatsächlich ein wichtiger Grund vorliegt. Hier könnten allerdings Schadenersatzansprüche auf denjenigen Geschäftsführer zukommen, der sein Amt niederlegt.

Eine Amtsniederlegung ohne wichtigen Grund ist nur unter Beachtung der Kündigungsfristen aus dem Anstellungsvertrag zulässig.

Wie wird der Geschäftsführer-Anstellungsvertrag geändert, aufgehoben oder beendet/gekündigt?

In all diesen Fällen ist die Gesellschafterversammlung zuständig. Handelt es sich dabei um einen Gesellschafter-Geschäftsführer, so kann dieser bei einer ordentlichen Kündigung mitstimmen, bei einer Kündigung aus wichtigem Grund hingegen nicht.

Im Übrigen gelten Vorschriften des Kündigungsschutzgesetzes für Geschäftsführer nicht.

Apropos: Die außerordentliche Kündigung stellt auch immer eine fristlose Kündigung dar. Sie kann nur dann ausgesprochen werden, wenn ein wichtiger Grund vorliegt und es nicht zugemutet werden kann, bis zum Ablauf der ordentlichen Kündigungsfrist zu warten. Die außerordentliche Kündigung ist innerhalb von zwei Wochen nach Bekanntwerden (Kenntnis) des Kündigungsgrundes auszusprechen.

Wer kann Gesellschafter einer UG (haftungsbeschränkt) werden?

Gesellschafter einer UG (haftungsbeschränkt) können grundsätzlich

- **natürliche Personen** und/oder

- **juristische Personen** sein.

Natürliche Personen sind – vereinfacht gesagt – alle **Menschen**. Juristische Personen sind „Zweckschöpfungen" des Gesetzgebers, die nochmals in

- **juristische Personen des privaten Rechts** und

- **juristische Personen des öffentlichen Rechts**

unterteilt werden.

In der UG-Praxis dürften Sie vor allem juristische Personen des Privatrechts antreffen. Vereinfacht gesagt sind das private Unternehmen, die eine eigene Rechts- und Geschäftsfähigkeit besitzen – also **Kapitalgesellschaften** wie zum Beispiel eine **GmbH** oder eine weitere **UG (haftungsbeschränkt)**.

Wir halten also fest, dass – neben Personen – beispielsweise auch eine **UG** selbst Gesellschafterin einer anderen UG sein kann.

Obwohl dies nicht direkt den Muster-Gründungsprotokollen entnommen werden kann, herrscht in der Fachliteratur inzwischen überwiegend die Auffassung vor, dass des Weiteren **Personenhandelsgesellschaften** Gesellschafter einer UG (haftungsbeschränkt) werden können.

Auch eine einzelne Person kann eine UG errichten. In einem solchen Falle spricht man von einer **Ein-Personen-Gesellschaft**, da hier der alleinige Gesellschafter und der alleinige Geschäftsführer dieselbe Person sind.

Die Anzahl der Gesellschafter ist übrigens nicht begrenzt.

Soll die UG (haftungsbeschränkt) jedoch mehr als 3 Gesellschafter haben, so kann das sog. Muster-Gründungsprotokoll nicht mehr verwendet werden. Am Rande: Bei mehr als 3 Gesellschaftern ist es immer empfehlenswert, besondere Regelungsinhalte im Hinblick auf bestimmte spätere Konstellationen zu treffen.

Abschließend: **Ausländische Privatpersonen** und **Gesellschaften** können vom Grundsatz her ebenfalls Gesellschafter einer UG (haftungsbeschränkt) werden.

Worin bestehen die Aufgaben der Gesellschafter?
Neben dem **Abschluss und der Unterzeichnung des Gesellschaftsvertrages zwecks Gründung** der UG (haftungsbeschränkt) kommen weitere Aufgaben auf den/die Gesellschafter zu. Nachfolgend ist eine – nicht abschließende – Auflistung wesentlicher Aufgaben bzw. Zuständigkeiten des/der Gesellschafter(s) dargestellt. Die Gesellschafterversammlung ist in Anlehnung an §46 GmbHG u.a. zuständig für:

- die **Feststellung des Jahresabschlusses und die Verwendung des Ergebnisses** *(„de facto" Billigung des vom Geschäftsführer aufgestellten Jahresabschlusses),*

- die **Einforderung der Einlagen,**

- die **Rückzahlung von Nachschüssen,**

- die **Teilung, die Zusammenlegung sowie die Einziehung von Geschäftsanteilen,**

150

- die **Bestellung** und die **Abberufung** von **Geschäfts**führern sowie **deren Entlastung,**

- die **Maßregeln zur Prüfung** und **Überwachung** der **Geschäftsführung,**

- die **Bestellung** von **Prokuristen** und von **Handlungsbevollmächtigten** zum gesamten Geschäftsbetrieb,

- die **Geltendmachung** von **Ersatzansprüchen**, welche der Gesellschaft aus der Gründung oder Geschäftsführung **gegen Geschäftsführer oder Gesellschafter** zustehen, sowie die **Vertretung** der Gesellschaft **in Prozessen**, welche sie gegen die Geschäftsführer zu führen hat.

Wie wird in der Praxis die Bestellung von Prokuristen und Handlungsbevollmächtigten üblicherweise gehandhabt?
Grundsätzlich bestellen die Gesellschafter die Prokuristen und Handlungsbevollmächtigten der UG. In der Praxis wird diese Aufgabe im Regelfall durch Ermächtigungsklausel/ Genehmigung/ Anweisung an den Geschäftsführer delegiert. Dann erfolgt beispielsweise die Erteilung der Prokura durch den Geschäftsführer. Der Geschäftsführer sollte sich jedoch dahingehend absichern, dass er sich gegebenenfalls schadenersatzpflichtig macht, wenn kein Gesellschafterbeschluss oder keine Ermächtigung vorliegt – zumal Prokura im Außenverhältnis verbindlich wirkt.

Worum handelt es sich bei der Gesellschafterversammlung formal?

Die Gesellschafterversammlung stellt das oberste Willensbildungsorgan der Unternehmergesellschaft (haftungsbeschränkt) dar. Im Normalfall erfolgt die Willensbildung der Unternehmergesellschaft (haftungsbeschränkt) grundsätzlich durch Beschlüsse, die in der Gesellschafterversammlung gefasst werden (§48 GmbHG).

Die (ordentliche) Gesellschafterversammlung wird mindestens einmal jährlich einberufen.

In der Gesellschafterversammlung werden dabei Themen behandelt, die über den Weisungsbereich der Geschäftsführung hinausgehen.

In §49 Absatz 1 GmbHG ist geregelt, dass die Gesellschafterversammlung grundsätzlich durch den Geschäftsführer einberufen wird. Gesellschafter haben unter den Voraussetzungen des §50 Absatz 1 GmbHG einen Einberufungsanspruch und nach §50 Absatz 3 GmbHG ggf. ein Selbsteinberufungsrecht.

Welche Zuständigkeiten sind der Gesellschafterversammlung zwingend zugewiesen (ohne Übertragungsmöglichkeit)?

Zu den wesentlichen Zuständigkeiten, die nicht auf andere Organe übertragen werden können, gehören die Einforderung von Nachschüssen gemäß §26 GmbHG, die Änderung des Gesellschaftsvertrages gemäß §53 Absatz 1 GmbHG, die Bestellung des Abschlussprüfers gemäß §318 Absatz 1 HGB *(nur bei einer prüfungspflichtigen UG),* bestimmte Umwandlungssachverhalte gemäß entsprechender Regelungen im Umwandlungsgesetz sowie die Auflösung bzw. Fortsetzung der GmbH gemäß §60 Absatz 1 Nr. 2 GmbHG.

Welche Zuständigkeiten sind typischerweise in der Praxis der Gesellschafterversammlung der UG zugewiesen, können aber auch auf andere Organe übertragen werden?

Die Übertragung von Zuständigkeiten der Gesellschafterversammlung auf andere Organe der Gesellschaft erfolgt grundsätzlich im Gesellschaftsvertrag. Als andere Organe kommen zum Beispiel ein Beirat, ein Aufsichtsrat oder ein Gesellschafterausschuss in Betracht.

Dabei können die folgenden wesentlichen Angelegenheiten übertragen werden: Feststellung des Jahresabschlusses und der Ergebnisverwendung gemäß §46 Nr. 1 GmbHG, Einforderung von Einlagen gemäß §46 Nr. 2 GmbHG, Rückzahlung von Nachschüssen gemäß §46 Nr. 3 GmbHG, Teilung und Einziehung von Geschäftsanteilen gemäß §46 Nr. 4 GmbHG, Bestellung und Abberufung von Geschäftsführern sowie deren Entlastung gemäß §46 Nr. 5 GmbHG (inklusive Kompetenz zum Verhandeln, dem Abschluss, der Änderung oder der Beendigung eines Geschäftsführervertrages), Maßnahmen zur Prüfung und Überwachung der Geschäftsführer gemäß §46 Nr. 6 GmbHG, Anweisung an die Geschäftsführer, Prokuristen und/oder Handlungsbevollmächtigte, Geltendmachung von Ersatzansprüchen der GmbH gegenüber Geschäftsführern sowie die Beauftragung von Prozessvertretern gemäß §46 Nr. 8 GmbHG.

153

Wann muss – in zeitlicher Hinsicht – eine Gesellschafterversammlung abgehalten werden?

Gemäß §48 Absatz 1 GmbHG werden die Beschlüsse der Gesellschafter im Regelfall in Versammlungen – sogenannten Gesellschafterversammlungen – gefasst. Die Gesellschafterversammlung ist somit das oberste beschließende Organ der UG (haftungsbeschränkt).

§48 Absatz 2 GmbHG billigt den Gesellschaftern – neben der o.g. Beschlussfassung in Gesellschafterversammlungen – eine alternative Beschlussfassung zu. So bedarf es keiner Abhaltung einer derartigen formalen Gesellschafterversammlung, wenn sich sämtliche Gesellschafter in Textform mit der zu treffenden Bestimmung oder mit der schriftlichen Abgabe der Stimmen einverstanden erklären.

Die Gesellschafter müssen mindestens einmal jährlich eine Gesellschafterversammlung abhalten (sogenannte <u>ordentliche</u> Gesellschafterversammlung). Darin dürften sie – trifft der Gesellschaftsvertrag keine besondere Regelung – insbesondere den Jahresabschluss der UG (haftungsbeschränkt) feststellen und die Ergebnisverwendung festlegen.

Wichtig für den UG-Geschäftsführer: Die Gesellschafter sollten ihn in diesem Rahmen auch gleich formal für das abgelaufene Geschäftsjahr entlasten und ihm damit eine ordnungsgemäße Geschäftsführung bescheinigen.

Des Weiteren sind bei Bedarf sogenannte <u>außerordentliche</u> Gesellschafterversammlungen anzuberaumen. Als Anlässe kommen Angelegenheiten in Betracht, bei denen das Gesetz und/

oder der Gesellschaftsvertrag – also die Satzung der UG (haftungsbeschränkt) – einen Gesellschafterbeschluss vorsehen. Auch Entscheidungen, die die Kompetenz des Geschäftsführers übersteigen, können Anlass für eine derartige außerordentliche Gesellschafterversammlung sein.

Befinden sich alle Geschäftsanteile der UG (haftungsbeschränkt) in der Hand eines Gesellschafters (sogenannter Allein-Gesellschafter), so werden Beschlüsse dieses Allein-Gesellschafters nicht in der Gesellschafterversammlung getroffen, sondern er kann diese Beschlüsse vielmehr jederzeit treffen. Gemäß §48 Absatz 3 GmbHG hat der Allein-Gesellschafter über seine Beschlüsse jedoch unverzüglich ein Protokoll zu erstellen und letzteres zu unterschreiben. Diese Dokumentation ist rechtlich zwingend erforderlich und in der Praxis insbesondere gegenüber dem Finanzamt sinnvoll.

Welche Formalia sind an Einladung zur sowie Tagesordnung für die Gesellschafterversammlung zu stellen?
Vorab: Stimmt die Ladung in formaler Hinsicht nicht, so können Gesellschafterbeschlüsse schon allein deshalb unwirksam sein. Also: Die Voraussetzung zur wirksamen Beschlussfassung ist die ordnungsgemäße, d.h. form- und fristgerechte, Einberufung der Gesellschafterversammlung.

Die Gesellschafterversammlung wird im Regelfall durch den/ die Geschäftsführer einberufen. Konkret hat jeder einzelne Geschäftsführer ein Einberufungsrecht. Auch Gesellschafter, die mindestens 10% der Geschäftsanteile halten, können die Vereinbarung einberufen, insofern ihrem Einberufungsverlangen nicht durch die Geschäftsführer entsprochen wurde. Gemäß §52 GmbHG kann auch ein Beirat/ Aufsichtsrat die Gesellschafterversammlung einberufen. Ferner können im Gesellschaftsvertrag weitere Personen legitimiert werden.

Die wichtigsten Regeln für die korrekte Einladung:

Die Einladung hat – gesetzlich – mit einer Frist von mindestens einer Woche zu erfolgen. D. h. die Ladung muss den Gesellschaftern eine Woche vor dem eigentlichen Versammlungstermin zugegangen sein. Im Gesellschaftsvertrag können allerdings längere Fristen vereinbart werden. Zielsetzung: Jeder Gesellschafter muss die Gelegenheit haben, sich hinreichend auf die Gesellschafterversammlung und die darin zu fassenden Beschlüsse vorzubereiten.

Die Einberufung muss schriftlich mittels eingeschriebenen Briefes erfolgen. Ist Ihnen bekannt, dass ein streitbarer Gesellschafter gegebenenfalls Formmängel geltend machen könnte, so verwenden Sie statt dem „Übergabe-Einschreiben" *(was ich grundsätzlich empfehlen würde)* besser das „Einschreiben mit Rückschein". Kalkulieren Sie bei Versendung des „Einschreibens mit Rückschein" eine zusätzliche Postlaufzeit für den Rückerhalt des Rückscheins ein.

Auch inhaltlich sind bestimmte Pflichtangaben zu machen.

Jeder Gesellschafter der UG hat zwingend eine Einladung zu erhalten (Teilnahmerecht). Sie ist an die letzte der Gesellschaft bekannte Adresse des jeweiligen Gesellschafters zu richten. Also: Wer zur Teilnahme berechtigt ist, muss auch eingeladen werden. Dies gilt unabhängig davon, ob die betroffene Person ein

Stimmrecht hat oder bei der Abstimmung ins Gewicht fällt (Minderheitsgesellschafter). Übrigens: Grundsätzlich hat der teilnahmeberechtigte Gesellschafter die Möglichkeit, einem sach- und fachkundigen Dritten eine Vollmacht zur Teilnahme und Abstimmung zu erteilen.

Des Weiteren: Fremdgeschäftsführer ohne Beteiligung an der UG (haftungsbeschränkt) haben eine Teilnahmepflicht, um den Gesellschaftern für Fragen zur Verfügung zu stehen.

Der Absender der Einladung muss erkennbar sein. So müssen Firma und Name der einladenden Person – im Regelfall der Geschäftsführer (siehe dazu meine detaillierten Ausführungen oben) – genannt sein. *Man spricht in diesem Zusammenhang auch von der Identität der einladenden Gesellschaft.* Die Einladung sollte zudem durch den Geschäftsführer eigenhändig unterschrieben werden.

Die Versammlung soll zwar grundsätzlich am Ort der Gesellschaft stattfinden, jedoch kann der Gesellschaftsvertrag etwas anderes vorsehen bzw. alle Gesellschafter erklären sich mit einem alternativen Versammlungsort einverstanden. In der Praxis bedeutet dies für die UG, dass sich der Ort der Versammlung aus praktischen Erwägungen ergeben dürfte. Wenn sich die Gesellschafter noch nicht einmal über den Ort der Versammlung einigen können, so muss dieser zwingend am Sitz der UG stattfinden.

In der Einladung müssen Sie angeben, dass es sich um eine „Gesellschafterversammlung" handelt. Ferner sind Ort, Datum und Uhrzeit sowie Zweck (Tagesordnung) der Versammlung explizit anzugeben.

Die sogenannten Tagesordnungspunkte müssen nicht zwingend in der Einladung benannt sein. Allerdings müssen sie jedem Gesellschafter drei Tage vor der Versammlung bekannt gegeben werden. Es empfiehlt sich daher, innerhalb der Ladung auch gleich die Tagesordnungspunkte aufzuführen.

Abschließend: Ein Versammlungsleiter ist laut GmbHG nicht vorgesehen. Er kann mit einfacher Mehrheit in der Gesellschafterversammlung bestimmt werden. Ist im Gesellschaftsvertrag jedoch ein Versammlungsleiter vorbestimmt, so kann hiervon nicht durch Beschluss der Gesellschafter abgewichen werden. Im Übrigen sollte der Versammlungsleiter unbedingt darauf achten, eigene Wortbeiträge von Beiträgen in der Eigenschaft als Versammlungsleiter strikt zu trennen.

Welche Sonderregelungen können im Gesellschaftsvertrag für die Einberufung der Gesellschafterversammlung getroffen werden?
Hier können Sonderregelungen zur Einberufungsbefugnis (zum Beispiel durch den Beirat) und den Einberufungsbestimmungen (zum Beispiel längere Frist) getroffen werden.

Wie wird die Beschlussfähigkeit der Gesellschafterversammlung festgestellt/dokumentiert?
Im GmbH-Gesetz selbst gibt es keinerlei ausdrückliche Vorschriften zur Beschlussfähigkeit der Gesellschafterversammlung. So genügt es, dass die Versammlung ordnungsgemäß einberufen wurde.

Die Beschlussfähigkeit sollte bereits zu Beginn der Versammlung formal festgestellt werden.

Zunächst ist die ordnungsgemäß und fristgerecht erfolgte Ladung festzustellen. Ist diese nicht korrekt erfolgt, so können Beschlüsse nur dann gefasst werden, wenn alle Gesellschafter anwesend sind und alle auf die ordnungsgemäße Ladung der Versammlung verzichten. Bei einer „Ein-Personen-UG" ist eine Ladung natürlich nicht erforderlich. Die Gesellschafterversammlung ist schon bei Anwesenheit des einzigen Gesellschafters beschlussfähig.

Nachfolgend werden die anwesenden Gesellschafter und das damit vertretene Stammkapital festgestellt. Ein Gesellschafter hat die Möglichkeit, sich vertreten zu lassen. Eine derartige Vollmacht bedarf zu ihrer Wirksamkeit der Schriftform.

Tatsächlich müssen nicht alle Gesellschafter zugegen sein. Fehlt im Gesellschaftsvertrag eine Regelung zur Beschlussfähigkeit, so ist die Gesellschafterversammlung immer dann beschlussfähig, wenn ordnungsgemäß geladen wurde. In der Regel gibt der Gesellschaftsvertrag aber eine zwingend erforderliche Mindestbesetzung/ -anzahl vor. Scheitert die Beschlussfähigkeit am anwesenden (Mindest-) Stammkapital, so ist die Gesellschafterversammlung nicht beschlussfähig.

Eine Musterformulierung für die o.g. Feststellungen und die sich üblicherweise anschließende Beschlussfassung könnte wie folgt aussehen:

„Der Vorsitzende stellt fest, dass 1. die heutige Gesellschafterversammlung der … UG (haftungsbeschränkt) durch Einschreiben der Geschäftsführung vom … an alle Gesellschafter unter Mitteilung der Tagesordnung fristgerecht einberufen wurde und 2. das

> *Stammkapital der Gesellschaft von EUR ... in Höhe von EUR ... mit ...*
> *von insgesamt ... Stimmen vertreten ist. Die Versammlung ist somit*
> *beschlussfähig. ... Der Beschluss wird mit einer ... Mehrheit von ...*
> *Stimmen bei ... Gegenstimmen (und ... Enthaltungen) gefasst."*

Wie kann man ohne Einhaltung bestimmter Formalia _zügig_ eine Gesellschafterversammlung einberufen?

Auf die Einhaltung bestimmter Formalia im Rahmen der Einberufung kann dann verzichtet werden, wenn tatsächlich alle Gesellschafter mit deren Nichteinhaltung einverstanden sind. Im Rahmen einer sogenannten Voll- oder Universalversammlung können die Gesellschafter also auch sofort wirksame Beschlüsse fassen.

Nachfolgend ein Formulierungsbeispiel für das Protokoll der Gesellschafterversammlung, um etwaigen späteren Streitigkeiten aus dem Wege zu kommen:

> *„Die anwesenden Gesellschafter erklären, dass sie mit der Durchführung*
> *einer Gesellschafterversammlung unter Verzicht auf sämtliche Formen*
> *und Fristen der Einberufung und Durchführung einer*
> *Gesellschafterversammlung einverstanden sind. Sie erklären weiterhin,*
> *dass sie damit einverstanden sind, dass in der*
> *Gesellschafterversammlung wirksame Beschlüsse gefasst werden."*

Können auch Beschlüsse ohne Gesellschafterversammlung gefasst werden?

Gemäß §48 Absatz 2 GmbHG ist eine schriftliche

Beschlussfassung ohne Gesellschafterversammlung möglich, wenn sich sämtliche Gesellschafter damit einverstanden erklären oder wenn sämtliche Gesellschafter dem schriftlich zu fassenden Beschluss zugestimmt haben. Die Durchführung dieses Verfahrens obliegt dem Geschäftsführer. Der Beschluss kommt dabei mit Zugang der letzten schriftlichen Erklärung zustande.

Für „Hemdsärmelige": Nach dem GmbH-Gesetz ist auch eine ordnungsgemäße Beschlussfassung ohne Abhalten einer Gesellschafterversammlung möglich, wenn alle Gesellschafter anwesend sind und alle mit der schriftlichen Beschlussfassung einverstanden sind.

Wie erfolgt die Beschlussfassung in der Ein-Personen-Unternehmergesellschaft?

Hier werden die Beschlüsse des Allein-Gesellschafters nicht im Rahmen einer formalen Gesellschafterversammlung getroffen, sondern jederzeit. In der Literatur wird in diesem Zusammenhang auch nicht von „Beschlüssen", sondern vielmehr von „Entschlüssen" gesprochen. Letztere sind zwingend unverzüglich zu protokollieren, d.h. niederzuschreiben und gegenzuzeichnen, damit sie die gewünschte rechtliche Bindungswirkung entfalten.

Statt der Beschlussfassung im Wege einer förmlichen „Gesellschafterversammlung" ist es für den Gesellschafter einer Ein-Personen-Unternehmergesellschaft ebenso gut möglich, die Beschlüsse im schriftlichen Verfahren zu treffen. Erfolgt dies durch Niederschrift und Unterschrift, dann fällt die Beschlussfassung mit der Dokumentation zusammen, eine zusätzliche Dokumentation ist also nicht mehr erforderlich.

Welche Mehrheiten sind in der Gesellschafterversammlung notwendig?

Beschlüsse der UG werden mit den anwesenden Stimmen gefasst. Dabei gewährt jeder Euro des Geschäftsanteils nach §47 Absatz 2 GmbHG eine Stimme. Im Gesellschaftsvertrag können abweichende Regelungen vorgesehen sein. Stimmrecht und nominaler Geschäftsanteil müssen nicht übereinstimmen. Für jeden Geschäftsanteil muss das Stimmrecht einheitlich ausgeübt werden.

Um Zufalls-Beschlüsse zu verhindern, kann die Beschlussfähigkeit der UG im Gesellschaftsvertrag näher definiert werden. Ich empfehle sogar, im Gesellschaftsvertrag unbedingt eine Mindestanwesenheit zur Beschlussfassung der Gesellschafterversammlung festzulegen, zum Beispiel:

> *„Die Gesellschafterversammlung ist beschlussfähig, wenn mindestens xx% des Stammkapitals vertreten sind.“*

In diesem Fall sollte natürlich im Gesellschaftsvertrag auch eine Regelung für den Fall festgelegt werden, dass die Gesellschafterversammlung nicht beschlussfähig ist (*normalerweise die nochmalige Einberufung mit gleicher Tagesordnung*).

Also: Die Mehrheit, mit der über die o.g. Tagesordnungspunkte beschlossen wird, ergibt sich aus dem Gesellschaftsvertrag. Weist der Gesellschaftsvertrag keine speziellen Regelungen auf, so beschließt die Gesellschafterversammlung mit einfacher Mehrheit der abgegebenen Stimmen.

In einigen Fällen sieht der Gesetzgeber vor, dass mindestens eine

¾-Mehrheit der abgegebenen Stimmen vorliegen muss, um ein wirksames Abstimmungsergebnis herbeizuführen. Solche Sonderfälle sind beispielsweise die Änderung des Gesellschaftsvertrags, Kapitalveränderungen, Ausschluss eines Gesellschafters, Umwandlung oder Auflösung der UG.

Der Gesellschaftsvertrag kann andere Mehrheiten vorsehen, zum Beispiel die ¾-Mehrheit, die absolute Mehrheit oder gar Einstimmigkeit (oftmals für Satzungsänderungen oder die Auflösung der Gesellschaft gefordert).

Die Stimmabgabe kann in jeder möglichen Form als „Ja", „Nein" oder „Enthaltung" erfolgen. Üblich sind Handzeichen oder Stimmzettel, aber auch geheime schriftliche Abstimmungen. Soweit keine zwingende Form vorgeschrieben ist, liegt die Wahl der Methode in der Hand des Versammlungsleiters.

Bei offener Abstimmung gilt als Stimme nur die abgegebene Stimme, nicht aber Enthaltungen. Letztere haben hier keinen Einfluss auf das Abstimmungsergebnis. Bei der geschlossenen Abstimmung werden die Enthaltungen berücksichtigt.

Das Stimmrecht eines Geschäftsanteils kann im Rahmen der Vollmacht auch durch einen Vertreter ausgeübt werden.

In welchen Fällen verfügt der Gesellschafter-Geschäftsführer über kein Stimmrecht?
In bestimmten Fällen darf der Gesellschafter-Geschäftsführer sein Stimmrecht nicht ausüben. Dies betrifft insbesondere die folgenden Angelegenheiten in „eigener Sache": Eigene Entlastung, Abberufung aus wichtigem Grund, außerordentliche Kündigung

des Gesellschafter- Geschäftsführers, Einziehung des entsprechenden Geschäftsanteils, Vornahme eines Rechtsgeschäftes mit dem Gesellschafter, Rechtsstreitigkeiten, Befreiung von einer Verbindlichkeit.

Es spricht jedoch nichts dagegen, dass der Gesellschafter-Geschäftsführer beispielsweise bei seiner Bestellung (und „normale" Abberufung) zum Geschäftsführer mitstimmt.

Wie erfolgt die korrekte Protokollierung der Ergebnisse der Gesellschafterversammlung?

Der Gesellschafterbeschluss ist grundsätzlich mit dem Abstimmungsergebnis wirksam – eine gesonderte Feststellung ist nicht erforderlich. In bestimmten Fällen müssen Beschlüsse aber zusätzlich notariell beurkundet werden.

Bei einer Ein-Personen-UG sieht das Gesetz vor, dass zwingend eine Protokollierung stattzufinden hat (siehe auch meine obigen Ausführungen).

Häufig verlangen viele Gesellschaftsverträge zwecks Beweiskraft die Protokollierung des Beschlusses.

Ich empfehle, ein ausführliches Protokoll zu verfassen und insbesondere nicht ein sogenanntes Beschluss-Protokoll zu verwenden, bei dem lediglich die Beschlüsse festgehalten werden. Hier fehlt mir die Dokumentation der Entstehung der Beschlüsse.

Das Protokoll der Gesellschafterversammlung wird entweder vom Versammlungsleiter oder von einer – von der Gesellschafterversammlung – beauftragten Person geführt, was den Vorteil hat, das der Versammlungsleiter sich auf die eigentliche Versammlung konzentrieren kann.

Um schnellstmöglich Rechtssicherheit zu schaffen, sollten Sie das Protokoll bereits am Ende der Versammlung fertigstellen und von den Anwesenden unterzeichnen lassen. So vermeiden Sie nachträgliche Diskussionen.

Praxistipp:

Bereiten Sie das Protokoll bereits vor Eröffnung der Versammlung weitestgehend vor, um es zum Ende der Versammlung rasch fertigstellen zu können.

Unterschreiben die Gesellschafter, so gilt dies als Zustimmung zum protokollierten Inhalt. Geschieht dies nicht, so gilt ihre Zustimmung als erteilt, wenn Sie nicht innerhalb einer gewissen Frist nach Zugang des Protokolls widersprechen.

Jeder UG-Gesellschafter hat das Recht auf Einsicht in das Protokoll (§51a GmbHG). Alleine schon aus Beweisgründen sollte das Protokoll jedem Gesellschafter ausgehändigt werden.

Stellt ein Gesellschafter fest, dass das Protokoll Beiträge falsch darstellt, so muss er dies unmittelbar nach Erhalt schriftlich gegenüber dem Geschäftsführer monieren. Durch rechtzeitigen Widerspruch – spätestens einen Monat nach Zugang – wird sichergestellt, dass es bei einer späteren Beweisführung nicht zu einer nachteiligen Beurteilung kommt.

Meines Erachtens sollten alle Gesellschafterbeschlüsse – unabhängig von etwaigen gesetzlichen Pflichten – über die gesamte Lebenszeit der UG an mindestens zwei verschiedenen Orten aufbewahrt werden.

Wie könnte eine Regelung zur Anfechtung eines Gesellschafterbeschlusses im Gesellschaftsvertrag formuliert werden?

Hier könnte ein Passus aufgenommen werden, nach dem die Anfechtung von Gesellschafterbeschlüssen durch Klageerhebung nur innerhalb eines Monats nach Absendung/Übergabe der Abschrift des Gesellschafterbeschlusses zulässig ist.

Wann sind Beschlüsse der Gesellschafterversammlung nichtig?

Beschlüsse sind dann nichtig, wenn sie gegen gesetzliche Vorschriften (AktG, analog: GmbHG) verstoßen. Beschlüsse können ferner nichtig sein, wenn gegen Einberufungsvorschriften oder die guten Sitten verstoßen wurde. Auch fehlende gesetzliche/ gesellschaftsrechtliche Voraussetzungen oder die schlichtweg fehlende Beurkundung eines beurkundungspflichtigen Beschlusses können Nichtigkeit zur Folge haben.

Wie wird der Entlastungsbeschluss zur Entlastung der Geschäftsführer konkret formuliert?

Ich würde die folgende Formulierung vorschlagen:

„Dem Geschäftsführer, Herrn ..., geboren am ..., wohnhaft in ... wird Entlastung für das Geschäftsjahr 201X erteilt. Des Weiteren wird ihm

> *das Vertrauen für die weitere/zukünftige Zusammenarbeit ausgesprochen."*

Wie ergehen Weisungen der Gesellschafter an den/die Geschäftsführer?

Grundsätzlich können die Gesellschafter einer UG (haftungsbeschränkt) dem Geschäftsführer jederzeit einzelne Weisungen erteilen. Voraussetzung: Ein formaler Beschluss (mit im Regelfall einfacher Mehrheit) liegt vor. So wird sichergestellt, dass nicht einzelne Gesellschafter dem Geschäftsführer Anweisungen erteilen, die gar nicht abgestimmt sind.

Wie bereits oben ausgeführt, darf der Geschäftsführer Weisungen, die gegen geltendes Recht, Gesellschaftsvertrag oder Anstellungsvertrag verstoßen, nicht ausführen.

Führt der Geschäftsführer hingegen rechtmäßige Weisungen der Gesellschafter nicht aus, so liegt ein wichtiger Grund zur Abberufung und fristlosen Kündigung des Anstellungsvertrages vor.

Wer wählt den Abschluss-/bzw. Wirtschaftsprüfer einer UG (haftungsbeschränkt) aus?

Kleine Unternehmergesellschaften sind grundsätzlich nicht prüfungspflichtig, so dass ein Abschlussprüfer im Normalfall nur bei mittelgroßen und großen Kapitalgesellschaften bestimmt wird. Ausnahme: Bei Kreditaufnahme über EUR 125.000 greifen Sonderregelungen für kleine Unternehmergesellschaften.

Natürlich können auch kleine Unternehmergesellschaften ihren Jahresabschluss freiwillig von einem Wirtschaftsprüfer oder vereidigten Buchprüfer prüfen lassen. Dies dürfte jedoch zusätzliche Kosten verursachen.

Bei mittelgroßen und großen Kapitalgesellschaften wählen die Gesellschafter den Abschlussprüfer aus und bestellen ihn formal. Dies soll vor Ablauf des Geschäftsjahres geschehen, für das der Prüfer tätig werden soll.

Übrigens: Ohne Prüfung des Jahresabschlusses (Normalerweise Resultat: Der „Bestätigungsvermerk") kann der Jahresabschluss natürlich nicht durch die Gesellschafterversammlung festgestellt werden.

Ist bei einer Kapitalerhöhung aus Gesellschaftsmitteln tatsächlich eine – bspw. durch einen Wirtschaftsprüfer – geprüfte Bilanz notwendig?
Vorab: Soll eine UG zur GmbH „erstarken", so sind grundsätzlich zwei Wege zur Kapitalerhöhung möglich: Aus Gesellschaftsmitteln oder durch Einlagen der Gesellschafter.

Bei der Kapitalerhöhung aus Gesellschaftsmitteln werden nun in der Unternehmergesellschaft vorhandene Rücklagen *(vor allem die durch die Thesaurierungspflicht entstandene Rücklage)* in Stammkapital umgewandelt. Diese Form der Kapitalerhöhung ist also ein reiner Buchungsvorgang.

Und hier liegt nun das Problem: Dem Kapitalerhöhungsbeschluss muss eine von einem Wirtschaftsprüfer oder – bei Größenerleichterungen – vereidigtem Buchprüfer geprüfte und bestätigte Bilanz zu Grunde gelegt werden (§57e GmbHG).

Wie oben ausgeführt muss zwar auch eine UG Jahresabschlüsse aufstellen, aber in der Regel unterliegt sie als kleine Kapitalgesellschaft nicht der Verpflichtung, ihre Abschlüsse durch einen Wirtschaftsprüfer prüfen zu lassen. Eine geprüfte Bilanz muss deshalb oft erst erstellt werden. Die dafür anfallenden Kosten hängen stark vom Einzelfall ab. Die Prüfung der Bilanz ist oftmals eine große Kostenposition bei der Kapitalerhöhung aus Gesellschaftsmitteln.

Bekommen die Gesellschafter den Jahresabschluss der kleinen Unternehmergesellschaft (haftungsbeschränkt) vom Geschäftsführer direkt zur Feststellung vorgelegt?

In der kleinen UG muss der Geschäftsführer den Gesellschaftern den Jahresabschluss direkt vorlegen.

In der kleinen UG, die über einen Beirat/Aufsichtsrat verfügt, muss der Geschäftsführer den Jahresabschluss direkt dem Beirat/Aufsichtsrat vorlegen. Letzterer gibt den Abschluss zusammen mit seinem Bericht an den Geschäftsführer zurück. Erst danach legt dieser die Beschlussunterlagen den Gesellschaftern vor.

Was bedeutet die „Feststellung" des Jahresabschlusses durch die Gesellschafter formal?

Bei der sogenannten Feststellung handelt es sich um die Genehmigung bzw. Billigung des Jahresabschlusses durch die Gesellschafterversammlung (§42a GmbHG). Dabei beschließt die

Gesellschafterversammlung – im Regelfall – mit einfacher Mehrheit über den Jahresabschluss (§47 Absatz 1 GmbHG). Auch der Gesellschafter-Geschäftsführer ist dabei stimmberechtigt.

Des Weiteren beschließen die Gesellschafter über die sogenannte Gewinnverwendung.

Die beiden Begriffe „Aufstellung" und „Feststellung" des Jahresabschlusses sind strikt zu unterscheiden. So bedeutet die Aufstellung des Jahresabschlusses, das eigentliche Rechen- und Zahlenwerk zu erstellen (z.B. durch Abschluss der Konten etc.). Die Feststellung bedeutet hingegen die sich anschließende Genehmigung des Jahresabschlusses durch die Gesellschafterversammlung.

Gemäß §264 Absatz 1 HGB hat die Aufstellung des Jahresabschlusses bei der Kleinst- bzw. kleinen Unternehmergesellschaft (haftungsbeschränkt) bis spätestens sechs Monate nach Ende des Geschäftsjahres zu erfolgen, bei mittelgroßen und großen Unternehmergesellschaften bis spätestens drei Monate nach Ende des Geschäftsjahres.

Die Gesellschafter müssen bei einer Kleinst- bzw. kleinen UG bis zum Ablauf der ersten elf Monate des auf den Abschlussstichtag folgenden Geschäftsjahres über die Feststellung des Jahresabschlusses und über die Ergebnisverwendung entscheiden, bei mittelgroßen und großen Unternehmergesellschaften innerhalb von acht Monaten (§42a Absatz 2 Satz 1 GmbHG in Verbindung mit §§267, 267a HGB).

Eine Verlängerung dieser beiden Fristen durch den Gesellschaftsvertrag bzw. die Satzung ist ausgeschlossen.

Mittelgroße und große Unternehmergesellschaften sind zudem prüfungspflichtig *(Stichwort: „Abschlussprüfer").* In diesem Zusammenhang besagt §42a Absatz 3 GmbHG, dass – falls ein Abschlussprüfer den Jahresabschluss der Unternehmergesellschaft geprüft hat – dieser auf Verlangen eines Gesellschafters an den Verhandlungen über die Feststellung des Jahresabschlusses teilzunehmen hat.

Ist der Jahresabschluss verbindlich festgestellt, so müssen ihn alle Geschäftsführer der Unternehmergesellschaft unterschreiben.

Wie könnte die Feststellung des Jahresabschlusses sowie Gewinnverwendung formuliert werden (Musterformulierung)?
Mein Formulierungsvorschlag sieht wie folgt aus:

„a) Der Geschäftsführer hat der Gesellschaft den Jahresabschluss für das Geschäftsjahr ... zum ... vorgelegt. Dieser wurde von der in der Gesellschafterversammlung vom... gewählten Wirtschaftsprüfungsgesellschaft ... aus ... geprüft und mit dem uneingeschränkten Bestätigungsvermerk versehen (alternativ: Falls keine Prüfung notwendig, entfällt dieser Passus). *Der geprüfte Jahresabschluss wird hiermit festgestellt.* (alternativ: Falls keine Prüfung notwendig, entfällt das Wort „geprüft" vor Jahresabschluss).

b) Der unter Ziffer ... ausgewiesene Reingewinn von EUR ... wird wie folgt auf die Gesellschafter verteilt:

1. Gesellschafter/in Frau/Herr ... auf seinen/ihren Geschäftsanteil von EUR ... einen Betrag von EUR ...

2. Gesellschafter/in Frau/Herr ... auf seinen/ihren Geschäftsanteil von EUR ... einen Betrag von EUR ...

3. Gesellschafter/in Frau/Herr ... auf seinen/ihren Geschäftsanteil von EUR ... einen Betrag von EUR ...

Der verbleibende/restliche Reingewinn in Höhe von EUR ... wird als (gesetzliche) Gewinnrücklage einbehalten und in der Bilanz ausgewiesen. (Beachte: Die UG muss in ihrer Bilanz eine Rücklage bilden, in die jeweils ¼ des Jahresüberschusses einzustellen ist, §5a Absatz 3 GmbHG).

Der Beschluss wird mit einer Mehrheit von ... Stimmen bei ... Gegenstimmen (und ... Enthaltungen) gefasst."

Was bedeutet „Beschluss über die Gewinnverwendung"?

Die Gesellschafter stellen den Jahresabschluss nicht nur fest, sondern sie entscheiden auch über die Verwendung des – hoffentlich – erwirtschafteten Gewinns. Letztendlich geht es darum, ob das im Jahresabschluss ausgewiesene Ergebnis an die Gesellschafter verteilt oder in der UG behalten werden soll. Hier sind natürlich die – von mir an anderer Stelle erläuterten – gesetzlichen Regelungen für die UG (haftungsbeschränkt) sowie die Bestimmungen des Gesellschaftsvertrages zu beachten.

Wann ist bei einer Schieflage der Unternehmergesellschaft (haftungsbeschränkt) zwingend die Gesellschafterversammlung einzuberufen?

Bei der **Gesellschafterversammlung** handelt es sich um das oberste Willensbildungsorgan der Unternehmergesellschaft (haftungsbeschränkt). Sie wird in der Unternehmergesellschaft durch die Geschäftsführer einberufen. Wesentliche Entscheidungen sind folglich der Gesamtheit der Gesellschafter vorbehalten.

Ein wesentlicher **Unterschied** von Unternehmergesellschaft und GmbH besteht darin, dass bei der Unternehmergesellschaft für die Einberufung der Gesellschafterversammlung nicht – wie bei der GmbH – an den Verlust des hälftigen Stammkapitals wie in §49 Absatz 3 GmbHG angeknüpft wird *(siehe dazu meine kritischen Ausführungen weiter oben)*, sondern bei der Unternehmergesellschaft die drohende Zahlungsunfähigkeit gemäß §5a Absatz 4 GmbHG entscheidend ist.

Genauer: Nach §49 Absatz 3 GmbHG muss die Gesellschafterversammlung der GmbH „insbesondere" unverzüglich einberufen werden, wenn sich „aus der Jahresbilanz oder einer im Laufe des Geschäftsjahres aufgestellten Bilanz ... ergibt, dass die Hälfte des Stammkapitals verloren ist."

Die Regelung des §49 Absatz 3 GmbHG wird für die Unternehmergesellschaft (haftungsbeschränkt) durch §5a Absatz 4 GmbHG abgeändert, indem nun dort auf die „drohende Zahlungsunfähigkeit" anstatt des hälftigen Verlustes des Stammkapitals abgestellt wird.

Anmerkung: In der Fachliteratur gibt es abweichende Interpretationen, die den §5a Absatz 4 offenbar neben den §49 Absatz 3 treten lassen wollen. Diesen Deutungen folge ich jedoch nicht, da nach meiner Auffassung das Wort „Abweichend", das in §5a Absatz 4 verwendet wird, eindeutig ist.

Drohende Zahlungsunfähigkeit liegt nach §18 Absatz 2 InsO dann vor, wenn die Unternehmergesellschaft voraussichtlich nicht in der Lage sein wird, die bestehenden Zahlungspflichten zum Zeitpunkt der Fälligkeit zu erfüllen. Der Unterschied zur bereits **eingetretenen Zahlungsunfähigkeit** (§17 Absatz 2 Satz 1 InsO) besteht darin, dass nicht nur auf die gegenwärtig fälligen Zahlungsverpflichtungen, sondern auch auf zukünftig fällig werdende Zahlungsverpflichtungen abzustellen ist.

Also: Da es bei der Unternehmergesellschaft (haftungsbeschränkt) kein Mindeststammkapital gibt und das Startkapital üblicherweise recht gering ausfallen dürfte, bietet sich die **drohende Zahlungsunfähigkeit** als Anknüpfungspunkt für die unverzügliche Einberufung der Gesellschafterversammlung an. In der Praxis dürfte sie meiner Meinung nach der letzte Zeitpunkt für Maßnahmen zur Rettung der Unternehmergesellschaft sein.

Der Sinn und Zweck der Abänderung von §49 Absatz 3 durch §5a Absatz 4 GmbHG erklärt sich vor dem Hintergrund des oft sehr niedrigen Kapitals der Unternehmergesellschaft, das schon kurz nach der Gründung zu wenigstens der Hälfte oder sogar vollständig verbraucht sein kann.

Übrigens: Auch bei der Unternehmergesellschaft (haftungsbeschränkt) besteht die Geschäftsführerpflicht des §49 Absatz 2 GmbHG, wonach die Gesellschafterversammlung stets dann einzuberufen ist, wenn es „im Interesse der Gesellschaft erforderlich erscheint". Und das dürfte bei einer Krise der Unternehmergesellschaft bereits vor der drohenden Zahlungsunfähigkeit der Fall sein.

Die Einberufung der Gesellschafterversammlung hat unter den

Voraussetzungen des §5a Absatz 4 GmbHG **„unverzüglich"** zu erfolgen; eine mögliche Insolvenz soll im Vorfeld erkannt werden und es soll den Gesellschaftern ermöglicht werden, mit vereinter Kraft rechtzeitig Gegenmaßnahmen einzuleiten. Derartige Gegenmaßnahmen könnten in bestimmten Beschlüssen der Gesellschafterversammlung, bspw. zu einer Sanierung, bestehen.

Zu beachten: Da die Gläubiger im Falle einer Insolvenz grundsätzlich schlechter abschneiden dürften, als im Rahmen einer Sanierung, weist die hier besprochene Vorschrift einen gläubigerschützenden Charakter auf.

Was hat es mit dem sogenannten Wettbewerbsverbot der Gesellschafter einer UG (haftungsbeschränkt) auf sich?

Das Wettbewerbsverbot untersagt grundsätzlich, ein Handelsgewerbe konkurrierender Art sowie einzelne Geschäfte im Geschäftsbereich der UG – sei es auf eigene oder auf fremde Rechnung – zu betreiben. Was unter dem Geschäftsbereich der UG zu verstehen ist, bestimmt sich vordringlich nach dem Unternehmensgegenstand der UG.

Des Weiteren untersagt das Wettbewerbsverbot, Geschäftsführer oder persönlich haftender Gesellschafter einer konkurrierenden Handelsgesellschaft zu werden. Es erstreckt sich zudem auf die beherrschende Beteiligung an einer konkurrierenden Kapitalgesellschaft.

Grundsätzlich gibt es in der Literatur verschiedene Auffassungen, ob alle Gesellschafter der UG einem allgemeinen Wettbewerbsverbot unterliegen. Manche behaupten, letzteres gilt selbst dann, wenn keinerlei Vereinbarungen im Gesellschaftsvertrag getroffen worden sind. Andere – unter anderem auch ich – vertreten die folgende Sichtweise:

Für den UG-Gesellschafter besteht grundsätzlich kein Wettbewerbsverbot – allerdings doch, wenn ein solches im Gesellschaftsvertrag enthalten ist <u>oder</u> wenn der Gesellschafter gleichzeitig Geschäftsführer ist <u>oder</u> wenn der Gesellschafter einen beherrschenden Einfluss auf die UG ausübt. Ein beherrschender Einfluss wird beispielsweise bei einer Mehrheitsbeteiligung des Gesellschafters von über 50% angenommen. Der Alleingesellschafter unterliegt – selbst dann, wenn er Geschäftsführer ist – keinem Wettbewerbsverbot.

Eine Befreiung kann nur durch den Gesellschaftsvertrag oder im Wege eines Gesellschafterbeschlusses auf der Grundlage einer entsprechenden Satzungsermächtigung erfolgen.

Ich empfehle, eine Klausel in den Gesellschaftsvertrag aufzunehmen, nach der die Gesellschafter eine Befreiung vom Wettbewerbsverbot beschließen können. Dies sollten sie dann im konkreten Einzelfall auch tun.

Also: Die Befreiung vom Wettbewerbsverbot muss entweder in der ursprünglichen Satzung (dem Gesellschaftsvertrag) enthalten sein oder durch späteren Satzungsänderungsbeschluss aufgenommen werden. Ein derartiger Beschluss über die potentielle Satzungsänderung muss mit einer ¾-Mehrheit der abgegebenen Stimmen gefasst und notariell beurkundet werden. Achtung: Der Gesellschafter, der vom Wettbewerbsverbot befreit werden soll, hat dabei kein Stimmrecht.

Übrigens: Neben der zivilrechtlichen Problematik besteht eine steuerliche Problematik (eventuell Vorliegen einer „verdeckten Gewinnausschüttung"), so dass Sie Ihren steuerlichen Berater konsultieren sollten.

Wie könnte der Beschluss zur Befreiung eines Gesellschafters vom Wettbewerbsverbot formal formuliert werden?

Zu den grundsätzlichen Voraussetzungen der Befreiung sei zunächst auf meine obigen Ausführungen verwiesen. Sieht der Gesellschaftsvertrag die Möglichkeit zur Befreiung vom Wettbewerbsverbot („Befreiungsklausel") vor, so könnte der Beschluss wie folgt gefasst werden:

> *Dem Gesellschafter (alternativ: Gesellschafter-Geschäftsführer) ..., geboren am ..., wohnhaft in ... ist ab dem ... gestattet, außerhalb seiner Tätigkeit für die ... UG (haftungsbeschränkt) auf eigene Rechnung tätig zu werden. Dies betrifft die folgenden Geschäfte (abschließende Aufzählung): ... Als Entgelt für die Genehmigung dieser Wettbewerbstätigkeit erhält die ... UG (haftungsbeschränkt) einen Betrag in Höhe von ... Prozent des daraus erzielten Umsatzes.*

Hat die UG einen Aufsichtsrat einzurichten?

Ein Aufsichtsrat ist erst bei mehr als 500 beschäftigten Arbeitnehmern zu bilden. Im Normalfall benötigt die UG deshalb keinen Aufsichtsrat.

Die Aufgabe des Aufsichtsrates – so er denn notwendig wäre – besteht in der Überwachung der Geschäftsführung.

Sofern die Gesellschaft einen Aufsichtsrat gebildet und dieser einen Vorsitzenden hat, so ist auf Geschäftsbriefen der UG zusätzlich der Vorsitzende des Aufsichtsrates mit dem Familiennamen und mindestens einem ausgeschriebenen Vornamen anzugeben.

Wozu dient eine Geschäftsordnung? Wer kann sie erlassen und wie ist sie in der Praxis zu verfassen?

Erfahrungsgemäß verfügen einige Unternehmergesellschaften und etliche Gesellschaften mit beschränkter Haftung über **mehr als einen** Geschäftsführer. In einem solchen Fall stellen sich die folgenden Fragen:

1. Wie wird das „Miteinander" – also die **effiziente Arbeit** – der Geschäftsführer der Unternehmergesellschaft bzw. GmbH untereinander ausgestaltet?

2. Welcher Geschäftsführer haftet wofür? **Kann die Haftung eines Geschäftsführers auf seinen eigenen Bereich – also sein spezielles Fachgebiet – beschränkt werden?**

Hier ist die Aufstellung einer **Geschäftsordnung** für die Geschäftsführung, die die Arbeitsweise bzw. das „Miteinander" der Geschäftsführer regelt, sinnvoll.

zu 1: Wie bereits an anderer Stelle im Unternehmergesellschaft-Blog ausgeführt, gilt gemäß §35 Absatz 2 GmbHG: Sind mehrere Geschäftsführer bestellt, so sind grundsätzlich alle nur gemeinschaftlich zur Vertretung der Gesellschaft befugt, es sei denn, dass der Gesellschaftsvertrag etwas anderes bestimmt. Dieses **Gesamtvertretungsprinzip** widerspricht häufig der

Erwartung der Gesellschafter der Unternehmergesellschaft bzw. GmbH, dass sich mehrere Geschäftsführer die Arbeit aufteilen, um effizienter agieren zu können. Wird nun bspw. im Gesellschaftsvertrag ein Alleinvertretungsrecht geregelt, so ist dieses zum Handelsregister anzumelden. Auch für die Geschäftsführungsbefugnis gilt grundsätzlich das „Gesamtgeschäftsführungsprinzip". Dieses kann nun jedoch durch eine Geschäftsordnung in einzelne Bereiche aufgeteilt werden, die wiederum einzelverantwortlichen Geschäftsführern zugewiesen werden. *Es stellt sich jedoch die Frage, ob einzelne Geschäftsbereiche auch stets ein Alleinvertretungsrecht nach sich ziehen, was hier jedoch nicht diskutiert werden soll.*

zu 2: Da – wegen des o.g. Gesamtgeschäftsführungsprinzips – bei GmbH und Unternehmergesellschaft grundsätzlich zunächst einmal alle Geschäftsführer für alle Geschäftsführungsfehler haften – liegt aus Geschäftsführer-Sicht das Bestreben nahe, die eigene Haftung auf den tatsächlich verantworteten eigenen Bereich zu begrenzen. Dies kann durch eine rechtswirksame Geschäftsordnung erreicht werden. So steckt der oftmals in der **Geschäftsordnung** enthaltene **Geschäftsverteilungsplan** die Aufgabenbereiche der einzelnen Geschäftsführer ab. Dadurch wird ersichtlich, wer in bestimmten Bereichen tatsächlich die Verantwortung trägt.

Doch Vorsicht: Die Geschäftsordnung entbindet die Geschäftsführer nicht von bestimmten Kontroll- und Informationspflichten für die fremden Bereiche. Zeigt sich dabei, dass ein anderer Geschäftsführer seinen Pflichten nicht ordnungsgemäß nachkommt, so hat ab diesem Zeitpunkt wieder jeder Geschäftsführer die Pflicht, selbst tätig zu werden – auch im fremden Gebiet.

Wurde die Kontrolle versäumt, so dürfte persönliche Haftung trotz Geschäftsordnung bestehen. Wurde der Kontrollpflicht ordnungsgemäß nachgekommen, ohne dass eine Tätigkeitspflicht erkennbar war, so dürfte eine Haftung ausscheiden.

Auf Details zu diesen Punkten kann an dieser Stelle nicht eingegangen werden.

Damit eine Geschäftsordnung wirksam wird, muss sie durch das zuständige Organ *(mit der erforderlichen Mehrheit)* erlassen und schriftlich niedergelegt worden sein. Das Schriftform-Erfordernis wird aus einem BFH-Urteil aus dem Jahre 1988 hergeleitet. Damals sollte verhindert werden, dass nachträglich durch „mündliche Vereinbarungen" Kompetenzen (und dadurch Haftungsbeschränkungen) verschoben werden. Des Weiteren dürfen keine Verstöße gegen das GmbH-Gesetz, die Satzung oder den Geschäftsführervertrag vorliegen. In der Praxis bedeutet dies *(neben weiteren Details)*, dass Elemente in der Geschäftsordnung nicht gleichzeitig im Widerspruch zu gesetzlichen Regelungen oder Regelungen in der Satzung stehen dürfen. Ein Beispiel: Wenn in der Satzung der Unternehmergesellschaft und/oder den Anstellungsverträgen der Geschäftsführer der Unternehmergesellschaft eine Klausel vorhanden ist, nach der die Gesellschafter-Versammlung bei bestimmten Geschäften **zustimmen** muss – so muss sich diese Einschränkung auch in der Geschäftsordnung finden. Übrigens: Diese „Zustimmungsklausel" gibt es fast immer!

Die Gesellschafterversammlung der Unternehmergesellschaft, die Geschäftsführer oder gar der Aufsichtsrat können für den Erlass einer Geschäftsordnung zuständig sein. Details zur Zuständigkeit sind de facto im Gesellschaftsvertrag bzw. der Satzung geregelt. Ist die Zuständigkeit dort nicht geregelt, so dürfen sowohl die Gesellschafterversammlung als auch die Geschäftsführer eine Geschäftsordnung erlassen. Die Zuständigkeit der Geschäftsführer leitet sich daraus ab, dass der Erlass einer Geschäftsordnung als ein Unterfall der Geschäftsführung betrachtet wird. In diesem Fall ist jedoch darauf zu achten, dass die Geschäftsordnung von den Geschäftsführern einstimmig verabschiedet wird. Ferner ist zu beachten: Liegt ein Gesellschafterbeschluss vor, so geht dieser der Geschäftsordnung der Geschäftsführer vor.

Welche Bestandteile sollte die Geschäftsordnung nun konkret beinhalten?

Eine Geschäftsordnung verfolgt den Zweck, Handlungsspielräume der Geschäftsführer eng zu definieren und insbesondere Informationspflichten gegenüber den Anteilseignern der Unternehmergesellschaft (haftungsbeschränkt) sicherzustellen.

Zunächst sollten die „Grundlagen der Geschäftsordnung" wiedergegeben werden: Führung der Geschäfte unter Beachtung der Sorgfalt eines ordentlichen und gewissenhaften Kaufmanns nach Maßgabe der Gesetze, der Satzung, der Geschäftsordnung bzw. der Dienstverträge.

Anschließend sollte die „Gesamt- und Einzelgeschäftsführung" geregelt werden: Geschäftsverteilungsplan, Geschäftsbereiche der einzelnen Geschäftsführer, Handhabung bei „Überschneidungen" von Geschäftsbereichen, Zuständigkeit der Geschäftsführung.

Der Hauptbestandteil der Geschäftsordnung dürfte sodann die Festlegung der sogenannten zustimmungspflichtigen Geschäfte sein. Dadurch werden der Geschäftsführung Grenzen gesetzt, vor deren Überschreiten sie die Gesellschafterversammlung um Zustimmung für ein bestimmtes Vorhaben oder Geschäft anrufen muss. Letztere muss dann mit einer ebenfalls häufig in der Geschäftsordnung festgelegten Mehrheit dem Vorhaben zustimmen. Erst danach darf der Geschäftsführer entsprechend handeln.

Des Weiteren sollten Sitzungen und Beschlussfassungen konkretisiert werden: (Zusammentreten, Einberufung, Beschlussfassung, Gesamtgeschäftsführung, Niederschrift.

Zum Abschluss sollte die Geschäftsordnung Formulierungen zum Inkrafttreten, der Aufhebung, Ergänzung und Änderung enthalten. Insbesondere Ergänzungen und/ oder Änderungen der Geschäftsordnung sollten der Zustimmung der Gesellschafterversammlung bedürfen.

5. Geschäftsverkehr

Darf eine UG im Geschäftsverkehr als GmbH auftreten?
Nein! Die UG ist zwar rechtlich eine GmbH, sie darf sich aber im Geschäftsverkehr nicht als solche bezeichnen.

Stattdessen muss sie den **Zusatz „Unternehmergesellschaft (haftungsbeschränkt)"** oder alternativ den **Zusatz „UG (haftungsbeschränkt)"** führen.

Auch die **Abkürzung des Klammerzusatzes ist nicht zulässig.**

Diese Regelung soll dem **Schutz möglicher Geschäftspartner** dienen. So soll nach außen erkennbar sein, dass es sich um eine Variante der GmbH handelt, die mit weniger als EUR 25.000 Stammkapital gegründet wurde.

Welche Rechtsfolgen kann das unberechtigte Abkürzen oder Weglassen des Klammerzusatzes „haftungsbeschränkt" nach sich ziehen?
Grundsätzlich haftet bei der Unternehmergesellschaft (haftungsbeschränkt) entsprechend §13 Absatz 2 GmbHG nur die Gesellschaft selbst mit ihrem Vermögen, nicht jedoch die Gesellschafter.

Das **Abkürzen** oder **Weglassen** des **Klammerzusatzes** "haftungsbeschränkt" könnte nun als **Täuschung** im Rahmen des Rechtsverkehrs aufgefasst werden, da dem Geschäftspartner in diesem Falle nicht ersichtlich wäre, dass er es mit einer "**Mini-GmbH**" ohne nennenswertes Stammkapital zu tun hat.

Der Geschäftspartner sei somit nicht in der Lage, eine Risikoeinschätzung dahingehend vorzunehmen, ob er unter diesen Umständen tatsächlich einen Vertrag mit der Unternehmergesellschaft abschließen möchte.

In der Literatur wurde in der Vergangenheit mehrfach diskutiert, ob damit eine sogenannte **Rechtsscheinhaftung** des Vertreters in Betracht kommen könnte, worauf hier allerdings nicht eingegangen werden soll.

Welche Rechtsfolgen kann die unberechtigte Bezeichnung der UG (haftungsbeschränkt) als GmbH nach sich ziehen?
Meiner Meinung nach hat der **Bundesgerichtshof** zu diesem Thema mit Urteil vom 12. Juni 2011 (BGH, Urteil vom 12. Juni 2012 – II ZR 256/11) eine **richtungsweisende Entscheidung** gefällt, die ich wie folgt zusammenfassen möchte:

Wird die Unternehmergesellschaft im Rechtsverkehr als „GmbH" bezeichnet, so wird dadurch der irreführende Eindruck erweckt, dass es sich um eine GmbH mit entsprechendem Stammkapital handle. Für den **Gläubigerschutz** ist es allerdings unverzichtbar, dass die Gläubiger auch wissen, dass sie tatsächlich mit einer Gesellschaft zu tun haben, die mit einem *(vermutlich eher)* geringen Kapital ausgestattet ist.

In einem derartigen Fall bejahte der BGH eine **persönliche Außenhaftung des Geschäftsführers** der Unternehmergesellschaft für die Verbindlichkeiten seiner Gesellschaft.

Anspruchsgrundlage sei dabei die **Rechtsscheinhaftung** analog §179 Absatz 1 BGB.

Der BGH ließ allerdings offen, bis zu welcher **Höhe** der Geschäftsführer nun haftet. Meiner Auffassung nach macht es in solchen Fällen Sinn, die Haftung auf die **Differenz zwischen** dem **tatsächlichen Stammkapital der UG (haftungsbeschränkt) und dem Mindeststammkapital einer GmbH** zu beschränken. Es wird ja durch die Bezeichnung der UG als GmbH das Vorhandensein eines Mindestkapitals von EUR 25.000 suggeriert und der Rechtsverkehr genau darüber getäuscht. Die Haftung ist deshalb in einem solchen Fall auf den **Differenzbetrag** zwischen dem tatsächlichen und dem Mindeststammkapital gerichtet, da ein über diesen Betrag hinausgehendes Vertrauen nicht veranlasst wurde.

Welche **Schlussfolgerungen** sollten UG-Vertreter daraus ziehen? Bitte achten Sie sorgfältig darauf, dass ihre UG im Rechtsverkehr stets mit den Rechtsformzusätzen "Unternehmergesellschaft (haftungsbeschränkt)" oder "UG (haftungsbeschränkt)" auftritt. Diese gesetzliche Vorgabe ist exakt und buchstabentreu einzuhalten, z.B. dürfen Sie keine Visitenkarten ohne obigen Rechtsformzusatz verwenden.

Ist das Geschäftsjahr der UG zwingend das Kalenderjahr?
Nein! Bei der Unternehmergesellschaft kann bereits bei Gründung der Zeitraum des Geschäftsjahres gewählt werden.

Gemäß §8 Absatz 1 KStG und §8b EStDV gilt grundsätzlich: Das Wirtschaftsjahr umfasst einen Zeitraum von zwölf Monaten.

Zur **Auswahl** stehen:

- **Geschäftsjahr identisch mit dem Kalenderjahr,**

- **Geschäftsjahr abweichend vom Kalenderjahr** (*„abweichendes Wirtschaftsjahr"*),

- **Rumpf-Wirtschaftsjahr.**

In der Praxis dürfte dieser Gestaltungsspielraum jedoch ausgehebelt sein, da die Verwendung des **Muster-Gründungsprotokolls keine Möglichkeit** zur Festlegung eines **abweichenden Geschäftsjahres** bietet.

Nur im Rahmen **der individuellen Satzung kann** durch entsprechende Formulierung **beliebig vom Kalenderjahr abgewichen werden.**

Wann kann die Festlegung eines abweichenden Wirtschaftsjahres anstelle des Kalenderjahres Sinn machen?
Insbesondere bei Unternehmergesellschaften, deren Geschäftstätigkeit **großen saisonalen Schwankungen** unterliegt, kann die Festlegung eines abweichenden Wirtschaftsjahres sinnvoll sein.

Als Beispiele seien hier Unternehmen aus den Bereichen Mode-, Textil-, Schuh, Tourismus etc. angeführt. Insbesondere Bekleidungs- und Schuhfabriken unterliegen stark schwankenden Kapazitätsauslastungen.

So fertigt eine Schuhfabrik bspw. bereits im Herbst 2016 die Frühjahr-/ Sommerkollektion 2017 an. Bis zum 31. Dezember 2016 liegen dann

Tausende Paar Schuhe auf Lager (die ja im Rahmen der Inventur zum 31.12.2016 gezählt werden müssen). Erst im Januar 2017 kann die Schuhfabrik damit beginnen, ihre Schuhe an die Schuhfachgeschäfte ausliefern. In diesem Fall könnte ich mir recht plausibel die Festlegung eines abweichenden Wirtschaftsjahres vorstellen.

Achtung: Die Umstellung des Wirtschaftsjahrs auf einen vom Kalenderjahr abweichenden Zeitraum ist steuerrechtlich nur dann wirksam, wenn sie **im Einvernehmen mit dem** für die UG (haftungsbeschränkt) zuständigen **Finanzamt** erfolgt (§4a Absatz 1 Nr. 2 Satz 2 EStG, §8b EStDV, §7 Absatz 4 Satz 3 KStG). Sind bei Ihrer Begründung keine relevanten betriebswirtschaftlichen Gründe für die Umstellung gegeben, so kann das Finanzamt seine Zustimmung verweigern.

Welche **Gründe** sprechen nun im Detail für ein abweichendes Wirtschaftsjahr?

- Bei **saisonalen Betrieben** (Eisdielen, Baugewerbe) kann es sinnvoll sein, den Jahresabschluss und die damit einhergehenden administrativen Arbeiten in Zeiten zu erledigen, in denen die Kapazitäten kaum ausgelastet sind.

- Im Rahmen eines **Konzerns** kann *(und sollte!)* durch die Umstellung der Geschäftjahre von Tochtergesellschaften eine Vereinheitlichung des Bilanzstichtags erreicht werden.

- Die Umstellung des Geschäftsjahres kann – siehe unser Beispiel – zudem zur **Inventurerleichterung** beitragen, wenn ein Bilanzstichtag gewählt wird, an dem der **Lager- und Vorratsbestand** entsprechend **niedrig** ist.

- Auch **steuerliche Gründe** können eine Rolle spielen.

Im Gesellschaftsvertrag könnte ein abweichendes Wirtschaftsjahr wie folgt **ausformuliert** werden:

„Das Geschäftsjahr beginnt mit dem ... und endet mit dem ..."

Welche Pflichtangaben sind auf Geschäftsbriefen der UG zu machen?

Auf allen Geschäftsbriefen – auch auf Bestell- und Lieferscheinen, Rechnungen, Quittungen u.ä. – sind gemäß §35a GmbHG die vollständige Firma (wie im Handelsregister eingetragen), die Rechtsformbezeichnung „Unternehmergesellschaft" oder „UG" mit dem Klammerzusatz „(haftungsbeschränkt)", der Sitz der Gesellschaft, das Registergericht, die Handelsregisternummer sowie alle Geschäftsführer anzugeben. Letztere sind mit Familiennamen und mindestens einem ausgeschriebenen Vornamen zu benennen.

Unbedingt zu beachten: Der Klammerzusatz „(haftungsbeschränkt)" darf nicht abgekürzt werden.

Sofern die Gesellschaft einen Aufsichtsrat (Beirat) gebildet und dieser einen Vorsitzenden hat, ist zusätzlich der Vorsitzende des Aufsichtsrates mit dem Familiennamen und mindestens einem ausgeschriebenen Vornamen anzugeben.

Das Stammkapital muss auf Geschäftsbriefen nach §35a Absatz 1 GmbHG nicht angegeben werden. Somit muss bei der UG (haftungsbeschränkt) das tatsächlich gewählte Stammkapital nicht ausgewiesen werden. *Hinweis: Wenn Sie jedoch unbedingt das Kapital der Unternehmergesellschaft angeben wollen, so müssen Sie das Stammkapital angeben (§35a Absatz 1 GmbHG).*

188

Befindet sich eine UG noch im Gründungsstadium (d.h. der Gesellschaftsvertrag ist abgeschlossen, aber die Handelsregistereintragung steht noch aus), so muss darauf hingewiesen werden. Dies geschieht durch den Zusatz „in Gründung" bzw. „i. G." bzw. „i. Gr.". In diesen Fällen ist noch keine Handelsregisternummer vorhanden, die ansonsten zwingend anzugeben wäre.

Befindet sich eine UG in der Liquidation, so muss darauf hingewiesen werden (z. B. durch den Zusatz „in Liquidation" bzw. „i. L."). An Stelle der Geschäftsführer treten in diesem Fall die sog. Liquidatoren. Alle Liquidatoren müssen benannt werden.

Werden Rechnungen *(und Gutschriften!)* ausgestellt, so ist zu beachten, dass gemäß §14 UStG über das oben genannte hinaus weitere Pflichtangaben enthalten sein müssen. So ist entweder die vom Finanzamt erteilte Steuernummer oder die vom Bundesamt für Finanzen erteilte Umsatzsteuer-Identifikationsnummer anzugeben *(ab voraussichtlich 2021 übrigens auch die Wirtschafts-Identifikationsnummer)*. Dabei ist es nicht erforderlich, dass die Steuernummer um zusätzliche Angaben (z. B. den Namen des Finanzamtes) ergänzt wird.

Falls eine UG zur Vereinfachung nicht zwei verschiedene Briefformate benutzen möchte, so kann sie die vorgenannten Angaben auch auf allen Geschäftsbriefen angeben.

Praxistipp:

Ich empfehle, statt der Steuernummer durchgehend die Umsatzsteuer-Identifikationsnummer zu verwenden.

Ein abschließender Hinweis: Warten Sie bitte mit dem Druck der Geschäftsbriefe bis die Eintragung im Handelsregister erfolgt ist. Erst dann besteht endgültige Gewissheit über die Zulässigkeit der gewählten Firmenbezeichnung und dann ist auch die Handelsregisternummer bekannt.

Welche Konsequenzen drohen bei fehlerhaften/unvollständigen Angaben auf Geschäftsbriefen?

Fehlende bzw. unvollständige Pflichtangaben können verschiedene Rechtsfolgen nach sich ziehen: So kann zum einen das zuständige Registergericht gegen das betreffende Unternehmen Zwangsgelder in Höhe von bis zu EUR 5.000 verhängen, zum anderen können wettbewerbsrechtliche Auseinandersetzungen drohen.

Worin besteht das Hauptproblem der UG im Geschäftsverkehr?

Wie bereits angeführt ist die **Haftung** der Unternehmergesellschaft **auf das Gesellschaftsvermögen beschränkt**, das mindestens in Höhe des in der Satzung festgelegten Stammkapitals vorhanden sein muss. Gegenüber Gläubigern haftet die UG also in der Regel „nur" mit ihrem Gesellschaftsvermögen, während der/die Gesellschafter der UG nicht mit seinem/ihrem Privatvermögen haftet/haften.

Dies ist grundsätzlich für jeden von Vorteil, der sich beispielsweise vor einer privaten Inanspruchnahme oder gar Privatinsolvenz durch seine gewerbliche Tätigkeit schützen möchte.

Gerade diese **Haftungsbeschränkung** ist allerdings auch der **Hauptgrund dafür, dass etliche Geschäftspartner eine Zusammenarbeit mit einer derartig kleinen Gesellschaft kritisch betrachten** oder ganz ablehnen.

Wer als Lieferant zum Beispiel Waren im Wert von EUR 7.500 an eine Gesellschaft liefert, geht in der Praxis bei einer Unternehmergesellschaft (haftungsbeschränkt) das Risiko ein, kein Geld zu erhalten, wenn die UG als Vertragspartner lediglich über ein Gesellschaftsvermögen von beispielsweise EUR 500 verfügt. Die Folge dürfte sein, dass Lieferanten der UG wegen des geringeren Haftungskapitals schlechtere Zahlungskonditionen einräumen bzw. eine UG nur „gegen Vorkasse" beliefern.

De facto ist die **Kreditwürdigkeit** einer UG (haftungsbeschränkt) – bspw. gegenüber Personengesellschaften vergleichbarer Größenkategorie – **als geringer einzuschätzen.** Insbesondere Banken werden von den Gesellschaftern der Unternehmergesellschaft zusätzliche *(evtl. private)* Sicherheiten oder Bürgschaften einfordern, bevor sie dazu bereit sind, Darlehen an eine Unternehmergesellschaft zu vergeben.

Fallen für die UG (haftungsbeschränkt) IHK-Beiträge an?
Ja! Die gesetzlichen Vorschriften sehen für alle in einem bestimmten IHK-Bezirk ansässigen Gewerbetreibenden eine Pflichtmitgliedschaft vor – unabhängig davon, ob es sich um ein größeres Unternehmen oder lediglich um eine nebenberufliche Tätigkeit handelt. So unterliegen alle Gewerbetreibenden, die zur

Gewerbesteuer veranlagt sind, der Zwangsmitgliedschaft ihrer ansässigen IHK. Freiberufler unterliegen nicht der Gewerbesteuer und somit auch nicht der Pflichtmitgliedschaft in der IHK. Sie fallen vielmehr unter die Beitragspflicht ihrer berufsspezifischen Kammern.

Die als existenzgründerfreundliche Sonderform der herkömmlichen GmbH eingeführte Unternehmergesellschaft (haftungsbeschränkt) ist (leider) bereits wegen ihrer Rechtsform objektiv gewerbesteuerpflichtig und damit beitragspflichtig. Die Gesellschaft gilt als Handelsgesellschaft im Sinne des Handelsgesetzbuchs und ist im Handelsregister einzutragen.

Bei Kapitalgesellschaften wie bspw. der UG (haftungsbeschränkt), der GmbH etc. beginnt die IHK-Zugehörigkeit mit der Eintragung in das Handelsregister. Sie endet jedoch nicht bereits mit der Aufgabe der gewerblichen Betätigung, sondern erst mit der Löschung der Gesellschaft im Handelsregister bzw. dem Zeitpunkt, an dem das Vermögen an die Gesellschafter verteilt worden ist.

Inzwischen liegen erste Urteile (VG Hannover vom 7. Mai 2013, Az. 11 A 2436/11) vor, die bestätigen, dass die Unternehmergesellschaft (haftungsbeschränkt) der Beitragspflicht zur IHK unterliegt, sobald die UG zur Gewerbesteuer veranlagt wird. Leider fällt die UG auch nicht unter bestimmte Ausnahmetatbestände, auf die hier nicht näher eingegangen werden soll.

Die IHK-Beitragszahlung ist verpflichtend, kann jedoch gestaffelt werden. Der Mitgliedsbeitrag besteht üblicherweise aus dem sogenannten Grundbeitrag, der gestaffelt werden kann, sowie einer Umlage auf der Basis des vom Finanzamt festgestellten Gewerbeertrags nach dem Gewerbesteuergesetz (bedeutet, auf Basis der Leistungsfähigkeit). Erwirtschaftet die UG keinen Gewinn, so wird im Normalfall ausschließlich der Grundbetrag erhoben, der regional von IHK zu IHK unterschiedlich ist.

In dem oben zitierten Urteil entschied das Gericht zudem, dass die IHK in Ausübung ihres Ermessens nicht verpflichtet ist, bei im Handelsregister eingetragenen Unternehmen (wie der UG), eine beitragsfreie Untergrenze für eine Umsatzstaffel zu bestimmen. Das heißt, die IHK braucht keinen speziellen Grundbeitrag für diese Gesellschaften festzulegen. Sie kann sogar in Kauf nehmen, dass die im Handelsregister eingetragenen Unternehmen beitragspflichtig sind, wenn diese (noch) Verluste erzielen bzw. keinen Gewinn machen.

Übrigens: Das Bundesverfassungsgericht hat inzwischen mit Beschluss vom 12. Juli 2017 *(grundsätzlich und nicht nur auf UGs bezogen)* entschieden, dass die gesetzlich vorgeschriebene Mitgliedschaft und die damit verbunden Pflichtbeiträge mit dem Grundgesetz vereinbar seien (1 BvR 2222/12, 1 BvR 1106/13).

Worum handelt es sich beim „kaufmännischen Bestätigungsschreiben" und was hat es damit im Geschäftsverkehr auf sich?

Beim „kaufmännischen Bestätigungsschreiben" handelt es sich um eine Bestätigung, durch die der Absender dem Empfänger – also bspw. unserer Unternehmergesellschaft – den Inhalt eines **angeblich** zuvor geschlossenen Vertrages mitteilt. Dadurch soll der vertraglich bereits ausgehandelte bzw. vereinbarte Inhalt nochmals zusammengefasst werden. Dabei ist das „kaufmännische Bestätigungsschreiben" an keine besondere Form gebunden. So kann es bspw. auch per Fax ins Haus unserer Unternehmergesellschaft „segeln".

Weshalb eine solche Handhabung mit einem „kaufmännischen Bestätigungsschreiben"? Das „kaufmännische Bestätigungsschreiben" ist für Fälle sinnvoll, in denen umfangreiche Verträge bspw. nur mündlich geschlossen wurden. Es dient dazu, Unklarheiten, Rechtsunsicherheiten und Fehler zu beseitigen.

Das „kaufmännische Bestätigungsschreiben" gilt im Geschäftsverkehr nur zwischen Unternehmern im Sinne des §14 BGB bzw. „Kaufleuten" *(stark vereinfacht dargestellt und auch nicht ganz genau, aber für Unternehmergesellschaften ausreichend)*. Da unsere Unternehmergesellschaft (haftungsbeschränkt) ein derartiger Unternehmer im Sinne des bürgerlichen Rechts (BGB) und auch Kaufmann im Sinne des Handelsrechts (HGB) ist, sollten wir als Vertreter einer Unternehmergesellschaft bei Erhalt eines „kaufmännischen Bestätigungsschreibens" besonders aufmerksam sein.

Eine wichtige Voraussetzung im Rahmen des „kaufmännischen Bestätigungsschreibens" besteht darin, dass vor dem Versand dieses Schreibens tatsächlich Vertragsverhandlungen o.ä. zwischen den beiden Parteien stattgefunden haben, die im Rahmen eines **Klarstellungsbedürfnisses** durch das Schreiben „bestätigt" werden (sollen). Auf einen Vertragsabschluss kommt es dabei nicht an.

Das „kaufmännische Bestätigungsschreiben" ist von der reinen

Auftragsbestätigung abzugrenzen, die die Annahme eines Angebotes darstellt.

Das „kaufmännische Bestätigungsschreiben" muss auch „alsbald" nach Vertragsschluss abgeschickt worden sein.

Achtung: Widerruft der Empfänger das „kaufmännische Bestätigungsschreiben" **nicht binnen 2 bis 5 Tagen nach Zugang,** so ist im Regelfall ein Vertrag zwischen den Parteien entsprechend dem Inhalt des „kaufmännischen Bestätigungsschreibens" zustande gekommen.

Auf die Schutzbedürftigkeit bzw. das Nichtzustandekommen wegen bspw. Unredlichkeit soll hier nicht eingegangen werden.

Fazit: Abweichend von den *(meisten)* für Privatpersonen geltenden zivilrechtlichen Regelungen kann in diesem Falle **Schweigen** im Rechtsverkehr bestimmte Rechtswirkungen nach sich ziehen *(Vertragsschluss trotz Schweigens).*

Handlungsempfehlung: Da das „kaufmännische Bestätigungsschreiben" ein im Geschäftsverkehr üblicher und nicht kodifizierter Handelsbrauch ist, sollten Sie als Vertreter einer Unternehmergesellschaft (haftungsbeschränkt) bei Zugang eines „kaufmännischen Bestätigungsschreibens" unbedingt innerhalb von zwei Tagen (in der Praxis so schnell wie möglich) widersprechen, falls Sie mit dessen Inhalt nicht einverstanden sind.

Ansonsten könnte Ihr Schweigen im Geschäftsverkehr die unangenehme Folge haben, dass sie dessen Inhalt gegen sich gelten lassen müssen. Also: Soll vermieden werden, dass ein Rechtsgeschäft mit dem Inhalt des Schreibens zustande kommt, muss die Unternehmergesellschaft unverzüglich widersprechen.

Vorsicht „Fake": Haben Sie Rechnungen von Absendern erhalten, die Sie gar nicht kennen?

In beinahe regelmäßig wiederkehrendem Turnus erhalten wir für unsere Unternehmergesellschaft (haftungsbeschränkt) **per Briefpost** täuschend echt aussehende Rechnungen von Absendern, die wir nicht kennen und zu denen wir in keinem geschäftlichen Verhältnis stehen. Sogar die Ansprechpersonen unserer Firma sind korrekt genannt.

Dabei ist die Masche oftmals die gleiche: **Deutsche** *(und inzwischen auch internationale)* **Geschäftemacher versenden eine scheinbare Rechnung und hoffen darauf, dass vorschnell eine Überweisung vorgenommen wird.**

Dies sollten UG-Verantwortliche aber keinesfalls tun, denn **die angebliche Rechnung ist gar keine Rechnung, sondern lediglich eine Offerte – also ein Angebot.** Letzteres ist allerdings oftmals nur im „Kleingedruckten" unter Einsatz einer sehr guten Lesebrille zu erkennen – häufig sogar erst auf der **Rückseite** der scheinbaren Rechnung. Dort ist dann niedergeschrieben, dass der Rechnungsempfänger das Angebot durch seine Überweisung annimmt.

Handelt es sich hier um einen Betrugsversuch?

- Die Beantwortung dieser Frage sollte Juristen überlassen werden. Ich vermute jedoch, die Versender derartiger „Rechnungen" werden sich auf das Kleingedruckte berufen und dort findet sich dann vermutlich ein Passus, nach dem es sich um ein preislich klar ausgewiesenes Angebot handele.

Wie kommen die Firmen an Ihre Datensätze?

- Da die Unternehmergesellschaft im Handelsregister eingetragen ist, können die Versender Ihre Daten bequem über das Unternehmensregister abrufen.

- Betreibt Ihre UG (haftungsbeschränkt) eine Website, so werden die Daten aus dem Impressum entnommen.

Wie können Sie sich vor dieser Masche schützen?

- In einem ersten Schritt sollten Sie überprüfen, ob der Rechnung eine **Bestellung aus Ihrem Haus** vorangegangen ist und **welcher Ihrer Mitarbeiter** die Bestellung veranlasst hat.

- Des Weiteren sollten Sie kontrollieren, ob zu dieser Rechnung ein **Lieferschein** eingegangen ist. So können Sie ausschließen, dass Rechnungen ohne gelieferte Ware bezahlt werden.

- Gibt der Versender **echte Adress- und Kontaktdaten** an? Bei einigen der uns zugegangenen Rechnungen fehlte die Anschrift des Versenders.

- Abschließend **„googeln"** Sie bitte kurz Absender, Rechnungsnummer und Vorgang. Oftmals finden sich dann in Foren schon Warnhinweise anderer Empfänger.

- Grundsätzlich: Wenn mehrere Personen in Ihrer Unternehmergesellschaft tätig sind, sollten Sie ein 4-Augen-Prinzip der Rechnungsprüfung einrichten. Ich empfehle, die **sachliche Rechnungsprüfung strikt von der rechnerischen Rechnungsprüfung** – mit anschließender Überweisung – zu

trennen. Erst wenn die Handzeichen beider Mitarbeiter auf Ihrer Rechnung sind, würde ich die Rechnung überweisen. Letzteres wird bei derartigen „Fake"-Rechnungen natürlich niemals der Fall sein, da kein sachlicher Vorgang – d.h. keine Leistungserbringung – erfolgt ist.

Zwischenzeitlich haben wir nicht nur deutsche „Fake"-Rechnungen erhalten, sondern sogar englischsprachige „Fakes" aus Montenegro.

Abschließend: Ich würde die ignorierte Rechnung aufbewahren und nicht gleich entsorgen. Manchmal folgen nämlich tatsächlich noch weitere „Erinnerungen", die jedoch wiederum nur Angebote sind. Segelt stattdessen dreister Weise eine Mahnung ins Haus, so können Sie dem Absender gegenüber schriftlich erklären, dass Sie keine Lieferung oder sonstige Leistung erhalten haben. In den meisten Fällen folgt dem ersten Schreiben aber gar keine weitere Nachricht, geschweige denn Mahnung.

6. Buchführung und Jahresabschluss

Wie erfolgt die Gewinnermittlung der UG (haftungsbeschränkt)?
Grundsätzlich werden in Deutschland zwei Arten der Gewinnermittlung unterschieden: Der sogenannte **Betriebsvermögensvergleich ("doppelte Buchführung")** und die **Einnahmen-Überschuss-Rechnung (EÜR) nach §4 Absatz 3 EStG.** Letztere entstammt einer steuerlichen Vorschrift.

„Leider" fällt die **Unternehmergesellschaft als Kapitalgesellschaft** formal in den Bereich des **Betriebsvermögensvergleichs.** Für Details siehe bitte §238 Handelsgesetzbuch (HGB) sowie §140 Abgabenordnung (AO).

In diesem Fall werden über eine **doppelte Buchführung Bilanz** und **Gewinn- und Verlustrechnung ("GuV")** erzeugt, die dann in den sogenannten **Jahresabschluss** überführt werden.

Ich schrieb eben „leider", da der Aufwand zur Erstellung von Buchführung und Bilanz deutlich höher ist als der Aufwand zur Erstellung einer Einnahmen-Überschuss-Rechnung. Anders: Sind Sie im Bereich der doppelten Buchführung nicht firm, so sollten Sie einen Steuerberater konsultieren.

Übrigens: Freiberufler können ihren Gewinn durch Einnahmen-Überschuss-Rechnung (EÜR) ermitteln. Wählen Freiberufler jedoch eine Unternehmergesellschaft (haftungsbeschränkt) für ihre Tätigkeit, so müssen auch diese formal die o.g. doppelte Buchführung erstellen. Die EÜR ist dann nämlich nicht mehr erlaubt. Bitte bedenken Sie dies bereits bei Planung Ihres Gründungsvorhabens.

Der handelsrechtliche Gewinn der UG (haftungsbeschränkt) ist also zwingend durch Betriebsvermögensvergleich – das heißt Bilanzierung – zu ermitteln (§4 Absatz 1 EStG in Verbindung mit §5 EStG).

Beim Betriebsvermögensvergleich einer Kapitalgesellschaft, die die Unternehmergesellschaft nun einmal ist, wird dabei das Eigenkapital am Ende eines Wirtschaftsjahres mit dem Eigenkapital zu Beginn des Wirtschaftsjahres verglichen. *Am Rande: Als Betriebsvermögen im Sinne des Einkommensteuergesetzes versteht man – grob gesagt – das Reinvermögen, also das Eigenkapital, eines Unternehmens. Es lässt sich aus der Summe aller Aktiv-Posten (Anlagevermögen + Umlaufvermögen) abzüglich der Verbindlichkeiten (Schulden und Rückstellungen) ermitteln.*

Betriebsvermögen = Eigenkapital = Reinvermögen
Anlagevermögen
+ Umlaufvermögen
- Verbindlichkeiten

Die Differenz wird dann um die Entnahmen (Verdeckte Gewinnausschüttung) erhöht und um die Einlagen gemindert. Aber gleich vorweg (Details folgen später): **Bei UG und GmbH können natürlich keine Privatentnahmen und/oder Privateinlagen vorkommen!**

Umgangssprachlich wird von „doppelter Buchführung" gesprochen, da gleichzeitig immer 2 Konten bebucht werden und deshalb der Gewinn bzw. Verlust zusätzlich aus der Gewinn- und Verlustrechnung hervorgeht.

Betriebsvermögensvergleich nach §4 Absatz 1 EStG und §5 EStG
Eigenkapital am Ende des Wirtschaftsjahres
- Eigenkapital am Anfang des Wirtschaftsjahres
+ Privatentnahmen
- Privateinlagen
Gewinn bzw. Verlust

Gewinn- und Verlustrechnung
Erträge
- Aufwendungen
Gewinn bzw. Verlust

Welche Buchungen sind im Rahmen der Erstellung der Eröffnungsbilanz der UG (haftungsbeschränkt) zu tätigen?

Zunächst: Die Erstellung einer Eröffnungsbilanz ist grundsätzlich in §242 Absatz 1 Handelsgesetzbuch (HGB) vorgeschrieben. Aber wer fragt in der Praxis als Erster danach? Das liebe Finanzamt...

Ausgangsüberlegungen: Wir unterstellen, dass laut Gesellschaftsvertrag/ Musterprotokoll die Gesellschaft die Kosten der Gründung bis zu einer Höhe von EUR 300 übernimmt. <u>Wir</u>

unterstellen ferner, dass erst zwei/ drei Tage nach dem Notartermin das Firmenkonto der UG eröffnet und die Überweisung des Stammkapitals eingegangen ist. Beide Unterstellungen bilden den Normalfall der UG-Gründung ab.

Im Kopf der Eröffnungsbilanz muss der Name bzw. die Firma des Unternehmens nebst Zusatz UG (haftungsbeschränkt), das Datum sowie meines Erachtens auch die Namen des Geschäftsführers und der Gesellschafter aufgeführt werden.

Die eigentliche Bilanzierung ist in Aktiv- und Passiv-Posten unterteilt. Dies gilt analog zu einer „gewöhnlichen" Jahresabschlussbilanz.

Der erste Buchungssatz lautet <u>vereinfacht</u> wie folgt:

„Ausstehende Einlagen, eingefordert" an „Stammkapital"

Das wäre die eigentliche Buchung zur Erstellung der Eröffnungsbilanz, die dann wie folgt aussehen könnte:

Eröffnungsbilanz

... - Unternehmergesellschaft (haftungsbeschränkt)

Anschrift

zum xx.xx.xxxx

Aktiva	Passiva
A. Ausstehende Einlagen auf das gezeichnete Kapital, eingefordert 300,00	A. Eigenkapital Gezeichnetes Kapital 300,00
Bilanzsumme: 300,00	**Bilanzsumme: 300,00**

Der obige Buchungssatz ist sinngemäß korrekt, wir schalten allerdings in der Praxis ein sog. Saldenvortragskonto dazwischen:

„Saldenvortrag" an „Stammkapital"

„Ausstehende Einlagen, eingefordert" an „Saldenvortrag"

Bei späterem Zahlungseingang der Stammeinlage auf dem Firmenkonto bucht man dann:

„Bank" an „ausstehende Einlagen, eingefordert"

Ein Tipp für „Buchhaltungsprofis":

Meines Erachtens spricht nichts dagegen, wenn Notar- und Gerichtskosten (so noch keine Rechnung vorliegt) überschlägig als Rückstellung in der Eröffnungsbilanz berücksichtigt werden:

> **„Rechts- und Beratungskosten (Aufwandskonto)"**
>
> **an**
>
> **„Sonstige Rückstellungen"**

Können bei der UG (haftungsbeschränkt) Privatentnahmen und -einlagen vorgenommen werden?

Da es sich bei der UG (haftungsbeschränkt) formal um eine Kapitalgesellschaft handelt, sind – ebenso wie bei der GmbH – Privatentnahmen und -einlagen nicht möglich. Der Geschäftsführer erhält ein Gehalt, der Gesellschafter eventuell Gewinnausschüttungen, insofern Gewinne erwirtschaftet werden.

Privatentnahmen und Privateinlagen können hingegen nicht vorkommen.

Aus welchen Bestandteilen setzt sich der Jahresabschluss der UG (haftungsbeschränkt) zusammen?

Gemäß §242 Absatz 3 HGB bilden bei jedem Kaufmann die Bilanz und die Gewinn- und Verlustrechnung den Jahresabschluss.

Kapitalgesellschaften wie die Unternehmergesellschaft (haftungsbeschränkt) müssen den Jahresabschluss gemäß §264 Absatz 1 Satz 1 HGB um einen Anhang (§§ 284 ff. HGB) erweitern.

Der Jahresabschluss der UG besteht also grundsätzlich aus

- **Bilanz,**

- **Gewinn- und Verlustrechnung** und

- **Anhang.**

In einem derartigen Fall wird auch von einem **„erweiterten Jahresabschluss"** gesprochen.

Bestandteile je nach Unternehmensgröße

Die nachfolgenden Ausführungen sind von der **Unternehmensgröße** der Unternehmergesellschaft abhängig. Die zugrundeliegenden Größenkriterien erläutere ich an anderer Stelle ausführlich, für einen ersten Überblick siehe bitte §§267, 267a HGB.

Mit Einführung des Kleinstkapitalgesellschaften-Bilanzrechtsänderungsgesetz (MicroBilG) wurden Vereinfachungen bei der Erstellung des Jahresabschlusses u.a. für kleinste Unternehmergesellschaften kodifiziert.

Hier nur ganz kurz: Kleinstkapitalgesellschaften sind gemäß §267a Absatz 1 HGB Kapitalgesellschaften, bei denen am Schluss von zwei aufeinanderfolgenden Geschäftsjahren mindestens zwei der drei folgenden Größenkriterien nicht überschritten werden:

1. EUR 350.000 Bilanzsumme;

2. EUR 700.000 Umsatzerlöse in den zwölf Monaten vor dem Abschlussstichtag;

3. im Jahresdurchschnitt zehn Arbeitnehmer.

Kleinstkapitalgesellschaften müssen keinen Anhang erstellen, wenn bestimmte Angaben unter der Bilanz ausgewiesen werden. Dies sind zum Beispiel:

- Angaben zu den Haftungsverhältnissen nach §§251, 268 Absatz 7 HGB,

- Angaben zu gewährten Krediten und Vorschüssen an Mitglieder des Geschäftsführungsorgans, Aufsichtsrats, Beirats oder einer ähnlichen Einrichtung und die zugunsten dieser Personen eingegangenen Haftungsverhältnisse.

Zu beachten ist, dass der Verzicht auf die Erstellung eines Anhangs gemäß §264 Abs. 2 HGB unter der Voraussetzung steht, dass der Jahresabschluss trotzdem **ein den tatsächlichen Verhältnissen entsprechendes Verhältnis der Vermögens-, Finanz- und Ertragslage der UG (haftungsbeschränkt) vermittelt.**

Am Rande: Der Verzicht auf die Aufstellung eines Anhangs kann zu einem **Satzungsverstoß** führen, **wenn in der Satzung** der Unternehmergesellschaft explizit **die Aufstellung eines Anhangs gefordert wird.**

Kapitalgesellschaften, die keine kleinen im Sinne des §267 Absatz 1 HGB sind, haben weitere Pflichten: Sie müssen zusätzlich einen sogenannten **Lagebericht** aufstellen (§264 Absatz 1 Satz 1 in Verbindung mit Satz 4 HGB). Dies betrifft folglich **mittelgroße und große Unternehmergesellschaften.**

Der Lagebericht ist aber kein formaler Bestandteil des Jahresabschlusses, sondern ein eigenes Instrument der Berichterstattung – auch, wenn dies in der Literatur irrtümlich oftmals anders dargestellt wird.

Nachfolgend eine Einführung für absolute Neulinge: Worum handelt es sich bei der Bilanz und wie ist sie aufgebaut?

Wie bereits an anderer Stelle ausführlich dargestellt, besteht der Jahresabschluss einer Unternehmergesellschaft (haftungsbeschränkt) im Regelfall aus

· Bilanz,

· Gewinn- und Verlustrechnung und

· Anhang.

Auf – je nach Größe gegebene – Vereinfachungen oder Verpflichtungen soll an dieser Stelle nicht eingegangen werden.

Die Bilanz ist ein Bestandteil des Jahresabschlusses. Rechtsgrundlage §242 Absatz 1 HGB ist. Nachfolgend soll die Bilanz näher betrachtet werden.

De facto ist die Bilanz eine **Gegenüberstellung von Vermögen und Kapital** – und zwar **zu einem bestimmten Stichtag**, nämlich dem letzten Tag des Geschäftsjahres. Es handelt sich also um eine Stichtagsdarstellung, da die Werte am nächsten Tag schon wieder anders aussehen können, wenn es zwischenzeitlich Geschäftsvorfälle gegeben hat.

Die Bilanz besteht aus zwei Blöcken, die in Summe stets gleich groß sind: **Aktiva** und **Passiva**.

Das **Vermögen („Aktiva")** zeigt die in Geld bewerteten Vermögensgegenstände und stellt die konkrete Verwendung der eingesetzten finanziellen Mittel dar. Letztendlich wird gezeigt, **wie** das Kapital der Unternehmergesellschaft (haftungsbeschränkt) angelegt ist.

Die **Passivseite** informiert darüber, von wem das Unternehmen finanziert wurde. Passiva sind Zahlungsansprüche der Kapitalgeber an das Unternehmen – also der Gläubiger (Fremdkapital) und der Unternehmer *(Eigenkapital als Saldo zwischen Vermögen und Fremdkapital)*. Die Passivseite gibt also an, **woher** das Kapital der Unternehmergesellschaft (haftungsbeschränkt) stammt bzw. wer die Unternehmergesellschaft (haftungsbeschränkt) finanziert.

Bilanz

... - Unternehmergesellschaft (haftungsbeschränkt)

zum 31.12.20XX

Aktiva	Passiva
Vermögen	Kapital
zeigt Mittelverwendung	*zeigt Mittelherkunft*

Die Bilanz kann theoretisch entweder in Konto- oder in Staffelform aufgestellt werden. *Bei der obigen Abbildung handelt es sich um eine solche Kontoform, bei der die Aktiva und Passiva jeweils in einem zweispaltigen Schema dargestellt werden.* Gemäß §266 Absatz 1 HGB ist sogar nur die Kontoform für die Bilanz zulässig. Übrigens: Oft wird die Bilanz als kurz gefasste Übersicht des umfangreichen Inventars in Form eines T-Kontos bezeichnet.

Details – auch zu Größenerleichterungen – entnehmen Sie bitte §266 ff. HGB. Grundsätzlich haben große und mittelgroße Unternehmergesellschaften Bilanzposten detaillierter anzugeben als kleine oder Kleinst-Unternehmergesellschaften, die lediglich eine sogenannte verkürzte Bilanz aufzustellen brauchen.

Die **Aktiva** der Bilanz lassen sich grundsätzlich in zwei Blöcke aufteilen, namentlich das Anlagevermögen und das Umlaufvermögen. Dabei enthält das Anlagevermögen alle Gegenstände, die dauerhaft in der Unternehmergesellschaft (haftungsbeschränkt) verbleiben. Als Beispiel können Sachanlagen wie Grundstücke und Maschinen genannt werden. Das Umlaufvermögen umfasst diejenigen Aktivposten, die nur kurzfristig in der Unternehmergesellschaft (haftungsbeschränkt) verbleiben. Das sind unter anderem Vorräte, Forderungen und flüssige Mittel wie beispielsweise Bank- oder Barguthaben. Die Aktiva werden nach zunehmender „Geldnähe" bzw. „Liquidität" sortiert.

Die **Passivseite** einer Unternehmergesellschaft (haftungsbeschränkt) setzt sich normalerweise aus dem Eigenkapital und dem Fremdkapital zusammen. Das Fremdkapital umfasst die Ansprüche der Gläubiger. Es wird in lang- und kurzfristig aufgeteilt. Der bzw. die Fremdkapitalgeber hat/haben natürlich Anspruch auf Zins- und Tilgungszahlungen. Einen bedeutenden Teil des Fremdkapitals machen die sogenannten Rückstellungen aus. Es handelt sich dabei um Verbindlichkeiten, die in ihrer Höhe und/oder ihrer Fälligkeit noch gar nicht genau feststehen.

Bilanz

... - Unternehmergesellschaft (haftungsbeschränkt)

zum 31.12.20XX

Aktiva	Passiva
Anlagevermögen	Eigenkapital
Umlaufvermögen	Fremdkapital *(Schulden)*

Das **Eigenkapital** einer Unternehmergesellschaft (haftungsbeschränkt) wird auf der Passiv-Seite der Bilanz angegeben.

Üblicherweise setzt es sich bei der Unternehmergesellschaft (haftungsbeschränkt) aus

- dem gezeichneten Kapital,

- der Kapitalrücklage,

- Gewinnrücklagen *(einbehaltene Gewinne früherer Jahre)*,

- Gewinn- bzw. Verlustvorträgen sowie dem

- Jahresüberschuss bzw. Jahresfehlbetrag

zusammen. Die Passiva werden nach abnehmender Fälligkeit bzw. Fristigkeit sortiert.

Sowohl auf der Aktiv- als auch auf der Passivseite können sogenannte Rechnungsabgrenzungsposten vorkommen. Sie dienen der korrekten Zuordnung von Aufwendungen und

Erträgen zu bestimmten Geschäftsjahren.

Bei einer Bilanz gelten immer die folgenden Zusammenhänge:

(Anlagevermögen + Umlaufvermögen) = (Eigenkapital + Fremdkapital)
(Vermögen – Fremdkapital) = Eigenkapital
(Vermögen – Eigenkapital) = Fremdkapital
Vermögen = Kapital

Welche beiden Kennzahlen, die sich aus der Bilanz herleiten lassen, geben Auskunft darüber, ob die Unternehmergesellschaft (haftungsbeschränkt) finanziell gesund ist?

Meines Erachtens sind die beiden wichtigsten Kennzahlen der sogenannte **Eigenfinanzierungsgrad** und der **Deckungsgrad**.

Der **Eigenfinanzierungsgrad** gibt an, zu welchem Anteil sich das Unternehmen mit eigenen Mitteln finanziert. Der Eigenfinanzierungsgrad ist also ein Zeichen für die Autonomie des Unternehmens. Der Wert wird berechnet, indem das Eigenkapital durch die Bilanzsumme geteilt wird, also:

$$\frac{\text{Eigenkapital} \cdot 100}{\text{Bilanzsumme}}$$

Als Richtwert: Der Eigenfinanzierungsgrad sollte zwischen 30 und 60 Prozent liegen.

Der **Deckungsgrad** zeigt an, ob das Unternehmen langfristig gebundenes Vermögen auch langfristig finanziert hat *(was*

211

unbedingt anzuraten ist). Er setzt sich aus der Summe aus Eigenkapital und Fremdkapital zusammen, die ins Verhältnis zum Anlagevermögen gesetzt wird:

$$\frac{\text{Eigenkapital} + \text{Fremdkapital}}{\text{Anlagevermögen}}$$

Das Resultat sollte unbedingt mehr als 1 betragen.

Natürlich gibt es zahlreiche Variationen und Verfeinerungen zu diesen beiden Berechnungsschemata.

Nachfolgend eine Einführung für absolute Neulinge: Worum handelt es sich bei der Gewinn- und Verlustrechnung („GuV") und wie ist sie grundsätzlich gegliedert?

Die Gewinn- und Verlustrechnung liefert die Antwort auf die Fragestellung, wieviel Gewinn die Unternehmergesellschaft denn nun im abgelaufenen Geschäftsjahr tatsächlich erwirtschaftet hat. Dabei wird in der Gewinn- und Verlustrechnung der Erfolg durch eine „Zeitraumberechnung" ermittelt – nämlich des Geschäftsjahres. Dieses beträgt im Regelfall 12 Monate, Ausnahmen gibt es gegebenenfalls bei Beginn oder Ende der Tätigkeit.

Zur Erinnerung *(wie oben bereits ausgeführt):* Im Gegensatz zur GuV stellt die Bilanz eine „Zeitpunktbetrachtung" auf einen Stichtag, den sogenannten Bilanzstichtag, dar.

Die Gliederung der GuV sieht dergestalt aus, dass von den Umsatzerlösen diverse Aufwendungen abgezogen werden. Am Ende verbleibt dann (hoffentlich) ein Jahresüberschuss, manchmal auch ein Jahresfehlbetrag. Details zu den einzelnen Posten entnehmen Sie bitte §275 HGB. Dort sind ausführliche Gliederungsschemata – je nach Rechtsform und Größenkategorie – dargestellt. An der dortigen Aufstellung sollten Sie sich bei Erstellung Ihrer GuV orientieren.

Nachfolgend ein exemplarischer Aufbau nach dem sog. Gesamtkostenverfahren:

Umsatzerlöse
+/-Erhöhung oder Verminderung des Bestands an fertigen und unfertigen Erzeugnissen
+ sonstige betriebliche Erträge
- Materialaufwand:
a) Aufwendungen für Roh-, Hilfs- und Betriebsstoffe und für bezogene Waren
b) Aufwendungen für bezogene Leistungen
- Personalaufwand:
a) Löhne und Gehälter
b) soziale Abgaben und Aufwendungen für Altersversorgung und für Unterstützung, davon für Altersversorgung
- Abschreibungen:
a) auf immaterielle Vermögensgegenstände des Anlagevermögens und Sachanlagen

b) auf Vermögensgegenstände des Umlaufvermögens, soweit diese die in der Kapitalgesellschaft üblichen Abschreibungen überschreiten
- sonstige betriebliche Aufwendungen
+ sonstige Zinsen und ähnliche Erträge,
- Zinsen und ähnliche Aufwendungen,
- Steuern vom Einkommen und vom Ertrag
= Ergebnis nach Steuern
- sonstige Steuern
= Jahresüberschuss oder Jahresfehlbetrag

Auch für die GuV gilt: Kleinst-Unternehmergesellschaften entsprechend §267a HGB können eine vereinfachte Staffelung in Anspruch nehmen, die wie folgt aussehen könnte:

Umsatzerlöse
+ Sonstige Erträge
– Materialaufwand
– Personalaufwand
– Abschreibungen
– Sonstige Aufwendungen
– Steuern

= Jahresüberschuss/Jahresfehlbetrag

Was gibt die Kennzahl „Umsatzrentabilität" an?
Diese Kennzahl zeigt, wie rentabel die UG (haftungsbeschränkt) ist. Letztendlich bringt sie zum Ausdruck, wie viel Prozent des Umsatzes der UG als Gewinn verbleiben. Die Umsatzrentabilität wird auch als „Umsatzrendite" bezeichnet. Sie ergibt sich aus der Beziehung des erzielten Gewinnes zu den Umsatzerlösen.

Formal berechnet sich die Umsatzrentabilität wie folgt:

$$\frac{\text{Jahresüberschuss} \cdot 100}{\text{Umsatz}}$$

Die Umsatzrendite gibt prozentual an, wieviel Gewinn mit einem Euro Umsatzerlös erzielt wurde. So bedeutet eine Umsatzrendite in Höhe von zehn Prozent, dass mit jedem umgesetzten Euro ein Gewinn in Höhe von zehn Cent erwirtschaftet wurde. Die Umsatzrendite (in Prozent) ist somit ein Maßstab dafür, wie profitabel die UG (haftungsbeschränkt) ist. Je höher diese Kennzahl, desto rentabler ist die UG. Sinkt der Wert hingegen, so sollten Maßnahmen ergriffen werden, um den Abwärtstrend zu stoppen.

Die Höhe der Umsatzrentabilität ist stark von der Branche abhängig. So weisen beispielsweise Software-Unternehmen oftmals hohe Umsatzrentabilitäten (um die 20%) aus, Einzelhandels- oder Maschinenbau-Unternehmen in der Regel deutlich geringere (bis zu 10%). Generell können Premium-Anbieter in ihrer jeweiligen Branche höhere Umsatzrenditen erzielen als Massenhersteller. Übrigens: Sofern der Kapitalumschlag hoch ist, können auch mit einer niedrigen Umsatzrentabilität durchaus hohe Kapitalrenditen erzielt werden.

Auch bezüglich der Berechnung der Umsatzrendite gibt es Variationen: So kann die Umsatzrendite bspw. vor Steuern oder nach Steuern berechnet werden. Ich empfehle, das ordentliche Betriebsergebnis und nicht den Jahresüberschuss zugrunde zu legen. Das ordentliche Betriebsergebnis enthält nämlich keine Zinserträge und -aufwendungen, keine außerordentlichen Erträge und Aufwendungen und auch keine Steuern. Da der Jahresüberschuss oftmals sehr starken Schwankungen unterliegen kann *(nicht zuletzt auch durch bilanzpolitische Gestaltungen)*, könnte für Vergleichszwecke auch die „Cash-Flow-Umsatzrendite" bzw. „Cash-Flow-Marge" besser geeignet sein.

Die UG muss in ihrer Bilanz eine Rücklage bilden, in die jeweils ¼ des Jahresüberschusses einzustellen ist. Wie lautet der entsprechende Buchungssatz zum Ende des Geschäftsjahres?
Der Buchungssatz lautet noch im alten Geschäftsjahr (hier beispielhaft anhand des Kontenrahmens SKR03):

Konto 2496 „Einstellungen in die gesetzliche Rücklage"

an

Konto 0846 „Gesetzliche Rücklage"

In der Bilanz tauchen dann „Gewinnrücklagen" sowie die „Gesetzliche Rücklage" *(nämlich das oben bebuchte Konto 0846)* auf der Passivseite der Bilanz auf.

216

Beachten Sie bitte im Rahmen der GuV: Das Konto 2496 ist ein GuV-Konto. Gemäß § 275 Absatz 4 HGB dürfen Veränderungen der Kapital- und Gewinnrücklagen in der Gewinn- und Verlustrechnung erst nach dem Posten „Jahresüberschuss/Jahresfehlbetrag" ausgewiesen werden.

Die GuV der UG (haftungsbeschränkt) sollte deshalb wie folgt (exemplarisch) aussehen:

Umsatzerlöse EUR ...
...
Personalaufwand EUR ...
...
Jahresüberschuss EUR 10.000
Einstellung in die gesetzliche Rücklage *(nämlich das oben bebuchte Konto 2496)* EUR 2.500
Bilanzgewinn EUR 7.500

Nach welchen Kriterien werden Kapitalgesellschaften handelsrechtlich bestimmten Größenklassen zugeordnet?

Kapitalgesellschaften (wie die UG) werden im Handelsrecht nach Größenklassen kategorisiert.

Die maßgebende Vorschrift für die Einteilung in Größenklassen ist §267 HGB. Dabei kommen drei Kriterien bzw. Größenmerkmale vor:

- Bilanzsumme,

- Umsatzerlöse und

- durchschnittliche Anzahl der Arbeitnehmer.

Werden mindestens zwei der Größenmerkmale an den Abschlussstichtagen von zwei aufeinanderfolgenden Geschäftsjahren über- oder unterschritten, so gehört die UG in die jeweils andere Kategorie.

	Kleine Kapital-gesellschaft	Mittelgroße Kapital-gesellschaft	Große Kapital-gesellschaft
Bilanzsumme	bis 6.000.000	bis 20.000.000	über 20.000.000
Umsatzerlöse	bis 12.000.000	bis 40.000.000	über 40.000.000
Anzahl Arbeitnehmer	bis 50	bis 250	über 250

Sonderregelungen sollen an dieser Stelle nicht diskutiert werden.

Gemäß §267a HGB werden die kleinen Kapitalgesellschaften darüber hinaus in sogenannte Kleinstkapitalgesellschaften und übrige kleine Kapitalgesellschaften unterteilt.

Kleinstkapitalgesellschaften sind nach § 267a HGB kleine Kapitalgesellschaften, die mindestens zwei der drei folgenden Merkmale bei einer Neugründung oder Umwandlung am ersten Abschlussstichtag nach der Neugründung oder Umwandlung und später an den Abschlussstichtagen von zwei aufeinanderfolgenden Geschäftsjahren nicht überschreiten:

	Kleinst-kapital-gesellschaft	Übrige kleine Kapital-gesellschaften
Bilanzsumme	bis 350.000	bis 6.000.000
Umsatzerlöse	bis 700.000	bis 12.000.000
Anzahl Arbeitnehmer	bis 10	bis 50

Übrigens: Laut §267a HGB sind die folgenden Gesellschaften – in Abwandlung zur obigen Tabelle – niemals Kleinstkapitalgesellschaften:

1. Investmentgesellschaften im Sinne des § 1 Absatz 11 des Kapitalanlagegesetzbuchs,

2. Unternehmensbeteiligungsgesellschaften im Sinne des § 1a Absatz 1 des Gesetzes über Unternehmensbeteiligungsgesellschaften oder

3. Unternehmen, deren einziger Zweck darin besteht, Beteiligungen an anderen Unternehmen zu erwerben sowie die Verwaltung und Verwertung dieser Beteiligungen wahrzunehmen, ohne dass sie unmittelbar oder mittelbar in die Verwaltung dieser Unternehmen eingreifen, wobei die Ausübung der ihnen als Aktionär oder Gesellschafter zustehenden Rechte außer Betracht bleibt.

Je nachdem, in welche Größenklasse eine UG fällt, zählt sie zu den sogenannten Kleinst-, kleinen, mittelgroßen oder großen Gesellschaften. Davon abhängig sind die Pflichten oder Erleichterungen, die die Unternehmergesellschaft hinsichtlich der Aufstellung und Veröffentlichung des Jahresabschlusses hat. So hängen von der Zuordnung der UG zu einer Größenklasse die Frist, innerhalb derer der Jahresabschluss aufzustellen ist, die Gliederung des Jahresabschlusses, der Umfang der Pflichtangaben im Anhang (und gegebenenfalls die Erstellung eines Lageberichts), die eventuell erforderliche Prüfung des Jahresabschlusses durch einen Abschlussprüfer sowie die Offenlegung des Jahresabschlusses ab.

In der Praxis dürften die meisten Unternehmergesellschaften kleine Kapitalgesellschaften (viele sogar Kleinstkapitalgesellschaften) – sein.

Welche Erleichterungen gelten für kleinste und kleine Unternehmergesellschaften bezüglich des Jahresabschlusses?
Je nach ermittelter Größenklasse (siehe oben) der Unternehmergesellschaft unterscheidet sich der Umfang der Offenlegungspflichten. Während große und mittelgroße Unternehmergesellschaften ihren Jahresabschluss durch einen Wirtschaftsprüfer testieren lassen und detailliert offenlegen müssen, gibt es für kleine Kapitalgesellschaften bestimmte Erleichterungen:

So können die Positionen der Bilanz teilweise zusammengefasst werden und die UG muss ihre Gewinn- und Verlustrechnung nicht veröffentlichen. Es muss kein Lagebericht aufgestellt werden und der Anhang kann verkürzt werden. Normalerweise hat der Anhang die Aufgabe, ergänzende Angaben zur Bilanz und zur Gewinn- und Verlustrechnung zu machen. So müssen beispielsweise bestimmte Forderungen und Verbindlichkeiten sowie außerordentliche Aufwendungen und Erträge nicht mehr im Anhang erläutert werden. Auf die Aufstellung eines Anlagengitters kann verzichtet werden.

Für Kleinst-Kapitalgesellschaften gelten gemäß §326 Absatz 2 HGB weitere Erleichterungen:

Die Gesellschaft muss ihren Jahresabschluss nicht mehr wie bisher offenlegen, sondern nur noch hinterlegen. Damit kann eine Recherche des Abschlusses durch Dritte nur noch kostenpflichtig erfolgen. Die Bilanz kann noch weiter vereinfacht werden. Ein Anhang ist verzichtbar, wenn bestimmte Angaben unter der Bilanz ausgewiesen werden.

In dem folgenden Schaubild habe ich Ihnen die Erleichterungen zusammengestellt:

	Pflichten
Kleinstkapitalgesellschaften	Wahlweise Offenlegung oder Hinterlegung einer verkürzten Bilanz und verkürzten Gewinn- und Verlustrechnung; unter bestimmten Voraussetzungen kein Anhang erforderlich, dann jedoch weitere Angaben unter der Bilanz erforderlich
Übrige	Offenlegung der Bilanz und des

Kleinkapitalgesellschaften	Anhangs ohne Gewinn- und Verlustrechnung; keine Prüfungspflicht erforderlich
Mittelgroße Kapitalgesellschaften	Offenlegung der Bilanz in der für kleine Kapitalgesellschaften vorgeschriebenen Form mit zusätzlichen Angaben, Anhang verkürzt, sonstige Angaben wie bei großen Gesellschaften; Prüfungspflicht für Jahresabschluss und Lagebericht durch vereidigten Buchprüfer oder Wirtschaftsprüfer
Große Kapitalgesellschaften	Offenlegung von Jahresabschluss (Bilanz, GuV und Anhang) sowie Lagebericht, Bestätigungsvermerk, Bericht des Aufsichtsrats, Erklärung des Vorstands, Gewinnverwendungsvorschlag; Prüfungspflicht für Jahresabschluss und Lagebericht durch Wirtschaftsprüfer

Sind im Anhang der kleinen UG (haftungsbeschränkt) Angaben über die Gesamtbezüge der Mitglieder der Geschäftsführung bzw. der Aufsichtsorgane zu machen?

Nein! Diese Pflicht betrifft nur mittelgroße und große

222

Kapitalgesellschaften.

Wer hat für die Erstellung und eventuelle Prüfung des Jahresabschlusses der UG (haftungsbeschränkt) Sorge zu tragen?
Grundsätzlich hat der Geschäftsführer einer Unternehmergesellschaft (haftungsbeschränkt) dafür Sorge zu tragen, dass der Jahresabschluss

- **erstellt,**

- **geprüft und**

- **den Gesellschaftern zur Feststellung vorgelegt wird.**

Anmerkung: Gemäß §316 HGB sind kleine Kapitalgesellschaften nicht prüfungspflichtig, d.h. ihr Jahresabschluss ist nicht durch einen Abschlussprüfer (z.B. Wirtschaftsprüfer) zu testieren. Diese Erleichterung dürfte die meisten Unternehmergesellschaften betreffen.

§42a Absatz 1 GmbHG beinhaltet für UG-Geschäftsführer die folgenden Verpflichtungen:

- Den Jahresabschluss **unverzüglich** nach dessen Aufstellung **den Gesellschaftern** zum Zwecke der Feststellung des Jahresabschlusses **vorzulegen.**

- Ist der **Jahresabschluss** durch einen Abschlussprüfer zu prüfen, so haben die Geschäftsführer ihn zusammen mit dem **Lagebericht** und dem **Prüfungsbericht des Abschlussprüfers** **unverzüglich nach Eingang des Prüfungsberichts vorzulegen.**

- Hat die Gesellschaft einen **Aufsichtsrat, so ist dessen Bericht über das Ergebnis seiner Prüfung** ebenfalls **unverzüglich vorzulegen.**

Zu betonen ist, dass der Geschäftsführer die **Entscheidung** darüber trägt, **welche Bilanzierungswahlrechte** im Jahresabschluss in welcher Form angewendet werden. Des Weiteren macht er den Gesellschaftern einen **Vorschlag zur Ergebnisverwendung.**

Zudem sind **alle Geschäftsführer dazu verpflichtet, den Jahresabschluss zu unterzeichnen** – so sie denn von seiner Ordnungsmäßigkeit überzeugt sind.

Gibt es eine Freeware, mit der die Unternehmergesellschaft ihre E-Bilanz kostenlos an das Finanzamt übermitteln kann?

Unter dem Motto „Papier ist out!" akzeptiert die Finanzverwaltung spätestens seit dem Wirtschaftsjahr 2013 nur noch **elektronisch übermittelte Bilanzen/ Gewinn- und Verlustrechnungen** der Unternehmergesellschaft.

Der Hintergrund dürfte darin bestehen, dass durch die elektronische Übermittlung einerseits eine deutliche Arbeitserleichterung im Finanzamt erzielt werden dürfte und andererseits maschinelle Plausibilitätskontrollen dafür sorgen, dass die Finanzbeamten „automatisch" auf Ungereimtheiten hingewiesen werden.

Zwar kann das Finanzamt auf Antrag auf die elektronische Übermittlung der Bilanz verzichten, wenn die Verpflichtung für den Steuerpflichtigen eine „unbillige Härte" darstellt, ich bin allerdings eher skeptisch, ob ein solcher Antrag von Erfolg gekrönt sein wird...

Sucht man nun eine günstige Möglichkeit, die Bilanzzahlen elektronisch an die Steuerverwaltung zu übertragen, so wird man rasch feststellen, dass das gar nicht so einfach ist.

Natürlich können UG-Geschäftsführer bzw. Gesellschafter den Steuerberater ihres Vertrauens konsultieren, der über entsprechende Möglichkeiten zur Übertragung verfügt. Setzen Sie alternativ eine eigene Buchhaltungssoftware ein, so können Sie auch mit dieser die Übermittlung vornehmen – so sie denn über eine entsprechende Funktion verfügt.

Ich möchte an dieser Stelle jedoch noch einen dritten Weg vorstellen, da ich davon ausgehe, dass gerade viele Gründer und Gesellschafter von Unternehmergesellschaften lediglich über ein „schmales Budget" verfügen und daher eher eine kostengünstige Lösung präferieren.

Herr Dipl.-Ing. Matthias Hanft hat eine Software namens „**myebilanz**" entwickelt, die – kurz gesagt – aus Konten-Salden eine elektronische Bilanz erzeugt und diese – nach einer lokalen Vorab-Prüfung – online an die Finanzverwaltung übermittelt.

Das Tool ist definitiv für die Unternehmergesellschaft geeignet. Voraussetzung ist allerdings, dass Sie bereits eine fertige Bilanz inklusive entsprechenden Kontenzuordnungen „auf Papier" erstellt haben. Des Weiteren benötigen Sie zum rechtsgültigen Unterschreiben der Bilanz zumindest ein **„ElsterBasis"-Software-Zertifikat** aus dem ElsterOnline-Portal.

Sie finden „**myebilanz**" unter dem Link

https://www.myebilanz.de/

Wie versprochen ist die **Basis-Version** von „myebilanz"
kostenlos. Ein klein wenig Geduld und Computeraffinität sollten
Sie jedoch bei Benutzung dieser Freeware mitbringen. Die
komfortablere **Plus-Funktion** von **„myebilanz"** ist
kostenpflichtig.

7. Gewinnverwendung und gesetzliche Rücklage

Wie wird der Gewinn einer UG (haftungsbeschränkt) verwendet?
Grundsätzlich **entscheiden** die **Gesellschafter** der Unternehmergesellschaft (haftungsbeschränkt) **über die Verwendung** des erwirtschafteten Gewinns.

Zu beachten ist, dass bei der Unternehmergesellschaft dahingehend eine **gesetzliche Verpflichtung** besteht, **ein Viertel** – also 25% – **des Jahresüberschusses in eine Rücklage einzustellen.**

Die Regelung zu dieser sogenannten gesetzlichen Rücklage findet sich in §5a Absatz 3 GmbHG. Dort wurde kodifiziert, dass in der Bilanz des nach den §§242, 264 des Handelsgesetzbuchs aufzustellenden Jahresabschlusses eine gesetzliche Rücklage zu bilden ist, in die ein Viertel des – um einen Verlustvortrag aus dem Vorjahr geminderten – Jahresüberschusses einzustellen ist. **Verstöße** haben *analog §256 Absatz 1 Nr. 4 AktG* die **Nichtigkeit von Gewinnverwendungsbeschluss und Jahresabschluss** zur Folge.

Was bedeutet das im Detail?

Der – um den Verlustvortrag geminderte – Jahresüberschuss darf nur zu 75% ausgeschüttet werden. Dabei handelt es sich de facto um eine **Zwangsthesaurierung.**

Schematisch lässt sich die Rücklagenbildung wie folgt veranschaulichen:

Jahresüberschuss
- Verlustvortrag aus dem Vorjahr
= Zwischenergebnis
x 25% Rücklagenzuführung
= Betrag der Rücklagenzuführung

Am Rande: Gibt es gar keinen Jahresüberschuss oder wird letzterer durch Verlustvorträge vollständig aufgezehrt, so hat auch keine Zwangsthesaurierung zu erfolgen. In diesem Fall kann natürlich auch keine Gewinnausschüttung vorgenommen werden.

Die **Rücklage darf** gemäß §5a Absatz 3 Satz 2 GmbHG **nur für ganz bestimmte Zwecke verwendet werden**, die ich an anderer Stelle erläutere.

Wenn man bedenkt, dass in der UG-Praxis oftmals eine Identität zwischen Gesellschaftern und Geschäftsführern gegeben sein dürfte und dass die handelnden Personen ihren notwendigen Lebensunterhalt durch ihr **Geschäftsführergehalt** *(das die Unternehmergesellschaft als* **Betriebsausgabe** *verbucht)* bestreiten können, so halte ich die Vorschrift des §5a Absatz 3 GmbHG durchaus für vertretbar.

Bedarf für eine weitergehende Gewinnausschüttung sehe ich deshalb nicht unbedingt. Insbesondere die Festlegung der Höhe des Geschäftsführer-Gehaltes *(insofern steuerlich angemessen)* bietet Gestaltungsspielräume, so dass die Bildung der Zwangsrücklage evtl. sogar ganz vermieden werden kann.

Die **Rücklagenbildung** ist verpflichtend **solange fortzuführen, bis Stammkapital und Rücklage in Summe die Schwelle von EUR 25.000 erreichen.** Die Rücklage kann dabei über viele Jahre hinweg gebildet werden. Es besteht kein zeitliches Limit. Die UG (haftungsbeschränkt) soll so im Laufe der Zeit in die Standard-Gesellschaftsform der GmbH „hineinwachsen".

Hat die Unternehmergesellschaft die o.g. **Schwelle erreicht,** so kann *(nicht obligatorisch!)* die Rücklage im Rahmen einer **„Kapitalerhöhung aus Gesellschaftsmitteln" in Stammkapital umgewandelt** werden, so dass die Gesellschaft ab diesem Zeitpunkt über ein Stammkapital von EUR 25.000 verfügt. Eine **Satzungsänderung** ist dafür zwingend **erforderlich.** Die **Umwandlung der Rücklage in Stammkapital** erfolgt formal entsprechend den §§57c, 53 Absatz 2 GmbHG durch einen **notariell zu beurkundenden Kapitalerhöhungsbeschluss.** Gleichzeitig greift §5a Absatz 5 GmbHG: So fallen die Sondervorschriften für die UG weg und die Gesellschaft darf – bestimmte Formalia vorausgesetzt – ab sofort als „GmbH" anstelle von „UG (haftungsbeschränkt)" geführt werden. Nochmals: Dieser Übergang von der UG (haftungsbeschränkt) zur GmbH erfolgt nicht automatisch!

Der Hintergrund der Regelung des §5a Absatz 3 GmbHG dient dem **„Gläubigerschutz",** da sie de facto – *wirtschaftlicher Erfolg vorausgesetzt* – den Zweck verfolgt, eine Ansparung des Stammkapitals abzusichern und die **Eigenkapitalausstattung** sukzessive zu **erhöhen.** So soll trotz Haftungsbeschränkung auf das Gesellschaftsvermögen auch ein Mindestschutz für die Gläubiger etabliert werden.

Übrigens: Die vorgenannte Verpflichtung zur Rücklagenbildung kann auch nicht durch einen Gesellschafterbeschluss umgangen werden. Ein derartiger Beschluss wäre nichtig!

Wofür darf die gesetzliche Rücklage verwandt werden?

Wie oben dargestellt legt das GmbH-Gesetz in §5a fest, dass in der Bilanz des Jahresabschlusses der UG (haftungsbeschränkt) eine gesetzliche Rücklage gebildet werden muss, in die ein Viertel des um einen Verlustvortrag aus dem Vorjahr geminderten Jahresüberschusses einzustellen ist.

Diese Rücklage darf nur für Zwecke des §57c („Kapitalerhöhung aus Gesellschaftsmitteln"), zum Ausgleich eines Jahresfehlbetrags (soweit er nicht durch einen Gewinnvortrag aus dem Vorjahr gedeckt ist) bzw. zum Ausgleich eines Verlustvortrags aus dem Vorjahr (soweit er nicht durch einen Jahresüberschuss gedeckt ist) verwandt werden.

Welche Folgen drohen, wenn gegen die Pflicht zur Rücklagenbildung verstoßen wird?

Erfolgt ein Verstoß gegen die Pflicht zur Bildung der Rücklage, so zieht dies die Nichtigkeit der Feststellung des Jahresabschlusses in analoger Anwendung des §256 AktG nach sich. Dies hat wiederum analog §253 AktG die Nichtigkeit des Gewinnverwendungsbeschlusses zur Folge, woraus Rückzahlungsansprüche gegen die begünstigten Gesellschafter (aus § 812 Absatz 1 Satz 1 BGB) resultieren. Des Weiteren macht sich der Geschäftsführer auch gemäß §43 GmbHG für den verursachten Schaden haftbar.

Muss der ausschüttungsfähige Teil des Gewinns (75%) zwingend an die Gesellschafter ausgeschüttet werden oder kann dieser Anteil auch in der Unternehmergesellschaft verbleiben?

Zunächst hat der Gesellschafter der UG Anspruch auf den ausschüttungsfähigen Gewinn (von 75% des Bilanzgewinns). Der konkrete Anspruch richtet sich ja nach dem Verhältnis der Gesellschaftsanteile. Dieser ausschüttungsfähige Gewinn kann in voller Höhe ausgezahlt werden (Recht auf Vollausschüttung). Die Gesellschafter können aber auch beschließen, dass der Gewinn in der UG verbleibt und dort beispielsweise als Gewinnvortrag verbucht wird. Insofern der Gesellschaftsvertrag keine entsprechende Regelung enthält, genügt für diesen Beschluss die einfache Mehrheit der Stimmen. Anderslautende Formulierungen im Gesellschaftsvertrag sind möglich. *Minderheits-Gesellschaftern sei eine Sperr-Minorität empfohlen.*

Wie kann in der Praxis die Zuführung des Gewinnanteils, der in die Zwangsrücklage eingestellt werden muss, möglichst gering gehalten werden?

Da das – angemessene – Gehalt des Geschäftsführers eine Betriebsausgabe darstellt, die den Gewinn der UG (haftungsbeschränkt) mindert, kann dem Geschäftsführer der UG ein Gehalt in Höhe der maximal zulässigen Angemessenheitsgrenze gezahlt werden. Im Ergebnis wird der Gewinn der UG gedrückt und die Zuführung in der Rücklage fällt niedrig(er) aus. An dieser Stelle ist insbesondere zu bedenken, dass das Gehalt des Geschäftsführers ja auch aus variablen Bestandteilen (der „Tantieme") besteht, die für die oben genannte

Konstruktion ein geeignetes Mittel darstellt.

Muss in einer Konzernumgebung die Zwangsrücklage im Rahmen eines Gewinnabführungsvertrages berücksichtigt werden?
Ja, da die gesetzliche Vorschrift zur Bildung der Zwangsrücklage Vorrang vor den steuerrechtlichen Bestimmungen der Organschaft hat. Demnach darf der ausgewiesene Gewinn der UG höchstens zu ¾ an die Konzern-Muttergesellschaft abgeführt werden. Gewinnabführungsverträge sind entsprechend zu formulieren.

8. Stammkapital, Erhaltung und Erhöhung des Stammkapitals

Was passiert, wenn das Stammkapital einer Unternehmergesellschaft (haftungsbeschränkt) den Betrag von EUR 25.000 erreicht hat?

Grundsätzlich ist das Stammkapital einer Gesellschaft mit beschränkter Haftung (GmbH) oder Unternehmergesellschaft (haftungsbeschränkt) der im Gesellschaftsvertrag festgelegte Gesamtbetrag bzw. die Summe aller Stammeinlagen (§3 Absatz 1 Nr. 3 und 4 GmbHG, §5 GmbHG).

Da §5a Absatz 1 GmbHG kodifiziert, dass eine Gesellschaft, die mit einem Stammkapital gegründet wird, das den Betrag des Mindeststammkapitals gemäß §5 Absatz 1 GmbHG unterschreitet, die Firma abweichend von §4 GmbHG die Bezeichnung „Unternehmergesellschaft (haftungsbeschränkt)" oder „UG (haftungsbeschränkt)" aufweisen muss, ist **daraus** für die Praxis **abzuleiten, dass eine Unternehmergesellschaft (haftungsbeschränkt) nur mit einem Stammkapital von bis zu maximal EUR 24.999 gegründet werden kann.** Ab einem Stammkapital von EUR 25.000 wird nämlich eine „normale" GmbH errichtet.

Da zudem der Nennbetrag eines jeden Geschäftsanteils auf volle Euro lauten muss (§5 Absatz 2 GmbHG), folgt **daraus, dass die Unternehmergesellschaft (haftungsbeschränkt) bei Gründung mit einem Stammkapital zwischen einem Euro und EUR 24.999 ausgestattet werden kann.**

Praxistipp: Eine geringe Ausstattung mit einem Euro ist in der Praxis kaum sinnvoll, da bei Verwendung des Mustergründungsprotokolls

233

notwendige Gründungskosten von mindestens rund EUR 300 entstehen. Diese Thematik soll an anderer Stelle ausführlich behandelt werden.

Exkurs – Bargründung einer GmbH: Meines Erachtens ist zu bedenken, dass bei Bargründung einer GmbH das Stammkapital vor Anmeldung der Gesellschaft im Handelsregister lediglich zu mindestens EUR 12.500 (und zu je einem Viertel je Geschäftsanteil) eingezahlt sein muss. Diese Möglichkeit zur Teileinzahlung der Bareinlagen gemäß §7 Absatz 2 GmbHG befreit die Gesellschafter aber nicht von ihrer Einzahlungspflicht in voller Höhe, die gemäß §19 GmbHG weiterhin besteht.

Da der Gesetzgeber die Unternehmergesellschaft (haftungsbeschränkt) im Laufe der Zeit im Wege einer gestreckten Kapitalerhöhung zu einer GmbH „wachsen" lassen wollte, hat die Unternehmergesellschaft (haftungsbeschränkt) in ihrer Bilanz **gemäß §5a Absatz 3 GmbHG eine gesetzliche Rücklage zu bilden, in die sie jeweils ein Viertel des um einen Verlustvortrag aus dem Vorjahr verminderten Jahresüberschusses einstellen muss.** Hier besteht insbesondere eine „**Ausschüttungssperre**", so dass die in die Rücklage einzustellenden Mittel nicht für Gewinnausschüttungen an die Gesellschafter verwendet werden dürfen.

Übersteigt im weiteren zeitlichen Verlauf aufgrund der zwingend zu bildenden gesetzlichen Rücklage und der „Ausschüttungssperre" die Kapitalausstattung der Unternehmergesellschaft (haftungsbeschränkt) den Betrag von EUR 25.000, so wird die Unternehmergesellschaft (haftungsbeschränkt) nicht automatisch zur GmbH.

Vielmehr **kodifiziert §5a Absatz 5 GmbHG ein Wahlrecht, die**

Unternehmergesellschaft (haftungsbeschränkt) in eine GmbH umzuwandeln oder nicht.

Soll der Übergang gewünscht sein, so ist es meines Erachtens erforderlich, dass die Unternehmergesellschaft (haftungsbeschränkt) mittels eines **sogenannten Kapitalerhöhungsbeschlusses ihr Stammkapital auf mindestens EUR 25.000 und die Firma mittels eines sogenannten Änderungsbeschlusses in „GmbH" ändert.**

Für den Übergang sind jedoch bestimmte **Mindesterfordernisse** zu erfüllen. Als Beispiel sei hier auf eine Entscheidung des OLG München vom 23. September 2010 (31 WX 149/10) verwiesen. Darin heißt es, dass der Beschluss zur Kapitalerhöhung, durch die das Mindeststammkapital einer GmbH erreicht wird, nicht automatisch zum Entfallen der UG-Sonderregelungen führt. Letztere entfallen vielmehr erst mit der vollen Einzahlung des Stammkapitals in bar. Die Einzahlung des hälftigen Stammkapitals, das – wie oben ausgeführt – bei der Gründung einer normalen GmbH ausreicht, ist hier nicht genügend.

Nochmals: Für die Kapitalerhöhung wird in diesem Fall also letztendlich die Rücklage verwendet (so genannte **„Kapitalerhöhung aus Gesellschaftsmitteln")**. Es bedarf der **Beauftragung eines Notars**, der die Erhöhung zur Eintragung in das Handelsregister anmeldet. **Erst nach Eintragung der Kapitalerhöhung darf der Zusatz „UG" durch den Zusatz „GmbH" ersetzt werden.** Nach einem derartigen Übergang zur GmbH kann eine eventuell verbliebene gesetzliche Rücklage im Sinne des §5a Absatz 3 GmbHG – soweit diese eben nicht für die Kapitalerhöhung aus Gesellschaftsmitteln verwendet worden ist – nach dem damaligen Willen des Gesetzgebers aufgelöst werden (vgl. RegE, BT-Drucks. 16/6140, 32).

Wie kann bei der UG (haftungsbeschränkt) eine Kapitalerhöhung vorgenommen werden?
Wenn die UG ihr Stammkapital dergestalt erhöht, dass es das Mindeststammkapital einer GmbH von EUR 25.000 erreicht oder übersteigt, so entfällt gemäß §5a Absatz 5 GmbHG die Anwendbarkeit des §5a Absatz 1 bis 4.

Für eine solche Kapitalerhöhung gibt es nun zwei Möglichkeiten: Zum einen kann die Kapitalerhöhung als „nominelle Kapitalerhöhung" aus Gesellschaftsmitteln erfolgen, wobei in diesem Falle die nach §5a Absatz 2 zu bildende Rücklage in Stammkapital umgewandelt wird. Dem Gesetz folgend soll dies der Regelfall sein. Soll die Rücklage in Stammkapital umgewandelt werden, so ist hierfür gemäß §57c Absatz 4 in Verbindung mit §53 Absatz 2 ein Gesellschafterbeschluss notwendig. Des Weiteren müssen die Gesellschafter in diesem Beschluss gemäß §57h anführen, ob die Kapitalerhöhung durch Bildung neuer Geschäftsanteile oder durch die Erhöhung des Nennbetrags der bestehenden Geschäftsanteile ausgeführt werden soll. Und hier liegt nun das Problem: Dem Kapitalerhöhungsbeschluss muss eine von einem Wirtschaftsprüfer oder – bei Größenerleichterungen – vereidigtem Buchprüfer geprüfte und bestätigte Bilanz zu Grunde gelegt werden (§57e GmbHG).

Wie bereits weiter oben ausgeführt muss zwar auch eine UG Jahresabschlüsse aufstellen, aber in der Regel unterliegt sie als kleine Kapitalgesellschaft nicht der Verpflichtung, ihre

Abschlüsse durch einen Wirtschaftsprüfer prüfen zu lassen. Eine geprüfte Bilanz muss deshalb oft erst erstellt werden. Die dafür anfallenden Kosten hängen stark vom Einzelfall ab. Die Prüfung der Bilanz ist oftmals eine große Kostenposition bei der Kapitalerhöhung aus Gesellschaftsmitteln.

Die zweite Möglichkeit besteht in der sogenannten effektiven Kapitalerhöhung. Hier erfolgt die Kapitalerhöhung durch Einlage der Gesellschafter. Auch in diesem Fall bedarf der Gesellschafterbeschluss der notariellen Beurkundung. In diesem Fall („Upgrade" zu einer GmbH) soll auch eine Kapitalerhöhung mittels Sacheinlage zulässig sein.

Kann eine Unternehmergesellschaft durch eine Kapitalerhöhung zur GmbH werden, indem das eingezahlte Stammkapital der UG auf EUR 12.500 insgesamt aufgestockt wird?

Grundsätzlich kann die Anmeldung zum Handelsregister bei einer <u>GmbH</u> erst dann erfolgen, wenn die Einzahlungen mindestens die Hälfte des Mindeststammkapitals von EUR 25.000, also EUR 12.500 erreicht haben.

Für eine <u>Unternehmergesellschaft (haftungsbeschränkt)</u> ist hingegen geregelt, dass das Stammkapital in voller Höhe eingezahlt werden muss.

Mehrere Gerichte haben sich zwischenzeitlich damit auseinandergesetzt, ob auch im Fall der Barkapitalerhöhung und des Übergangs einer Unternehmergesellschaft (haftungsbeschränkt) in eine „reguläre" GmbH die Anmeldung zum Handelsregister von der <u>Volleinzahlung</u> des Stammkapitals abhängig zu machen ist oder ob bereits EUR 12.500 ausreichen.

237

Das Oberlandesgericht (OLG) Stuttgart ist der Ansicht, dass für den Kapitalerhöhungsvorgang auf das GmbH-Mindestkapital für die Unternehmergesellschaft (haftungsbeschränkt) <u>keine strengeren Maßstäbe</u> gelten sollen als diejenigen, die bei der Neugründung einer „normalen" GmbH anzuwenden sind. Somit darf die Eintragung der Erhöhung des Stammkapitals auf EUR 25.000 nicht von der Volleinzahlung des Stammkapitals abhängig gemacht werden. De facto bedeutet dies, dass die Erhöhung auf EUR 12.500 ausreichend ist, um die Umwandlung in die GmbH vollziehen zu können.

Zuletzt hat auch das OLG Celle bestätigt, dass eine UG mit einer Stammkapitalerhöhung auf EUR 25.000 zur GmbH werden kann, wenn die Summe des Stammkapitals der UG zuzüglich des neu eingezahlten Kapitals insgesamt EUR 12.500 beträgt (OLG Celle 9. Zivilsenat, Beschluss vom 17.07.2017, 9 W 70/17).

Praxistipp:

Da strittig sein dürfte, ob auch die Rechtspfleger Ihres Gerichts die obige Sichtweise teilen, rate ich an, mit dem Notar Ihres Vertrauens diesen Sachverhalt durchzusprechen.

Als Referenzen können Sie ihm die folgenden Fundstellen an die Hand geben: OLG Celle 9. Zivilsenat, Beschluss vom 17.07.2017, 9 W 70/17, OLG Hamm vom 5.5.2011, 27 W 24/11, GmbHR 2011, 655; OLG Stuttgart vom 13.10.2011, 8 W 341/11, GmbHR 2011, 1275; jetzt auch OLG München vom 7.11.2011, 31 Wx 475/11, GmbHR 2011, 1276 unter Aufgabe von OLG München vom 23.9.2010, 31 Wx 149/10, GmbHR 2010, 1210

Pfiffige Berater sind nun auf die Idee gekommen, dass – neben der eben beschriebenen Barkapitalerhöhung – die Kapitalerhöhung auf EUR 12.500 auch durch die Einbringung von Sachwerten erreicht werden könnte. Diese Sichtweise sollten Sie jedoch zunächst mit Ihrem Notar diskutieren.

Wie sind Kredite der UG an Gesellschafter zu würdigen?
Grundsätzlich darf das zur Erhaltung des Stammkapitals erforderliche Vermögen nicht an die Gesellschafter ausgezahlt werden. Kredite an die Gesellschafter aus dem zur Erhaltung des Stammkapitals erforderlichen Vermögen können zu einer Überschuldungsbilanz und damit zur Insolvenzantragspflicht führen.

Was ist bei fortschreitenden Verlusten zu unternehmen?
Verluste können das einmal vorhanden gewesene Kapital vermindern oder ganz aufzehren. Wird die Gesellschaft zahlungsunfähig oder ergibt eine Bilanz, dass das tatsächliche Vermögen der Gesellschaft ihre Schulden nicht mehr deckt (Überschuldung), so haben die Geschäftsführer unverzüglich die Eröffnung des Insolvenzverfahrens zu beantragen. *Achtung Ausnahme zur Überschuldung: Die von der Bundesregierung im Rahmen der ersten Finanzmarktkrise in 2008 gewährte Übergangsregelung hinsichtlich der Überschuldungsproblematik wurde inzwischen „entfristet": Sah die Übergangsregelung zunächst nur bis Ende 2013 vor, dass ein Unternehmen, das nicht nach §17 Absatz 2 InsO zahlungsunfähig, aber überschuldet war, bei Vorlage einer positiven Fortführungsprognose keinen Insolvenzantrag stellen musste, so wurde diese Regelung nun entfristet, um allen Unternehmern Rechtssicherheit zu geben. Dadurch sollen gesunde Unternehmen von*

einer Insolvenzantragspflicht befreit werden. Der Gesetzgeber hat den insolvenzrechtlichen Begriff der Überschuldung so ausgelegt, dass Unternehmen, die voraussichtlich in der Lage sind, ihre Verpflichtungen zu leisten, auch dann nicht insolvenzantragspflichtig werden, wenn eine vorübergehende bilanzielle Unterdeckung vorliegt.

Sollte die UG führungslos sein, d.h. keinen Geschäftsführer haben, so trifft diese Verpflichtung die Gesellschafter der UG.

9. Offenlegung bzw. Publizität

Was gilt im Hinblick auf die Publizitätspflichten?

Die Publizitäts- oder Offenlegungspflicht ist die gesetzlich geregelte Verpflichtung, den Jahresabschluss – gegebenenfalls nebst Bestätigungsvermerk des Wirtschaftsprüfers – elektronisch im Bundesanzeiger zu veröffentlichen.

Hier gilt für die UG (haftungsbeschränkt) das Gleiche wie bei der GmbH, d.h. die Jahresabschlüsse der UG sind nach Maßgabe der §§325, 326 HGB zu veröffentlichen.

Konkret bedeutet dies, dass der Jahresabschluss der UG (haftungsbeschränkt) jährlich zu erstellen und gemäß §325 ff. HGB beim elektronischen Bundesanzeiger **offenzulegen** oder **zu hinterlegen** ist. Bei Nichteinhaltung können Ordnungsgelder verhängt werden, da der Betreiber des elektronischen Unternehmensregisters das Bundesamt für Justiz über Verstöße in Kenntnis setzt.

Die Veröffentlichung hat spätestens zwölf Monate nach dem Abschluss-Stichtag zu erfolgen. Das HGB sieht – nach den oben beschriebenen Größenklassen der Gesellschaften (§267 ff. HGB) – Erleichterungen bei der Einreichung und Veröffentlichung vor.

Für besonders erfolgreiche Unternehmergesellschaften kann es meiner Meinung nach sogar Sinn machen, umfangreichere Unterlagen, als entsprechend der Größenklasse gefordert zu veröffentlichen, da die UG an sich im Geschäftsverkehr eher mit Skepsis betrachtet wird.

Bitte stimmen Sie sich hier vor Einreichung derartiger Unterlagen mit Ihrem Steuerberater ab.

Worum handelt es sich bei dem elektronischen Unternehmensregister?

Das elektronische Unternehmensregister ist eine Website und Datenbank, die seit 2007 im Auftrag der Bundesregierung betrieben wird.

Dabei ermöglicht das Unternehmensregister einen zentralen Zugang zu den Informationen aus dem Handelsregister, dem Partnerschaftsregister und dem Genossenschaftsregister.

Letztendlich ist das Unternehmensregister eine Art „Suchmaschine". Die eigentlichen Informationen werden unmittelbar aus den jeweiligen Registern übermittelt (§8b Absatz 3 HGB). Die Register bleiben als solche (selbstständig) erhalten.

Neben den Registerdaten bündelt das Unternehmensregister eine Reihe weiterer Informationen, insbesondere die Handelsregister- und Insolvenzbekanntmachungen sowie Veröffentlichungen im elektronischen Bundesanzeiger. Von besonderer Bedeutung ist, dass die offenlegungspflichtigen Rechnungslegungsunterlagen dort kostenlos abgerufen werden können.

Das Unternehmensregister erleichtert als zentrales Portal die Informationssuche und dient dem Rechtsverkehr sowie dem Schutz von Gläubigern und Kunden. So kann die Situation neuer Kunden rasch eingeschätzt werden. Zu bedenken ist allerdings, dass die Daten oftmals vergangenheitsorientiert sind und sich die aktuelle Situation eines Unternehmens durchaus verändert haben kann.

Kann die elektronische Veröffentlichung oder Hinterlegung des Jahresabschlusses der UG auch selbst – ohne einen Steuerberater – vorgenommen werden?
Klar. Bitte lesen Sie dazu zunächst auf der Website des Bundesanzeiger Verlags unter

https://publikations-plattform.de

die Punkte „Startseite" und „Wissenswertes" (Unterpunkt „Jahresabschluss Offenlegungsregeln"). Dort sind alle relevanten Informationen zu den vier Fragen, wer was wann und wo einreichen muss, beantwortet. Auch die oben genannten Größenerleichterungen für bestimmte Kapitalgesellschaften werden ausführlich behandelt.

Im nächsten Schritt sollten Sie sich einmalig registrieren. Sie können dann auch in Folgejahren auf Ihre registrierten Daten zugreifen und sich einfach anmelden. Die Registrierung erfolgt unter

https://www.unternehmensregister.de („Registrieren").

Grundsätzlich würde ich empfehlen, die Daten der Bilanz über das dortige Online-Formular einzugeben. Dazu würde ich mir einen Ausdruck der Bilanz neben den PC legen. Für kleine GmbHs/UGs entfällt übrigens die Verpflichtung, Daten zur Gewinn- und Verlustrechnung zu veröffentlichen. Bleibt der Anhang: Den Anhang würde ich nicht abtippen, sondern – nach

Möglichkeit – eine Datei hochladen oder ihn zumindest hineinkopieren.

Welche Daten hat eine <u>kleine</u> Unternehmergesellschaft zu veröffentlichen?

Eine kleine UG muss lediglich ihre <u>Bilanz</u> und den <u>Anhang</u> veröffentlichen. Die Gewinn- und Verlustrechnung („GuV") muss ausdrücklich nicht offengelegt werden.

Praxistipp:

Auch die Textpassagen im Anhang, die die GuV erläutern, müssen bei einer kleinen Kapitalgesellschaft nicht mit veröffentlicht werden. Die Veröffentlichung hat – wie oben ausgeführt – innerhalb von 12 Monaten nach dem Bilanzstichtag zu erfolgen.

Welche Daten hat eine <u>Kleinst</u>-Unternehmergesellschaft zu veröffentlichen bzw. zu hinterlegen?

Nochmals zur Erinnerung: Unternehmen gelten dann als Kleinstkapitalgesellschaften, wenn sie zwei der drei folgenden Schwellenwerte an zwei aufeinander folgenden Abschlussstichtagen nicht überschreiten:

- EUR 350.000 Bilanzsumme,

- EUR 700.000 Umsatzerlöse,

- durchschnittliche Anzahl von bis zu 10 Arbeitnehmern.

Nach §326 Abs. 2 HGB kann von diesen Unternehmen statt der bislang üblichen Offenlegung nun alternativ eine Hinterlegung erfolgen.

Im Detail funktioniert das so, dass der Jahresabschluss beim Bundesanzeiger (elektronisch) eingereicht werden muss – verbunden mit dem Auftrag, diesen zur Hinterlegung an das Unternehmensregister weiterzureichen. Zudem muss dem Bundesanzeiger versichert werden, dass die Größenmerkmale für die Kleinstkapitalgesellschaft eingehalten werden.

Kleinstkapitalgesellschaften brauchen lediglich eine vereinfachte Bilanz aufzustellen und müssen ihren Jahresabschluss nicht um einen Anhang erweitern, wenn bestimmte Angaben gemäß §264 Absatz 1 Nr. 1-3 HGB unter der Bilanz ausgewiesen werden:

- Angabe der Haftungsverhältnissen

- Angabe zu gewährten Vorschüssen und Krediten

Der Jahresabschluss kann dann zwar auch von Interessenten abgerufen werden, allerdings müssen diese dafür eine kleine Gebühr bezahlen.

Für weitere Informationen rund um die Hinterlegung gehen Sie bitte auf

https://publikations-plattform.de

und klicken anschließend in der Kategorie „Hinterlegen beim Bundesanzeiger" auf „Hinterlegen".

Wann sollte die UG (haftungsbeschränkt) in der Praxis ihre Daten veröffentlichen?

Das ist eine „politische" Frage. Letztendlich empfehle ich, immer erst gegen Ende des Veröffentlichungszeitraumes, das heißt zum letztmöglichen Zeitpunkt, die Daten zu übermitteln. So erhalten Interessenten recht wenig Aufschluss über Ihre aktuelle Geschäftslage.

Es gibt jedoch auch Fälle, in denen eine frühzeitige Veröffentlichung Sinn macht. Hat eine UG beispielsweise in der Vergangenheit Verluste erwirtschaftet, im letzten Jahresabschluss jedoch einen beachtlichen Gewinn erzielt, so könnte eine frühzeitige Veröffentlichung Sinn machen, um die verbesserte Bonität zu dokumentieren. Sie sollten dabei beachten, dass auch Kreditversicherer, Ratingunternehmen etc., die gegebenenfalls mit Lieferanten Ihrer UG zusammenarbeiten, standardmäßig Informationen über die UG abrufen.

Welche Kosten entstehen für die elektronische Datenübermittlung und -veröffentlichung des Jahresabschlusses der UG (haftungsbeschränkt)?

Die Kosten des elektronischen Bundesanzeigers bestehen einerseits aus einer pauschalen Komponente, andererseits richten sie sich nach der angelieferten Zeichenmenge und dem Anlieferungsformat.

Detaillierte Informationen entnehmen Sie am besten der Preisliste unter

https://www.bundesanzeiger.de

Klicken Sie dort in der Rubrik „AGB/Preise" auf „mehr".

10. Steuern

Im Rahmen der Gründung der UG (haftungsbeschränkt) hat das Finanzamt einen „Fragebogen zur steuerlichen Erfassung – Gründung einer Kapitalgesellschaft" geschickt. Welche Hinweise und Tipps sollten beim Ausfüllen beachtet werden?

Das „Package" des Finanzamtes, das Ihnen zugegangen sein sollte, dürfte aus den folgenden Unterlagen bestehen: Anschreiben,

- Fragebogen zur steuerlichen Erfassung,

- Erteilung einer Empfangsvollmacht,

- Einzugsermächtigung,

- Ausfüllhilfe.

Praxistipp: Anstelle Verwendung der Papierformulare ist es empfehlenswert, unter

https://www.formulare-bfinv.de

den entsprechenden Vordruck online beim Bundesfinanzministerium auszufüllen und im Anschluss daran auszudrucken. Sie benötigen den Formular-Vordruck mit dem Kürzel „201*FsEKapG041NET" *(der „*" steht für das Jahr)* und der Formular-ID „034252".

In den Fragebogen sind zunächst die Stamm- bzw. Adressdaten der UG (haftungsbeschränkt) einzutragen. Unter 1.2 werden auch Angaben zu Betriebsstätten abgefragt. Eine kleine UG (haftungsbeschränkt) dürfte im Normalfall (noch) keine

Betriebsstätten haben. In diesem Falle kann in Zeile 17 im Feld „Nein" ein Kreuz gesetzt werden. Auf der zweiten Seite können Sie unter 1.4 Ihren Steuerberater angeben – so Sie über einen steuerlichen Berater verfügen. Natürlich besteht keine Verpflichtung dazu. Soll Ihr Steuerberater jedoch auch als Empfangsbevollmächtigter fungieren, so sollten Sie zusätzlich eine entsprechende Vollmacht beifügen.

Ich empfehle dringend – neben den Einträgen zur Bankverbindung auf der dritten Formularseite (1.6) – das Formular zur Erteilung einer Einzugsermächtigung auszufüllen. Dadurch bucht das Finanzamt die fälligen Steuern zum Fälligkeitszeitpunkt vom Geschäftskonto der UG (haftungsbeschränkt) ab. Im Ergebnis verpasst die UG (haftungsbeschränkt) keine Zahlungsfristen. Natürlich muss dabei vorausschauend disponiert werden und – zumindest zu Zahlungsterminen – auch ein entsprechender Betrag auf dem Geschäftskonto bereit stehen. Die Höhe der fälligen Steuern kennt man aus den Umsatzsteuer-Voranmeldungen bzw. Lohnsteuer-Anmeldungen, die die UG ja selbst errechnen und abgeben muss. In dem Formular zur Einzugsermächtigung sollten alle Steuerarten angekreuzt werden.

Die weiteren Angaben (1.7 bis 1.11) auf der dritten Seite des Fragebogens sind unter anderem dem Gründungsprotokoll zu entnehmen. Die unter 1.7 geforderten Unterlagen sind dem Finanzamt in Kopie beizufügen.

Bei den auf der vierten Formularseite abgefragten Angaben zu den Anteilseignern ist zu berücksichtigen, dass neben natürlichen Personen auch andere Kapitalgesellschaften Anteile übernehmen können. Deshalb umfasst der Fragebogen beispielsweise nicht nur das Geburtsdatum, sondern alternativ auch das Gründungsdatum.

Eine UG (haftungsbeschränkt) kann nur durch Bargründung entstehen, so dass 3.2 (Sachgründung) nicht zutreffend ist. Das Formular wird von der Finanzverwaltung auch bei Gründung einer GmbH verschickt, deshalb sind diese Felder vorgegeben.

Von Interesse dürfte erst wieder Punkt 6 („Angaben zur Festsetzung von Vorauszahlungen zur Körperschaftsteuer und Gewerbesteuer") auf der siebten Seite sein. Hier ist unbedingt mit Bedacht vorzugehen: Das Finanzamt möchte in Erfahrung bringen, was die UG (haftungsbeschränkt) im Gründungs- und im Folgejahr an Jahresüberschuss, zu versteuerndem Einkommen und Gewerbeertrag erwirtschaftete.

Werden hier „optimistische" Zahlen angegeben, die zu hoch kalkuliert wurden, so werden zwangsläufig entsprechende Steuervorauszahlungen festgesetzt, die die Liquidität der UG (haftungsbeschränkt) in den beiden ersten Geschäftsjahren schwächt.

Die Angabe von zu niedrigen Werten zieht Nachzahlungen nach sich, die gegebenenfalls erst in einem späteren Jahr bei Abgabe der Steuererklärung fällig werden und die dann zu einer einmaligen erheblichen Belastung führen können.

Aus diesem Grunde sollten meines Erachtens realistisch *(mit Neigung zum Pessimismus)* geschätzt werden. Liegen für die UG (haftungsbeschränkt) stimmige Budgets und/ oder Hochrechnungen vor, so sollten Sie diese Werte übernehmen.

Für beide Fälle gilt: Nach den ersten Monaten der

Geschäftstätigkeit schauen Sie sich bitte regel- bzw. turnusmäßig die erwirtschafteten Zahlen an und nehmen jeweils Hochrechnungen zum Jahresende vor. Vorauszahlungen können auch zu späteren Zeitpunkten angepasst – insbesondere erhöht – werden. Details sollten Sie mit Ihrem Steuerberater besprechen.

Bezüglich der Angaben zu den Arbeitnehmern (Seite 7) ist zu beachten, dass auch der Geschäftsführer einer UG (haftungsbeschränkt) zu den Arbeitnehmern zählt. Vergleiche hierzu meine detaillierten Ausführungen unter „Organe". Falls Sie zu diesem komplexen Thema Fragen haben, sollten Sie Ihren Steuerberater hinzuziehen.

Die achte Seite befasst sich mit dem Thema „Anmeldung und Abführung der Umsatzsteuer". Bitte lesen Sie – bevor Sie diesen Abschnitt ausfüllen – weiter unten meine ausführlichen Erläuterungen zur Umsatzsteuer, insbesondere zur sogenannten Kleinunternehmer-Regelung.

Die sog. Umsatzsteuer-Identifikationsnummer (8.8) benötigt die UG (haftungsbeschränkt), wenn sie am innergemeinschaftlichen Waren- und/oder Dienstleistungsverkehr teilnehmen will. Mit ihr kann die UG europaweit als Steuerzahler identifiziert werden. Die Beantragung der Umsatzsteuer-Identifikationsnummer ist kostenlos und sollte durchaus erfolgen.

Am Rande: Die Steuernummer und die Umsatzsteuer-Identifikationsnummer der UG (haftungsbeschränkt) sind zwei unterschiedliche Nummern. Die Steuernummer wird vom Finanzamt zugewiesen. Bei Ausfüllen dieses „Fragebogens zur steuerlichen Erfassung" dürfte die Steuernummer noch nicht bekannt sein, so dass in das entsprechende Feld (erste Seite, Zeile

2) „Neuvergabe" oder ähnliches geschrieben werden kann.

Weshalb sollte für die Unternehmergesellschaft (haftungsbeschränkt) frühzeitig ein Zertifikat zur elektronischen Authentifizierung beantragt werden?

Bitte beachten Sie, dass die Finanzämter die allermeisten Steuererklärungen, Steuervoranmeldungen und Steueranmeldungen nicht mehr in Papierform akzeptieren *(dürfen)*. So kann seit dem 1. Januar 2013 die Umsatzsteuer-Voranmeldung, der Antrag auf Dauerfristverlängerung, die Anmeldung auf Sondervorauszahlung und die Lohnsteueranmeldung nur noch mit elektronischem Zertifikat an die Steuerverwaltung übermittelt werden.

Sinngemäß verpflichtet beispielsweise §18 Absatz 1 UStG dazu, die Umsatzsteuer-Voranmeldung bis zum 10. Tag nach Ablauf jedes Voranmeldungszeitraums entsprechend amtlich vorgeschriebenem Datensatz <u>durch Datenfernübertragung</u> nach Maßgabe der Steuerdaten-Übermittlungsverordnung zu übermitteln. *D.h., die Umsatzsteuer-Voranmeldung ist zwingend authentifiziert elektronisch zu übertragen. Mir ist übrigens kein Fall bekannt, bei dem die Finanzverwaltung noch die Papierform, die im nächsten Satz des §18 UStG im Rahmen einer Härtefallregelung genannt wird, akzeptiert hat.*

Einer neu gegründeten Unternehmergesellschaft (haftungsbeschränkt) empfehle ich deshalb dringend, das zur Authentifizierung benötigte elektronische Zertifikat (zumindest das kostenlose Elster-Basis-Zertifikat) rechtzeitig unter

https://www.elsteronline.de/eportal/Oeffentlich.tax

zu beantragen, zumal der mehrstufige Registrierungsprozess teilweise auf dem Postwege erfolgt.

Hintergrund: Bei der Registrierung im ElsterOnline-Portal erhalten Sie ein elektronisches Zertifikat. Die Finanzverwaltung kann so später feststellen, von wem eingehende Steuererklärungen tatsächlich stammen.

Durch Beantragung des elektronischen Zertifikats ist sichergestellt, dass die Unternehmergesellschaft nicht gleich zu Beginn ihrer Geschäftstätigkeit bei den Finanzbehörden durch die verspätete Abgabe von Steuervoranmeldungen oder Steueranmeldungen unangenehm auffällt.

Neben dem vorgenannten ELSTER-Basis-Zertifikat, stellt die Finanzverwaltung noch zwei weitere Zertifikate bereit:

- ELSTER-Spezial (via Sicherheits-Stick)

- ELSTER-Plus (via Signaturkarte)

Beide bieten gegenüber ELSTER-Basis eine erhöhte Sicherheit, sind jedoch nicht gänzlich kostenlos, da der Sicherheits-Stick bzw. eine unterstützte Signaturkarte zuzüglich Kartenleser im Vorfeld gekauft werden müssen – es sei denn, man besitzt sie bereits. Damit sind Kosten verbunden.

Bei der Nutzung von ELSTER-Basis als Zertifikat via Datei auf Ihrem Computer *(oder in der ElsterSmart-App)* fallen keine Kosten an.

Um nun ElsterOnline über die Registrierungsart ELSTER-Basis (Zertifikatsdatei) zu nutzen, benötigen Sie einen Browser mit aktiviertem JavaScript.

Nach der o.g. einmaligen Registrierung können Sie das Zertifikat später für nahezu alle betrieblichen Steuererklärungen, Steueranmeldungen und Steuervoranmeldungen verwenden *(zum Beispiel die Körperschafts-Steuererklärung, Lohnsteuer- Anmeldungen, Umsatzsteuervoranmeldungen etc.).*

Tipp: Das Zertifikat kann auch in Verbindung mit den meisten gängigen Steuerprogrammen verwendet werden – Sie sind also nicht auf das ElsterOnline-Portal festgelegt, wenn Sie stattdessen lieber eine Steuersoftware verwenden möchten.

Wie wird die UG (haftungsbeschränkt) steuerrechtlich behandelt?

Die UG (haftungsbeschränkt) ist als Kapitalgesellschaft gemäß §1 Absatz 1 Nr. 1 KStG **körperschaftsteuerpflichtig.** *Im Normalfall dürfte eine UG unbeschränkt körperschaftsteuerpflichtig sein, da sie ihre Geschäftsleitung (§10 AO) oder ihren Sitz (§11 AO) im Inland haben dürfte.* §8 Absatz 2 KStG (sogenannter „Gewerbebetrieb kraft Rechtsform") ist einschlägig, so dass die UG körperschaftsteuerlich ausschließlich Einkünfte aus Gewerbebetrieb erzielt.

Gemäß §2 Absatz 1 Satz 1 GewStG unterliegt jeder stehende Gewerbebetrieb, soweit er im Inland betrieben wird, der **Gewerbesteuer.** Entsprechend §2 Absatz 2 Satz 1 GewStG gilt die Tätigkeit der Kapitalgesellschaften – zu denen die UG (haftungsbeschränkt) gehört – stets und in vollem Umfang als Gewerbebetrieb (de facto „Gewerbebetrieb kraft Rechtsform"). Unter der im §2 Absatz 1 Satz 3 GewStG kodifizierten Voraussetzung, dass die UG (haftungsbeschränkt) im Inland eine Betriebsstätte unterhält *(wovon im Regelfall auszugehen ist)*, ist sie im Ergebnis gewerbesteuerpflichtig.

Die **steuerrechtliche Behandlung einer UG ist** somit **identisch mit der einer GmbH**, d.h. die UG ist im Normalfall voll körperschaftsteuer- und gewerbesteuerpflichtig.

Gemäß §1 Absatz 1 Nr. 1 UStG unterliegen die Lieferungen und sonstigen Leistungen, die **ein Unternehmer im Inland gegen Entgelt im Rahmen seines Unternehmens** ausführt, der **Umsatzsteuer.** *Auf die weiteren Ziffern des §1 Absatz 1 UStG soll hier nicht eingegangen werden.*

Umsatzsteuerlich ist die UG (haftungsbeschränkt) jedoch nicht bereits aufgrund ihrer Rechtsform „Unternehmerin". Vielmehr müssen die in §2 Absatz 1 UStG genannten **Voraussetzungen** erfüllt sein, damit die UG die umsatzsteuerliche Unternehmereigenschaft erfüllt.

So ist Unternehmer, **wer eine gewerbliche oder berufliche Tätigkeit selbständig ausübt.** Das Unternehmen **umfasst die gesamte gewerbliche oder berufliche Tätigkeit** des Unternehmers. Gewerblich oder beruflich ist dabei jede **nachhaltige Tätigkeit zur Erzielung von Einnahmen, auch wenn die Absicht, Gewinn zu erzielen, fehlt.**

Fazit: Wer selbstständig tätig ist und für seine Lieferungen oder sonstigen Leistungen Geld verlangt, muss Umsatzsteuer berechnen. Dies dürfte auf die meisten Unternehmergesellschaften zutreffen. Eine Ausnahme ergibt sich aus §19 UStG, nach dem sich sogenannte Kleinunternehmer von der Umsatzsteuerpflicht befreien lassen können *(was jedoch gut durchdacht werden muss und an anderer Stelle ausführlich diskutiert wird).*

Welche Steuererklärungen und Steueranmeldungen bzw. - voranmeldungen sind für die UG (haftungsbeschränkt) abzugeben?
Grundsätzlich sind die Körperschafts-Steuererklärung (inklusive Jahresabschluss und gegebenenfalls Prüfungsbericht des Wirtschaftsprüfers), die Gewerbesteuer-Erklärung und die Umsatzsteuer-Jahreserklärung beim Finanzamt (jeweils auf amtlichen Vordrucken) abzugeben.

Der Geschäftsführer hat diese Steuererklärungen eigenhändig zu unterschreiben. Die Unterschrift vom Wirtschaftsprüfer oder Steuerberater ist nicht ausreichend.

Des Weiteren können bestimmte Sonderfälle auftreten, bei denen zusätzliche Steuererklärungen abzugeben sind, zum Beispiel Grunderwerbsteuer beim Erwerb von Grundbesitz.

Neben den oben genannten Steuererklärungen sind für die UG turnusmäßig auf elektronischem Wege Umsatzsteuer-Voranmeldungen, Lohnsteuer- Anmeldungen und Kapitalertragssteuer- Anmeldungen abzugeben.

Welche Termine gelten für die Abgabe der betrieblichen Steuererklärungen, Steueranmeldungen bzw. Steuervoranmeldungen?
Grundsätzlich sind die **betrieblichen Steuererklärungen für den Veranlagungszeitraum 2017** bis zum **31. Mai des Folgejahres** beim Finanzamt abzugeben. Nachzulesen ist das im §149 Absatz 2 Satz 1 der Abgabenordnung.

Das Finanzamt gewährt jedoch im Normalfall **Fristverlängerungen** (§109 AO). Haben Sie einen Steuerberater zwischengeschaltet (und weiß das Finanzamt davon), so gilt im Regelfall (je nach Bundesland abweichend) der **31. Dezember des Folgejahres** als Fristende.

Beispiel (ohne Steuerberater):

Die „Toller Laden" Unternehmergesellschaft (haftungsbeschränkt) erstellt ihre Bilanz und die Steuererklärungen selbst. Sie muss die Jahressteuererklärungen für das Geschäftsjahr 2017 bis zum 31. Mai 2018 beim Finanzamt einreichen.

Beispiel (mit Steuerberater):

Die „Toller Laden" Unternehmergesellschaft (haftungsbeschränkt) lässt ihre Bilanz und die Steuererklärungen durch den Steuerberater Pfiffikus erstellen. Die Jahressteuererklärungen für das Geschäftsjahr 2017 sind bis zum 31. Dezember 2018 beim Finanzamt einzureichen.

Diese langjährige bisherige Handhabung wird mit Veranlagungszeitraum 2018 grundlegend geändert:

So sind die **betrieblichen Steuererklärungen für den Veranlagungszeitraum 2018 (und später)** jeweils bis zum **31. Juli des Folgejahres** beim Finanzamt abzugeben.

Das Finanzamt gewährt jedoch im Normalfall **Fristverlängerungen** (§109 AO). Haben Sie einen Steuerberater zwischengeschaltet (und weiß das Finanzamt davon), so gilt im Regelfall der **28. Februar des übernächsten Jahres als Fristende.**

Beispiel (ohne Steuerberater):

Die „Toller Laden" Unternehmergesellschaft (haftungsbeschränkt) erstellt ihre Bilanz und die Steuererklärungen selbst. Sie muss die Jahressteuererklärungen für das Geschäftsjahr 2018 bis zum 31. Juli 2019 beim Finanzamt einreichen.

Beispiel (mit Steuerberater):

Die „Toller Laden" Unternehmergesellschaft (haftungsbeschränkt) lässt ihre Bilanz und die Steuererklärungen durch den Steuerberater Pfiffikus erstellen. Die Jahressteuererklärungen für das Geschäftsjahr 2018 sind – dank Schaltjahr und Wochenende – bis zum 2. März 2020 beim Finanzamt einzureichen.

Achtung: In Ausnahmefällen kann das Finanzamt einzelne Steuererklärungen auch schon vor der Frist für Steuerberater (28./29. Februar des übernächsten Jahres) anfordern.

Die **Steueranmeldungen bzw. Steuervoranmeldungen** sind im Normalfall spätestens bis zu 10 Kalendertagen (Achtung: Nicht Werktagen) nach Ablauf des (Vor-) Anmeldezeitraums elektronisch beim Finanzamt einzureichen.

Welcher (Vor-) Anmeldezeitraum (monatlich, vierteljährlich etc.) für Ihre Unternehmergesellschaft gilt, richtet sich nach bestimmten Größenkriterien:

Bei der **Umsatzsteuer** gilt:

Bis maximal 1.000.- EUR Umsatzsteuerschuld im Vorjahr muss die Unternehmergesellschaft im laufenden Jahr überhaupt keine Umsatzsteuer-Voranmeldungen abgeben. Hier wird also „nur" die Umsatzsteuer-Jahreserklärung abgegeben. Liegt die Umsatzsteuerschuld aus dem Vorjahr in der Größenordnung zwischen 1.000,- und 7.500,- EUR, so muss die Unternehmergesellschaft ihre Umsatzsteuer-Voranmeldung vierteljährlich abgeben. Bei einer Umsatzsteuerschuld von mehr als 7.500,- EUR muss die Unternehmergesellschaft monatlich „liefern".

Voranmeldungs-Zeitraum	Zahllast des Vorjahres
Befreiung von Abgabepflicht auf Antrag oder seitens des Finanzamtes	< 1.000
Vierteljährlich	≥ 1.000 ≤ 7.500
Monatlich	> 7.500

Beispiel (vierteljährliche Abgabe der Umsatzsteuer-Voranmeldung):

Die „Toller Laden" Unternehmergesellschaft (haftungsbeschränkt) ist zur vierteljährlichen Abgabe ihrer Umsatzsteuer-Voranmeldungen verpflichtet. Für das III. Quartal 2018 (Juli-September) ist die Umsatzsteuer-Voranmeldung bis spätestens 10. Oktober 2018 an das Finanzamt zu übermitteln (und der Steuerbetrag zu zahlen).

Neu gegründeten Unternehmergesellschaften wird das Finanzamt kurz nach Betriebseröffnung und Rücksendung des „Fragebogens zur steuerlichen Erfassung" schriftlich ihren Voranmeldezeitraum mitteilen. Vorab so viel: In §18 Absatz 2 Satz 4 des

Umsatzsteuergesetzes findet sich die filigrane Fiskalformulierung: „Nimmt der Unternehmer seine berufliche oder gewerbliche Tätigkeit auf, ist im laufenden und im folgenden Kalenderjahr Voranmeldezeitraum der Kalendermonat."

Es besteht die Möglichkeit, elektronisch im ELSTER-Verfahren eine **Dauerfristverlängerung** zur Abgabe der Umsatzsteuer-Voranmeldung zu beantragen. In diesem Fall verlängert sich die Frist zur Abgabe der Umsatzsteuer-Voranmeldungen gemäß § 18 Absatz 6 Umsatzsteuergesetz jeweils um einen Monat. Details erörtere ich an anderer Stelle.

Bei der **Lohnsteuer** gilt:

Hier ist die Unternehmergesellschaft - so sie denn Arbeitgeber ist - Haftungsschuldner für die Lohnsteuer. Gemäß §41a Absatz 2 Einkommensteuergesetz ist zu beachten:

Wenn die abzuführende Lohnsteuer für das vorangegangene Kalenderjahr mehr als 5.000.- EUR betragen hat, so ist die Lohnsteuer-Anmeldung monatlich abzugeben. Hat die abzuführende Lohnsteuer für das vorangegangene Kalenderjahr nicht mehr als 1.080.- EUR betragen, so ist die Lohnsteuer nur jährlich abzuführen. Bei einem Betrag dazwischen sind folglich vierteljährliche Lohnsteuer-Anmeldungen abzugeben.

Abgabe der Lohnsteuer-Anmeldung	Abzuführende Lohnsteuer des Vorjahres
Jährlich	≤ 1.080
Vierteljährlich	> 1.080 ≤ 5.000
Monatlich	> 5.000

Weitere Details habe ich nachfolgend bei der jeweiligen Steuerart erläutert.

Welche Folgen kann die verspätete Abgabe oder Nichtabgabe von Steuererklärungen, Steuervoranmeldungen bzw. Steueranmeldungen haben?

Grundsätzlich gilt: Versäumt ein Steuerpflichtiger in Deutschland eine Frist, so können sich für ihn negative Konsequenzen ergeben. In der Abgabenordnung (AO) sind die folgenden Maßnahmen vorgesehen:

1. Bei der **verspäteten Abgabe von Steueranmeldungen, Steuervoranmeldungen und Steuererklärungen** wird das Finanzamt im Normalfall *(besonders im Wiederholungsfall)* einen **Verspätungszuschlag** festsetzen.

   Dieser Verspätungszuschlag darf bis Ende 2018 gemäß §152 Absatz 2 Satz 1 AO 10% der festgesetzten Steuer nicht übersteigen und maximal 25.000 EUR betragen. Von der Festsetzung des Zuschlags kann in entschuldbaren Fällen

(§152 Absatz 1 Satz 2 AO) abgesehen werden. Noch haben Finanzbeamte also einen großen Ermessensspielraum.

Ab 2019 gilt: Wer seine Steuererklärung beispielsweise für 2018 verspätet abgibt, erhält automatisch einen Verspätungszuschlag.

Letzterer beträgt dann pro angefangenem Monat der Säumnis 0,25 Prozent der um die Vorauszahlungen und die anzurechnenden Steuerabzugsbeträge verminderten Steuer, mindestens aber 25 Euro monatlich.

2. Bei der **verspäteten Zahlung von fälligen Steuern** fallen gemäß §240 Absatz 1 Satz 1 AO **Säumniszuschläge** an. Der Säumniszuschlag beträgt für jeden angefangenen Monat der Säumnis 1% des abgerundeten rückständigen Steuerbetrags; abzurunden ist dabei auf den nächsten durch 50 Euro teilbaren Betrag (§240 Absatz 1 Satz 1AO). §240 Absatz 3 Satz 1 AO kodifiziert des Weiteren eine Zahlungsschonfrist von 3 Tagen. Letztere gilt für Überweisungen – jedoch nicht bei Scheck- oder Barzahlungen. Mein **Praxistipp**, um überhaupt nicht in eine derartige Situation zu kommen: Dem Finanzamt eine Einzugsermächtigung erteilen! In diesem Falle können keine Säumniszuschläge anfallen, selbst dann nicht, wenn die Belastung des Geschäftskontos durch das Finanzamt erst mehrere Tage später erfolgt (§224 Absatz 2 Nr. 3 AO).

3. Erfüllen die handelnden Personen der Unternehmergesellschaft renitenter Weise gar nicht die im Rahmen des steuerlichen Ermittlungsverfahrens obliegenden Mitwirkungspflichten, so greifen §328 ff. AO: Bei Nichtabgabe von Steuererklärungen etc. wird das Finanzamt zunächst

schriftlich ein **Zwangsgeld** androhen (§332 AO) und anschließend festsetzen (§333 AO). Die Besteuerungsgrundlagen und die Steuerschuld werden im Regelfall gemäß §162 AO **geschätzt**. Die Steuern werden danach eingetrieben.

Gemäß §43 GmbHG sowie §69 AO ist grundsätzlich der **Geschäftsführer** der Unternehmergesellschaft für die Erfüllung der steuerlichen Pflichten der Unternehmergesellschaft – d.h. die fristgerechte Abgabe der Steuererklärungen und die Zahlung der Steuern – verantwortlich. Der Geschäftsführer der Unternehmergesellschaft haftet mit seinem Privatvermögen, wenn bspw. Steuererklärungen, Steuervoranmeldungen bzw. Steueranmeldungen nicht abgegeben oder Steuerzahlungen nicht geleistet wurden. Es drohen – falls sein Verhalten zu Steuerminderungen führt – auch strafrechtliche Folgen, da gegebenenfalls eine Steuerhinterziehung gegeben sein könnte.

Mein Tipp:

Seien Sie sich als Geschäftsführer einer Unternehmergesellschaft darüber im Klaren, dass diese wie jedes andere Unternehmen, jeder andere Unternehmer und auch Privatpersonen steuerliche Pflichten hat. Kommen Sie deshalb diesen Pflichten fristgerecht und vollumfänglich nach und Sie müssen sich mit den oben dargestellten Konsequenzen gar nicht erst beschäftigen. Können oder wollen Sie selbst diese Pflichten nicht erfüllen, so sollten Sie frühzeitig einen Steuerberater beauftragen.

Innerhalb welcher Frist kann gegen Steuerbescheide des Finanzamtes vorgegangen werden?

Die sogenannte Rechtsbehelfsfrist beginnt nach der Bekanntgabe des Steuerbescheides und beträgt grundsätzlich einen Monat und nicht etwa vier Wochen *(wie häufig irrtümlich angenommen wird).*

In der Regel wird der Steuerbescheid per Post zugestellt. In diesem Fall gilt der übermittelte Bescheid am 3. Tag nach Aufgabe zur Post als bekannt gegeben (§122 Absatz 2 Nr. 1 AO).

Geht der Bescheid früher ein, ist dies unbeachtlich. Fällt dieser 3. Tag auf einen Sonntag, einen gesetzlichen Feiertag oder einen Sonnabend, so endet die Frist erst mit dem Ablauf des nächsten Werktages (§108 Absatz 3 AO).

Erst nach – der eben beschriebenen – Bekanntgabe des Steuerbescheides beginnt die Rechtsbehelfsfrist von einem Monat zu laufen (§355 Absatz 1 AO).

Falls der letzte Tag der Frist dann auf einen Sonntag, einen gesetzlichen Feiertag oder einen Sonnabend fällt, so verschiebt sich das Fristende auch hier auf den nächsten Werktag (§108 Absatz 3 AO).

Welche Folgen kann die Nichtzahlung von Steuern haben?

In einem derartigen Falle kann das Finanzamt den Geschäftsführer einer UG persönlich in Anspruch nehmen, wenn er Pflichten vorsätzlich oder grob fahrlässig verletzt hat und es deshalb zu Steuerausfällen gekommen ist.

Ein besonderer Fall soll nachfolgend noch kurz erläutert werden:

Bei der Nicht-Abführung von Lohnsteuern (und anderen Abzugssteuern) können gegen den Geschäftsführer Geldbußen festgesetzt werden. Der Hintergrund besteht darin, dass bei der Unternehmergesellschaft im Rahmen der Gehaltsabrechnung Lohnsteuern für die Mitarbeiter einbehalten und dann an das Finanzamt abgeführt werden.

Werden gar keine Steueranmeldungen abgegeben, so liegt kein Bußgeldtatbestand mehr vor, sondern eine leichte Steuerverkürzung oder gar Steuerhinterziehung. Letztere kann strafrechtliche Folgen nach sich ziehen.

Was hat es mit der sogenannten „Gleichbehandlung" des Finanzamtes auf sich?

Steuerschulden der UG (haftungsbeschränkt) dürfen nicht schlechter behandelt werden als andere Schulden der UG. So dürfen bei Ausgangszahlungen der UG deren Lieferanten etc. nicht gegenüber dem Finanzamt bevorzugt werden. Werden nun bspw. in einer Schieflage der UG zunächst Lieferanten bezahlt und das Finanzamt „nach hinten geschoben", so haftet meiner Meinung nach der Geschäftsführer persönlich. Anmerkung: Andererseits lässt sich daraus auch keine bevorrechtigte Befriedigung des Finanzamtes konstruieren, sondern lediglich eine Gleichbehandlung.

Worum handelt es sich bei der Körperschaftsteuer?

Was die Einkommensteuer für Privatleute (*sogenannte natürliche Personen*) darstellt, ist die **Körperschaftsteuer** für

Kapitalgesellschaften *(sogenannte juristische Personen)*. Denn auch bei der Körperschaftsteuer wird das **Einkommen** besteuert. Im Gegensatz beispielsweise zu Kapitalertragsteuer und Lohnsteuer, die lediglich Erhebungsformen der Einkommensteuer sind, handelt es sich bei der Körperschaftsteuer um eine vollkommen selbständige Steuerart, die in einem eigenen Steuergesetz, dem Körperschaftsteuergesetz, geregelt ist.

Sowohl Einkommensteuer als auch Körperschaftsteuer sind der Gruppe der sogenannten **direkten Steuern** zuzuordnen, da der **Steuerschuldner selbst die Steuerbelastung** zu tragen hat. Die Körperschaftsteuer ist zudem eine **Ertragsteuer.** Bemessungsgrundlage der Körperschaftsteuer ist gemäß §7 Absatz 1 KStG das **zu versteuernde Einkommen.** Das **Aufkommen** der Körperschaftsteuer steht sowohl dem **Bund** als auch den **Ländern** zu, deshalb sprechen Fachleute bei der Körperschaftsteuer von einer **Gemeinschaftssteuer.**

Rechtsgrundlagen der Körperschaftsteuer sind

- das **Körperschaftsteuergesetz (KStG),**

- das **Einkommensteuergesetz (EStG;** *bezüglich der Ermittlung des Einkommens, siehe §8 Absatz 1 KStG),*

- die **Körperschaftsteuer-Durchführungsverordnung (KStDV),**

- die **Körperschaftsteuer-** **Richtlinien** (**KStR;** *als Verwaltungsvorschriften).*

Die UG (haftungsbeschränkt) ist gemäß §1 Absatz 1 Nr. 1 KStG als Variante der GmbH **körperschaftsteuerpflichtig.** Genauer: Hat die Unternehmergesellschaft (haftungsbeschränkt) **ihren Sitz oder**

ihre Geschäftsleitung im Inland, so ist sie **unbeschränkt körperschaftsteuerpflichtig.** *Auf §2 KStG (beschränkte Körperschaftsteuerpflicht) soll hier nicht eingegangen werden.*

Einkommensteuer und Körperschaftsteuer können nebeneinander bestehen. Die UG ist als juristische Person des Privatrechts selbst Steuersubjekt der Körperschaftsteuer. Die an der UG beteiligten Gesellschafter unterliegen wiederum der Einkommensteuer (*wobei ich hier unterstelle, dass der/die Gesellschafter der UG im Normalfall natürliche Personen und keine Kapitalgesellschaften sein dürften*).

Ein von einer Unternehmergesellschaft erwirtschafteter Gewinn gehört – wie gesagt – zur Bemessungsgrundlage der Körperschaftsteuer. Bei Weiterausschüttung des Gewinns der UG an ihre Gesellschafter dann ebenfalls zur Bemessungsgrundlage der Einkommensteuer der beteiligten natürlichen Person(en).

Die Körperschaftsteuer ist eine **Jahressteuer**, so dass die Grundlagen für ihre Festsetzung jeweils für ein Kalenderjahr zu ermitteln sind (§7 Absatz 3 KStG). Der **Veranlagungszeitraum** der Körperschaftsteuer ist das Kalenderjahr (§25 Absatz 1 EStG, §31 Absatz 1 KStG).

Der **Gewinnermittlungszeitraum**, der vom vorgenannten Veranlagungszeitraum zu unterscheiden ist, wird auch als **Wirtschaftsjahr** bezeichnet. Das Wirtschaftsjahr ist bei Gründung frei wählbar, eine Zustimmung des Finanzamtes ist jedoch erforderlich (§7 Absatz 4 Satz 3 KStG). Ein vom Kalenderjahr abweichendes Wirtschaftsjahr könnte meines Erachtens bei saisonal tätigen UGs Sinn machen (z.B. Mode-, Schuhbranche). Bei einem abweichenden Wirtschaftsjahr gilt der Gewinn als in dem Kalenderjahr bezogen, in dem das Wirtschaftsjahr endet (§7

Absatz 4 Satz 2 KStG). Im Normalfall dürfte das Wirtschaftsjahr der Unternehmergesellschaft aber mit dem Kalenderjahr übereinstimmen.

Wann beginnt die Körperschaftsteuerpflicht der UG (haftungsbeschränkt)? Wann endet sie?
Auch an dieser Stelle sind wieder die drei Stadien der

1. **„Vorgründungsgesellschaft",**

2. **„Vorgesellschaft"** *(bzw.* **„Unternehmergesellschaft** *in* **Gründung"),**

3. **„eingetragenen Unternehmergesellschaft"**

zu unterscheiden.

zu 1: Die Vorgründungsgesellschaft unterliegt noch nicht der Körperschaftsteuer. Betätigungen vor Abschluss des Gesellschaftsvertrages stellen vielmehr Betätigungen im Rahmen einer sogenannten Personengesellschaft dar (§3 Absatz 1 KStG). Die in diesem Stadium erzielten Gewinneinkünfte werden durch eine gesonderte und einheitliche Feststellung den zukünftigen Gesellschaftern zugerechnet und zu deren individuellen Einkommensteuersätzen versteuert.

zu 2: Obwohl die Unternehmergesellschaft (haftungsbeschränkt) formal erst mit der Eintragung in das Handelsregister entsteht bzw. durch die Eintragung ihre „Rechtsfähigkeit" erhält (so auch §11 Abs. 1 GmbHG), beginnt die Körperschaftsteuerpflicht bereits mit der notariellen Beurkundung der Satzung. Die Vorgesellschaft entsteht ja bereits mit der notariellen Beurkundung des

Gesellschaftsvertrages.

*Am Rande: Steuerrechtlich werden auf die Vorgesellschaft bereits die Vorschriften angewendet, die auch für die spätere eingetragene Unternehmergesellschaft gelten. Die sofortige Steuerpflicht mit Entstehung der Vorgesellschaft vereinfacht die Handhabung, da beispielsweise keine separate Steuererklärung für die Vorgesellschaft abzugeben ist. Kommt es jedoch aufgrund irgendwelcher Hindernisse zu keiner späteren Registereintragung (sogenannte **unechte Vorgesellschaft**), so entfällt rückwirkend die Körperschaftsteuer-Pflicht, alle bereits abgegebenen Körperschaftsteuer-Erklärungen werden rückabgewickelt und die unechte Vorgesellschaft ist nach dem Recht der Personengesellschaften zu behandeln.*

Zwar existiert eine juristische Person rechtlich bis zur Löschung im Handelsregister, letztere ist jedoch für das **Ende der Körperschaftsteuerpflicht** unerheblich. Vielmehr **endet** die Steuerpflicht, wenn die Unternehmergesellschaft (haftungsbeschränkt) ihre geschäftliche Tätigkeit tatsächlich beendet und das gesamte Vermögen an ihre Gesellschafter verteilt (und nach Ablauf eines gesetzlich vorgeschriebenen Sperrjahres), d.h. mit der rechtsgültigen Beendigung der Liquidation der UG (haftungsbeschränkt). Weitere Sonderfälle (z.B. Formwechsel) sollen hier nicht diskutiert werden.

Wann muss für die Unternehmergesellschaft (haftungsbeschränkt) eine Körperschaftsteuer-Erklärung abgegeben werden? Sind Vorauszahlungen zu leisten?
Vorab: Die Körperschaftsteuer wird auch als „Einkommensteuer der juristischen Personen" *(entsprechend §1 Absatz 1 und §2 KStG)*

bezeichnet. Juristische Personen sind dabei alle mit eigener Rechtsfähigkeit versehenen nicht-natürlichen Personen. Zu ihnen gehören insbesondere die Kapitalgesellschaften (u.a. die GmbH und deren Rechtsformvariante, die Unternehmergesellschaft).

Die Körperschaftsteuer wird anhand des sog. zu versteuernden Einkommens gemäß §7 Absatz 1 KStG in Verbindung mit R29 Absatz 1 KStR berechnet. Wie dieses zu versteuernde Einkommen einer Unternehmergesellschaft ermittelt wird, zeige ich an anderer Stelle.

In der Praxis dient die Körperschafts-Steuererklärung der Unternehmergesellschaft als Grundlage für die Ermittlung der festzusetzenden Körperschaftsteuer.

Die Körperschaftsteuer-Erklärungen für Veranlagungszeiträume ab 2018 sind jeweils bis zum 31. Juli des Folgejahres beim Finanzamt abzugeben.

Das Finanzamt gewährt jedoch im Normalfall Fristverlängerungen (§109 AO). Haben Sie einen Steuerberater zwischengeschaltet (und weiß das Finanzamt davon), so gilt im Regelfall jeweils der 28./29. Februar des übernächsten Jahres als Fristende.

Körperschaftsteuer-Erklärung für 2018	
Allgemeine Abgabefrist	31. Juli 2019
Fristverlängerung für steuerlich vertretene Steuerpflichtige	Grundsätzlich: 28. Februar 2020 (dank Schaltjahr und Wochenende sogar 2. März 2020)
Sonderfall	In Ausnahmefällen kann das Finanzamt die Steuer-Erklärung auch schon früher anfordern, allerdings nicht vor dem 31. Juli 2019

Grundsätzlich ist der Geschäftsführer der Unternehmergesellschaft verpflichtet, die Körperschaftsteuer-Erklärung beim Finanzamt abzugeben. In der Praxis bedient er sich dabei häufig eines Bevollmächtigten – seinem Steuerberater, Wirtschaftsprüfer etc. Achtung: Der Geschäftsführer – nicht der Steuerberater – hat die Steuererklärung zu unterschreiben. Beizufügen ist der handelsrechtliche Jahresabschluss und Erläuterungen von Abweichungen zwischen handels- und steuerrechtlichen Wertansätzen – schon allein, um Rückfragen seitens des Finanzamtes zu vermeiden. Das Finanzamt erlässt im Anschluss einen sogenannten Steuerbescheid, aus dem die zu entrichtende Körperschaftsteuer und der Solidaritätszuschlag hervorgehen.

Das Finanzamt kann übrigens vierteljährliche Körperschaftsteuer-Vorauszahlungen auf Basis der Körperschaftsteuer der letzten

Veranlagung festsetzen. Die Entrichtung und Fälligkeit der Vorauszahlungen ergibt sich aus §31 Absatz 1 Satz 1 KStG in Verbindung mit §37 Absatz 1 Satz 1 EStG, wonach die Unternehmergesellschaft die Vorauszahlungen am 10. März, 10. Juni, 10. September und 10. Dezember eines Jahres zu entrichten hat.

Wie können Unternehmergesellschaften, für die die Körperschaftsteuer-Erklärung via ElsterOnline abgegeben wird, die Abgabefrist einhalten?

Mit ElsterOnline bieten die deutschen Finanzbehörden den Steuerbürgern, Unternehmensvertretern usw. einen – meines Erachtens – sinnvollen Online-Service, ihre Steuerbelange direkt über das Internet zu erledigen. So können z.B. Umsatzsteuer-Voranmeldungen oder elektronische Steuererklärungen per Mausklick an das zuständige Finanzamt übermittelt werden.

Unternehmergesellschaften, die ihre Körperschaftsteuer-Erklärung online über das Portal versenden möchten, stehen allerdings vor einem **Problem**. Nach meiner Beobachtung wird das Körperschaftsteuer-Formular, das bei ElsterOnline verwendet wird, nämlich regelmäßig erst zur Jahresmitte (in der Vergangenheit oft Mitte/Ende Juli) des Folgejahres freigeschaltet.

Nun erinnern Sie sich bestimmt an meine Ausführungen, dass die betrieblichen Steuererklärungen – so Sie denn keinen Steuerberater konsultieren *(was bei vielen kleinen Unternehmergesellschaften "Usus" ist)* – bis zum 31. Juli des Folgejahres beim Finanzamt abzugeben sind.

Sie haben das Dilemma bemerkt?

272

Wenn das Formular zur Körperschaftsteuer-Erklärung erst Mitte/Ende Juli des Folgejahres freigeschaltet wird, die Erklärung aber bis zum 31. Juli abgegeben sein muss, bleiben Ihnen nur wenig Tage, diese Steuererklärung sorgfältig anzufertigen.

Da ich davon ausgehe, dass Sie wegen dieser **einen** betrieblichen Steuererklärung (die anderen Formulare werden von ElsterOnline fristgerecht bereitgestellt) keinen Steuerberater konsultieren und auch keine andere Software kaufen wollen, empfehle ich Ihnen als Ausweg, bei Ihrem zuständigen Finanzamt einen **Antrag auf Fristverlängerung** zu stellen. Nachfolgend ein Formulierungsvorschlag meinerseits:

> *„…hiermit beantrage ich, die Frist zur Abgabe unserer Körperschaftsteuer-Erklärung für den Veranlagungszeitraum 2018 bis zum 30. September 2019 zu verlängern, da ich mich aus folgenden Gründen nicht in der Lage sehe, die Körperschaftsteuer-Erklärung termingerecht abzugeben:*
>
> *Die Körperschaftsteuer-Erklärung wird via ElsterOnline erstellt und elektronisch übermittelt. Bis zum heutigen Tage haben die Betreiber des ElsterOnline-Portals das Formular zur Erstellung der Körperschaftsteuer-Erklärung 2018 noch gar nicht freigeschaltet. Auf der Website von ElsterOnline kann man lesen, dass die Freischaltung erst am xx.xx.xxxx erfolgen soll. Einen Ausdruck der Website habe ich diesem Schreiben als Nachweis beigefügt.*
>
> *Alle anderen betrieblichen Steuererklärungen sowie die E-Bilanz liegen Ihnen bereits elektronisch vor. Selbstverständlich werde ich mich bemühen, auch die Körperschaftsteuer-Erklärung vor dem 30. September einzureichen.*

Kopieren nur mit Genehmigung des Anaximander-Verlages

> *Sollten Sie meiner Bitte entsprechen, so ist eine schriftliche Nachricht*
> *nicht erforderlich.*
>
> *Für Ihr Verständnis bedanke ich mich im Voraus und verbleibe..."*

Für Folgejahre sind die Jahreszahlen in dem obigen Muster entsprechend zu modifizieren – es sei denn, das Formular kann künftig seitens der ElsterOnline-Betreiber zeitnah zur Verfügung gestellt werden.

Wie hoch ist der Satz der Körperschaftsteuer (Besteuerung auf Ebene der Gesellschaft)

Aktuell gilt ein Körperschaftsteuer-Satz von 15% (§23 Absatz 1 KStG). Hinzu kommen 5,5% an Solidaritätszuschlag, der sich allerdings auf den Körperschaftsteuerbetrag bezieht.

Im Ergebnis beträgt der Steueranteil also rechnerisch 15,825% des zu versteuernden Einkommens.

Wie hoch sind die Steuersätze auf Dividenden (Besteuerung auf Ebene der Anteilseigner)

Werden Anteile an einer Unternehmergesellschaft im **Privatvermögen** eines Anlegers gehalten, so unterliegen anfallende Dividenden den Regelungen der Abgeltungsteuer mit einem Steuersatz von 25 % zuzüglich Solidaritätszuschlag. Liegt der persönliche Einkommensteuersatz unter 25 %, gibt es die Möglichkeit mit dem niedrigeren persönlichen Steuersatz besteuert zu werden. *Anmerkung: Es besteht eine Optionsmöglichkeit hin zum Teileinkünfte-Verfahren, die hier nicht diskutiert werden kann.*

274

Werden Anteile an einer Unternehmergesellschaft im **Betriebsvermögen** gehalten, so gelten andere Regelungen, auf die an dieser Stelle jedoch nicht eingegangen werden soll.

Wie wird das zu versteuernde Einkommen als Bemessungsgrundlage der Körperschaftsteuer grundsätzlich ermittelt?

Vereinfacht gesagt, stellt die UG (haftungsbeschränkt) zunächst ihre Handelsbilanz auf. Danach sind dann die folgenden Korrekturen notwendig: Bilanzsteuerliche Korrekturen, einkommensteuerliche Korrekturen und körperschaftsteuerliche Korrekturen.

Welche Korrekturen sind erforderlich, um den Handelsbilanz-Gewinn einer Kapitalgesellschaft in den Steuerbilanz-Gewinn zu überführen?

Gemäß §7 Absatz 1 KStG bemisst sich die Körperschaftsteuer nach dem zu versteuernden Einkommen. Dabei dient das Ergebnis der Steuerbilanz als Basis für die Einkommensermittlung.

Für die Besteuerung der Kapitalgesellschaften gibt es gemäß §8 Absatz 2 KStG nur gewerbliche Einkünfte, die auf dem Ergebnis der Handelsbilanz basieren. Diese werden dann zum Steuerbilanzergebnis transformiert.

Exkurs:

Nach §5 Absatz 1 Satz 1 EStG ist die Ausgangsbasis für die Ermittlung des zu versteuernden Einkommens der

Handelsbilanzgewinn. Dieser wird nach handelsrechtlichen Vorschriften ermittelt. Zwischen einer Handelsbilanz und einer Steuerbilanz ist nun streng zu unterscheiden. Eine Steuerbilanz ist eine Aufstellung über das Betriebsvermögen unter Beachtung steuerlicher Grundsätze (vor allem des Einkommensteuergesetzes). Im Gegensatz zur Handelsbilanz richtet sich die Steuerbilanz an das Finanzamt. Mit ihr wird der steuerliche Gewinn des bilanzierenden Unternehmens ermittelt. Zu beachten ist, dass in die Handelsbilanz auch Ertrag und/oder Aufwand einfließt, der nicht in die Steuerbilanz gehört. Achtung: Steuerfreier Gewinn gehört in die Handelsbilanz – natürlich nicht in die Steuerbilanz.

Im Detail liegt der erste Schritt der Einkommensermittlung in der Rekonstruktion des Gewinns aus der Handelsbilanz aus dem handelsrechtlichen Jahresergebnis und dessen Modifikation durch die Steuerbilanz.

Ausgangsgröße ist der Handelsbilanzgewinn, der durch die Korrekturen

- abzüglich Gewinnvortrag,

- zuzüglich Verlustvortrag,

- abzüglich Entnahmen aus Rücklagen,

- zuzüglich Einstellungen in Rücklagen

zum sogenannten handelsrechtlichen Jahresergebnis („Jahresüberschuss") wird.

Das nachfolgende Schema soll ein klein wenig veranschaulichen, wie sodann das zu versteuernde Einkommen vereinfacht aus dem Handelsbilanzergebnis abgeleitet wird:

(vorläufiger) Jahresüberschuss/Jahresfehlbetrag lt. Handelsbilanz
+/- Korrektur des Ansatzes oder der Bewertung nach steuerrechtlichen Vorschriften (§5b EStG)
+/- Korrektur aufgrund nur steuerrechtlich ausgeübter Wahlrechte (§5 Absatz 1 Satz 1 EStG)
= Gewinn/Verlust lt. Steuerbilanz
+ verdeckte Gewinnausschüttungen (§8 Absatz 3 KStG)
- verdeckte Einlagen (§8 Absatz 3 KStG)
+ nicht abziehbare Aufwendungen (§10 KStG in Verbindung mit §4 Absatz 5b EStG)
+ nicht abzugsfähige Betriebsausgaben (§4 Absatz 5 EStG)
+ Gesamtbetrag der Zuwendungen (§9 Absatz 2 KStG)
-/+ steuerfreie Einnahmen (Kürzungen/Hinzurechnungen nach §8b KStG)
-/+ sonstige inländische steuerfreie Einnahmen (z.B. Investitionszulagen) und weitere Korrekturen (§3c EStG)
= steuerlicher Gewinn = Summe der Einkünfte
- abzugsfähige Zuwendungen (§9 Absatz 1 Nr. 2 KStG)

= Gesamtbetrag der Einkünfte
- Verlustabzug (§10d EStG in Verbindung mit §8 Absatz 1 KStG und §8c KStG)
= Einkommen
- Freibetrag nach §24 KStG
- Freibetrag nach §25 KStG
= zu versteuerndes Einkommen

Die Korrekturen des Steuerbilanz-Gewinns werden außerhalb der Bilanz vorgenommen. Bei einer Kapitalgesellschaft, die ja nur eine betriebliche Sphäre hat, sind alle Ausgaben Betriebsausgaben. Wenn diese Ausgaben nun nach steuerrechtlichen Grundsätzen gesellschaftsrechtlich veranlasst sind (zum Beispiel verdeckte Gewinnausschüttung), dann haben die Korrekturen auf dieser Stufe außerhalb der Bilanz zu erfolgen.

Leider ist das Berechnungsschema derart umfangreich, dass es hier nur vereinfacht wiedergegeben werden soll.

Ausgehend vom zuvor ermittelten Steuerbilanz-Gewinn sind bestimmte Hinzurechnungen (zum Beispiel nicht abzugsfähige Betriebsausgaben, steuerlich nicht abzugsfähige Aufwendungen, sämtliche Spenden, verdeckte Gewinnausschüttungen etc.) sowie Kürzungen (zum Beispiel steuerfreie Dividenden und Veräußerungsgewinne, steuerfreie Vermögensmehrungen, verdeckte Einlagen etc.) vorzunehmen. Nach diesen Modifikationen erhält man bei Kapitalgesellschaften die sogenannte Summe der Einkünfte.

Von dieser „Zwischensumme" sind insbesondere abzugsfähige Spenden und Beiträge abzuziehen und zuzurechnendes Einkommen von Organgesellschaften hinzuzurechnen, um zum Gesamtbetrag der Einkünfte zu gelangen.

Der Gesamtbetrag der Einkünfte abzüglich Verlustabzug (§8c KStG) führt zum Einkommen.

Vom Einkommen – abzüglich bestimmter Freibeträge nach §§24,25 KStG – erreicht man schließlich das zu versteuernde Einkommen, auf das dann letztendlich der Körperschaftsteuer-Satz Anwendung findet.

Wo kann ich eine übersichtliche und schematische Darstellung dieser recht komplizierten Ermittlung des zu versteuernden Einkommens finden?
Bitte schauen Sie in die Körperschaftsteuer-Richtlinien *(Version 2015)*, die Sie auch kostenlos im Internet finden. Dort finden Sie unter R7.1 ein detailliertes Rechenschema.

Welches sind die wichtigsten körperschaftsteuerlichen Korrekturen?
Dies sind meines Erachtens die sogenannten nicht abziehbaren Aufwendungen (insbesondere Steueraufwendungen) und verdeckten Gewinnausschüttungen.

Welche Positionen dürfen als sogenannte nicht abziehbare Aufwendungen die körperschaftsteuerliche Bemessungsgrundlage nicht mindern?

Über die einkommensteuerlichen Abzugsverbote des §4 Absatz 5 EStG hinaus sind in §10 KStG speziell für die Körperschaftsteuer einzelne Positionen aufgelistet, bei denen es sich zwar handelsrechtlich um Aufwand handelt, jedoch nicht körperschaftsteuerlich. Beispielsweise dürfen – neben weiteren – insbesondere die **Steueraufwendungen** die körperschaftsteuerliche Bemessungsgrundlage nicht mindern.

Welche Steueraufwendungen dürfen körperschaftsteuerlich nicht als Aufwand betrachtet werden?

Nach §10 Nr. 2 KStG sind – neben weiteren – die Steuern vom Einkommen und sonstige Personensteuern sowie die Umsatzsteuer für Umsätze, die Entnahmen oder verdeckte Gewinnausschüttungen sind, und die Vorsteuerbeträge auf Aufwendungen, für die das Abzugsverbot des §4 Absatz 5 Satz 1 Nr. 1 bis 4 und 7 oder Absatz 7 des Einkommensteuergesetzes gilt nicht abziehbar.

Die genannten Steuern sind daher, insofern sie zuvor gewinnmindernd berücksichtigt wurden, wieder hinzuzurechnen.

Umgekehrt sind selbstverständlich auch die Erträge aus nicht abziehbaren Steuern wieder rückgängig zu machen.

Mit nicht abziehbaren Steuern zusammenhängende steuerliche Nebenleistungen (Säumniszuschläge, Verspätungszuschläge, Zinsen, Zwangsgelder) sind ebenfalls nicht abziehbar. Von diesem Prinzip der Nichtberücksichtigungsfähigkeit existieren allerdings

Ausnahmen.

*Was ist mit sogenannten „verdeckten Gewinnausschüttungen"
gemeint? Worin besteht die Auswirkung auf das zu versteuernde
Einkommen?*

Eine **offene Gewinnausschüttung** findet in Form der
gesellschaftsrechtlichen Gewinnverteilung statt. Was aber sind
nun **verdeckte Gewinnausschüttungen?**

Bei „überhöhten" Zahlungen an Gesellschafter Ihres
Unternehmens (zum Beispiel überhöhtes Gehalt, vergünstigte
Darlehen), sollten Sie sehr vorsichtig agieren. Das Finanzamt
könnte diese Zahlungen als „verdeckte Gewinnausschüttungen"
einstufen. Grundsätzlich gelten Zahlungen dann als überhöht,
wenn Sie nicht in gleicher Art/Höhe an einen fremden Dritten
geleistet worden wären. Verdeckte Gewinnausschüttungen liegen
im Normalfall dann vor, wenn der Gesellschafter mit der UG
Verträge abschließt, die er eben mit einem Fremden nicht
abschließen würde/könnte, zum Beispiel wenn er eine überhöhte
Miete verlangt. Dasselbe gilt übrigens auch für nahe Angehörige
des/der Gesellschafter(s).

Man spricht dann von verdeckten Gewinnausschüttungen bei
Vermögensminderungen (*oder verhinderten Vermögensmehrungen),*
wenn diese durch das Gesellschaftsverhältnis und nicht durch das
schuldrechtliche Verhältnis veranlasst sind, insofern sie sich auf
den Gewinn nach §4 Absatz 1 EStG auswirken und nicht auf
einem Gewinnverteilungsbeschluss nach den
gesellschaftsrechtlichen Vorschriften beruhen.

Beispiel: Der Gesellschafter-Geschäftsführer Gerd Gierig erhält von der SoLaLa Unternehmergesellschaft (haftungsbeschränkt) neben einem angemessenen Gehalt von monatlich EUR 15.000 eine besondere Umsatzvergütung von EUR 20.000, die auf keinem Gewinnverteilungsbeschluss beruht.

Einschätzung: Die Umsatzvergütung von EUR 20.000 hat das Einkommen der UG gemindert (Vermögensverminderung) und ist eine verdeckte Gewinnausschüttung, die für körperschaftsteuerliche Zwecke dem Gewinn laut Steuerbilanz wieder hinzuzurechnen ist.

Im Fall des überhöhten Gehalts ist die Differenz zu einem angemessenen Gehalt zwar handelsrechtlich ein Aufwand, muss aber in der Einkommensberechnung für die Körperschaftsteuer neutralisiert werden.

Wie sind verdeckte Gewinnausschüttungen körperschaftsteuerlich zu behandeln?

Grundsätzlich dürfen Ausschüttungen das Einkommen nicht mindern (§8 Absatz 3 KStG). Dies gilt sowohl für „angemessene" als auch für „unangemessene" Gewinnausschüttungen.

Diese Zahlungen wird das Finanzamt (teilweise) dem zu versteuernden Einkommen der Körperschaft wieder zurechnen. Im Ergebnis erhöht dies Ihre Körperschaftsteuer.

Verdeckte Gewinnausschüttungen kommen zum Beispiel bei Arbeitsverträgen, Mietverträgen, Kaufverträgen und Darlehensverträgen zwischen Gesellschaftern und UG vor (siehe

Erläuterungen oben).

Was nach bürgerlich-rechtlichen Vorschriften in Form und Inhalt bis auf wenige Ausnahmen frei verhandelbar und ohne Schriftformerfordernis darstellbar ist, bedarf zur steuerlichen Anerkennung sowohl bürgerlich-rechtlicher Wirksamkeit als auch Nachweisbarkeit. Bei monatlich wiederkehrenden Leistungen (Geschäftsführer-Gehältern, Mietzahlungen etc.) kann der Nachweis auch durch die tatsächliche Durchführung erbracht werden.

Worum handelt es sich bei „verdeckten Einlagen"? Worin besteht die Auswirkung für den Einlegenden und für die UG?

Verdeckte Einlagen liegen dann vor, wenn ein Gesellschafter einer Körperschaft einen Vorteil verschafft, also zum Beispiel auf sein Gehalt verzichtet oder einen Gegenstand aus dem Privatvermögen unter Wert an die Körperschaft verkauft. Auch der Verzicht auf die Rückzahlung eines Darlehens ist eine verdeckte Einlage.

Einlagen der Gesellschafter dürfen das Einkommen der Unternehmergesellschaft nicht erhöhen (§8 Absatz 3 Satz 3 KStG). Deshalb sind offene Einlagen (gesellschaftsrechtlicher Natur) der Gesellschafter erfolgsneutral zu buchen.

Exkurs:

Sogenannte Nutzungsüberlassungen führen zu keiner verdeckten Einlage, da sie keinen „einlagefähigen Vermögensvorteil" darstellen. Der Gegenstand der verdeckten Einlage muss stets

> bilanzierbar sein. Hier unterscheidet sich die verdeckte Einlage von der verdeckten Gewinnausschüttung.

Verdeckte Einlagen dürfen das steuerliche Einkommen der Unternehmergesellschaft nicht beeinflussen und werden deshalb rechnerisch neutralisiert. Dabei führt die verdeckte Einlage für den Einlegenden zu Anschaffungskosten auf die Beteiligung. Bei der juristischen Person (also der UG) erhöht sich das steuerliche Einlagekonto. Der Betrag des steuerlichen Einlagekontos wird jährlich vom Finanzamt gesondert festgestellt.

Eine verdeckte Einlage wird durch die folgenden Merkmale charakterisiert:

- Zuwendung durch Gesellschafter

- Zuwendung erfolgt außerhalb der gesellschaftsrechtlichen Einlagen

- Zuwendung eines einlagefähigen Vermögensvorteils

- Zuwendung ist durch das Gesellschaftsverhältnis veranlasst.

Dabei muss die verdeckte Einlage nicht zwangsläufig von einem Gesellschafter kommen, sondern kann durchaus auch von einer nahestehenden Person (§15 AO) des Gesellschafters vorgenommen werden.

> Beispiel: Der Gesellschafter-Geschäftsführer Gerd Gierig gewährte „seiner" Unternehmergesellschaft zum 1. Januar 2018 ein Darlehn in Höhe von EUR 100.000 zu einem Zins von 2%. Die übliche Verzinsung liegt bei 10%. Am 1. Juli 2018 verzichtet er auf die Rückzahlung.

Einschätzung: Die niedrige Verzinsung stellt kein einlagefähiges Wirtschaftsgut dar, weshalb die zu wenig gezahlten Zinsen keine verdeckte Einlage sind.

Der Verzicht auf die Darlehensrückzahlung ist jedoch einlagefähig, so dass das Einkommen der Unternehmergesellschaft um eine verdeckte Einlage von EUR 100.000 zu kürzen ist.

Wann fällt Kapitalertragssteuer für Gesellschafter einer UG (haftungsbeschränkt) an?

Vorweg: Bei der sogenannten Kapitalertragsteuer handelt es sich nicht um eine eigene Steuerart, sondern um eine Erhebungsform der Einkommensteuer.

Wie oben dargestellt erfolgen Gewinnausschüttungen entweder in offener Form (Gewinnverwendungsbeschluss der Gesellschafter) oder verdeckt. Der Kapitalertragsteuer unterliegen gemäß §43 EStG insbesondere offene Gewinnausschüttungen an die Gesellschafter (einschließlich Vorabausschüttungen), Gewinnanteile aus einer stillen Beteiligung oder einem partiarischen Darlehen und Auszahlungen aufgrund von Kapitalherabsetzungen oder der Auflösung der UG.

Bei beiden Arten der Gewinnausschüttung an Gesellschafter (Gläubiger der Kapitalerträge) hat die UG als Schuldner der Kapitalerträge – unter Berücksichtigung etwaiger Freistellungsaufträge des Gesellschafters – Kapitalertragsteuer sowie Solidaritätszuschlag auf die Kapitalertragsteuer einzubehalten und für Rechnung der Gesellschafter an das

Finanzamt abzuführen.

Die Kapitalertragsteuer entsteht in dem Zeitpunkt, in dem den Gesellschaftern die Gewinnausschüttung zufließt. Sie ist – zusammen mit einer sogenannten Kapitalertragsteuer-Anmeldung – bis zum 10. des Folgemonats an das zuständige Finanzamt abzuführen.

Die UG stellt dem Gesellschafter eine Steuerbescheinigung über die Daten der Gewinnausschüttung aus. Inländische Gesellschafter können mit der Steuerbescheinigung die vorab einbehaltene Kapitalertragsteuer und den Solidaritätszuschlag auf ihre persönliche Einkommensteuerschuld anrechnen.

Welche Daten muss die Steuerbescheinigung über die einbehaltene Kapitalertragsteuer enthalten?
Die Steuerbescheinigung enthält Angaben über die Art und Höhe der Kapitalerträge, den Zahlungstag, den Betrag der einbehaltenen Kapitalertragsteuer sowie die Stammdaten des Gesellschafters und des Finanzamtes, an das die Steuer abgeführt wurde.

Wie werden Verluste der Unternehmergesellschaft (haftungsbeschränkt) verrechnet?
Verluste können nicht mit positiven Einkünften der Gesellschafter verrechnet werden, da die Unternehmergesellschaft selbst steuerpflichtig ist. Sie kann ihre Verluste deshalb nur mit eigenen Gewinnen saldieren und dadurch ihre eigene Steuerbelastung reduzieren.

Verluste, die in den Anfangsjahren anfallen, mindern somit in späteren Jahren, in denen Gewinne erzielt werden, im Wege des Verlustabzugs das zu versteuernde Einkommen der Gesellschaft.

Wurde in dem Jahr vor der Verlustperiode ein Gewinn erzielt, so können die Verluste im Rahmen eines einjährigen Verlustrücktrags verrechnet werden.

Hinweis: Sowohl für den Verlustvortrag als auch für den Verlustrücktrag gibt es Grenzen, die jedoch kleinste/kleine Unternehmergesellschaften nicht tangieren dürften.

Worum handelt es sich bei der Gewerbesteuer und was bedeutet der sogenannte Hebesatz?

Bei der Gewerbesteuer handelt es sich grundsätzlich um eine sogenannte **Realsteuer** (auch **Sach- oder Objektsteuer**). Sie ist dadurch charakterisiert, dass sie bestimmte Gewerbebetriebe ohne Rücksicht auf persönliche Verhältnisse belastet.

Rechtsgrundlage der Gewerbesteuer sind

* das **Gewerbesteuergesetz (GewStG),**

* die **Gewerbesteuer-Durchführungsverordnung (GewStDV),**

* die **Gewerbesteuer-** **Richtlinien** (**GewStR**; *als Verwaltungsvorschriften*).

Steuergegenstand ist bei der Gewerbesteuer der **inländische Gewerbebetrieb** (§2 Absatz 1 GewStG). Da unter Gewerbebetrieb ein gewerbliches Unternehmen im Sinne des §15 Absatz 2 EStG zu verstehen ist (§2 Absatz 1 GewStG) und die UG (haftungsbeschränkt) ein **Gewerbebetrieb kraft Rechtsform** ist (§2 Absatz 2 GewStG), unterliegt die UG grundsätzlich in vollem Umfang der Gewerbesteuer.

Dies gilt grundsätzlich auch für die **UG & Co. KG** als gewerblich geprägte **Personengesellschaft**.

Achtung „Freiberufler": Ihr großer Vorteil als Freiberufler besteht darin, dass Sie nicht der Gewerbesteuer unterliegen. Bei der Gründung einer Unternehmergesellschaft (haftungsbeschränkt) entfällt dieses Privileg der Gewerbesteuerfreiheit für Freiberufler jedoch. Also bitte vorher genau überlegen, ob die UG (haftungsbeschränkt) sich für Ihr Vorhaben eignet.

Bei jedem Gewerbebetrieb soll seine **wirtschaftliche Leistungsfähigkeit**, d.h. sein **Gewerbeertrag**, besteuert werden. Die Gewerbesteuer wird somit **als Gewerbeertragsteuer** auf die objektive Ertragskraft eines Gewerbebetriebes erhoben.

Steuerschuldnerin ist die Kapitalgesellschaft, also die **Unternehmergesellschaft** (§5 Absatz 1 GewStG).

Die Steuer wird auf Grundlage des sog. **Steuermessbetrags** (§14 GewStG) mit einem Hundertsatz (sogenannter **Hebesatz**) festgesetzt und erhoben, der von der hebeberechtigten Gemeinde (§4 GewStG) festzulegen ist (§16 Absatz 1 GewStG). *Das Aufkommen der Gewerbesteuer steht nämlich grundsätzlich den Gemeinden zu, wobei Bund und Länder durch eine Gewerbesteuerumlage beteiligt werden können. Dabei ist die Gewerbesteuer die wichtigste originäre Einnahmequelle der Gemeinden/Kommunen in Deutschland.*

Da die Gemeinden (in Grenzen) die Hebesätze individuell

festlegen können, kann es sich für die UG um einen **Standortvorteil** handeln, sich an einem Standort mit niedrigerem Hebesatz anzusiedeln. Der Mindesthebesatz, den die Gemeinden ansetzen müssen, beträgt gemäß §16 Absatz 4 Satz 2 GewStG 200 Prozent.

Wann beginnt und wann endet die Gewerbesteuerpflicht der UG (haftungsbeschränkt)?

Die Gewerbesteuerpflicht kraft Rechtsform **beginnt** bei Kapitalgesellschaften spätestens mit der **Eintragung in das Handelsregister.** Durch die Registereintragung ist die UG wirksam entstanden und somit gewerbesteuerpflichtig.

Obacht: Nimmt die UG (haftungsbeschränkt) bereits <u>vor</u> ihrer Handelsregistereintragung eine nach außen hin in Erscheinung tretende Geschäftätigkeit auf, so bildet die nach außen tätig gewordene „Vor-Gesellschaft" zusammen mit der später eingetragenen UG (Kapitalgesellschaft) einen einheitlichen Steuergegenstand. Oder einfacher: **In diesem Fall beginnt die Gewerbesteuerpflicht bereits mit dem Beginn der Aufnahme dieser Geschäftstätigkeit.** Vorteil: Es können gewerbesteuerliche Verluste der „Vor-Gesellschaft" mit späteren Gewinnen der UG *in Grenzen* verrechnet werden.

Bei einer Kapitalgesellschaft wie der UG **erlischt** die Gewerbesteuerpflicht nicht schon mit der Beendigung der gewerblichen Betätigung, sondern **erst mit der Einstellung jeglicher Tätigkeiten (insbesondere der Abwicklungstätigkeiten)** überhaupt. Das ist grundsätzlich der Zeitpunkt, in dem das Vermögen an die Gesellschafter verteilt worden ist.

Ist die Gewerbesteuer eine abzugsfähige Betriebsausgabe?
In §4 Absatz 5b EStG ist geregelt, dass die Gewerbesteuer keine Betriebsausgabe ist.

Wie wird die zu zahlende Gewerbesteuer ermittelt?
Besteuerungsgrundlage der Gewerbesteuer ist der sogenannte Gewerbeertrag, das heißt für die UG muss nach Ende eines jeden Jahres der Gewerbeertrag ermittelt werden. Je höher der Gewerbeertrag ist, desto mehr Gewerbesteuer ist zu zahlen.

Der Gewerbeertrag ist in einem ersten Schritt zu errechnen und entspricht im Wesentlichen dem nach dem Körperschaftsteuergesetz zu bestimmenden Gewinn/Verlust *(siehe obige Erläuterungen)*. Dieser Gewinn wird im Regelfall übernommen, er ist jedoch um bereits geleistete Gewerbesteuer-Vorauszahlungen zu korrigieren.

Bei der Berechnung der Gewerbesteuer nach dem Gewerbeertrag (§§7 und 10 GewStG) ist von dem bereits oben genannten Steuermessbetrag (§11 GewStG) auszugehen. Dieser ist durch Anwendung eines Hundertsatzes (Steuermesszahl) auf den Gewerbeertrag zu ermitteln.

Ausgangsbasis ist der Gewinn aus Gewerbebetrieb (§7 GewStG), der durch bestimmte Hinzurechnungen (§8 GewStG) und Kürzungen (§9 GewStG) modifiziert wird. Das Ergebnis ist der sogenannte Gewerbeertrag, der auf volle EUR 100 abgerundet wird (§11 Absatz 1 GewStG).

Vom Gewerbeertrag wird bei Personengesellschaften ein Freibetrag in Höhe von EUR 24.500 abgezogen. Für Kapitalgesellschaften wie die UG entfällt dieser leider. Der verbleibende Betrag wird mit der sogenannten Steuermesszahl (§11 Absatz 2 GewStG) in Höhe von 3,5% multipliziert. Man erhält als Ergebnis den Steuermessbetrag, der dann mit dem Hebesatz der Gemeinde/Kommune (§16 GewStG) multipliziert wird. Das Resultat daraus ist die Gewerbesteuer.

Zur besseren Veranschaulichung nachfolgend ein – vereinfachtes - Schema:

	EUR
Gewinn aus Gewerbebetrieb	....
+ Hinzurechnungen **nach §8 GewStG**	....
- Kürzungen **nach §9 GewStG**	....
= **maßgebender Gewerbeertrag**	....
- **Gewerbeverlust aus Vorjahren (§10a GewStG)**	....
= **vorläufiger Gewerbeertrag (abzurunden auf voll EUR 100)**	....
- **Freibetrag nach §11 Abs. 1**	

GewStG (entfällt bei UG)	
= endgültiger Gewerbeertrag	…………
• einheitliche Steuermesszahl nach §11 Abs. 2 GewStG (3,5%)	…………
= Steuermessbetrag	…………
• Hebesatz nach §16 GewStG	…………
= Gewerbesteuer	…………

Welche Hinzurechnungen und Kürzungen sieht das Gewerbesteuergesetz vor? Treffen diese Hinzurechnungen und Kürzungen auch kleinere UGs?

Die folgenden Posten werden dem Gewinn aus Gewerbebetrieb wieder hinzugerechnet *(siehe Schema oben),* soweit sie bei der Ermittlung des Gewinns abgesetzt worden sind.

Die wichtigsten Hinzurechnungen sind gemäß §8 GewStG:

- Zinsaufwendungen, Renten, dauernde Lasten und Gewinnanteile stiller Gesellschafter in Höhe von 25 %

- die folgenden pauschalierten Finanzierungsanteile in Höhe von 25 %:

    o Lizenzen und Konzessionen mit einem Finanzierungsanteil von 25 %

o Mieten, Pachten und Leasingraten

- bei beweglichem Anlagevermögen mit einem Finanzierungsanteil von 20 %

- bei unbeweglichen Vermögen mit Finanzierungsanteil von 50 %

- sog. Streubesitzdividenden, wenn die Beteiligung an der Kapitalgesellschaft weniger als 15 % beträgt

- Ausgaben im Sinne des §9 Absatz 1 Nr. 2 Körperschaftsteuergesetz (Spenden)

Die Summe des Gewinns und der obigen Hinzurechnungen wird u.a. um die folgenden Kürzungen gemindert. Letztere sind entsprechend §9 GewStG:

- 1,2 % des Einheitswerts des zum Betriebsvermögen gehörenden Grundbesitzes (Eine Kürzung darf nur dann erfolgen, wenn der Grundbesitz nicht von der Grundsteuer befreit ist!);

- Anteile am Gewinn einer offenen Handelsgesellschaft

Zusammengefasst: Folgende Betriebsausgaben sind dem Gewinn hinzuzurechnen, soweit sie zusammengerechnet einen Freibetrag von EUR 100.000 übersteigen (§8 GewStG): 25% der Zinsen, der Renten und dauernden Lasten, der Gewinnanteile eines stillen Gesellschafters, der Miet- und Pachtzinsen (einschließlich Leasing), *die aber wiederum nur mit einem pauschalen Finanzierungsanteil angesetzt werden. Die Prozentsätze sind oben angegeben.*

Für kleinere UGs ist wesentlich, dass es für die Hinzurechnung von Finanzierungsanteilen den oben genannten Freibetrag gibt. Letztere bleiben somit bis zu insgesamt EUR 100.000 unberücksichtigt.

Die wesentlichen Posten an Kürzungen sollten in Kleinbetrieben wie der UG nicht anzutreffen sein.

Hinzurechnungen und Kürzungen treffen somit nur noch größere Gewerbebetriebe und sollten für die meisten kleineren UGs kein Problem darstellen. Das vereinfacht die Ermittlung des Gewerbeertrags. Bei den allermeisten UGs dürfte der Gewerbeertrag dem Gewinn laut Bilanz entsprechen.

Wann ist die Gewerbesteuer-Jahreserklärung abzugeben?

Im Normalfall erwartet das Finanzamt zusammen mit den sonstigen Steuererklärungen der UG auch eine Gewerbesteuer-Erklärung. Letztere ist für Veranlagungszeiträume ab 2018 jeweils bis zum 31. Juli des Folgejahres beim Finanzamt abzugeben.

Das Finanzamt gewährt jedoch im Normalfall Fristverlängerungen (§109 AO). Haben Sie einen Steuerberater zwischengeschaltet (und weiß das Finanzamt davon), so gilt im Regelfall jeweils der 28./29. Februar des übernächsten Jahres als Fristende.

Wie sind bei der Gewerbesteuer die Zuständigkeiten zwischen Finanzamt und Gemeinde geregelt bzw. wo kann man gegen unrichtige Bescheide vorgehen?

Für die Festsetzung der Besteuerungsgrundlagen und für die Festsetzung nach §184 AO wird der Gewerbesteuer-Messbetrag durch einen Steuermessbescheid festgesetzt. Dieser Steuermessbescheid kommt von dem für die UG zuständigen Finanzamt. Zuständig ist das Finanzamt, in dessen Bezirk sich die Geschäftsleitung der UG befindet. Sowohl die UG als auch das örtliche Gewerbesteueramt der Gemeinde/Kommune erhält diesen Gewerbesteuer-Messbescheid. Damit ist noch keine Zahlungsaufforderung verbunden.

In dem Gewerbesteuer-Messbescheid stellt das Finanzamt die Gewerbesteuerpflicht, den einheitlichen Gewerbesteuer-Messbetrag und welcher Gemeinde die Gewerbesteuer zusteht (bei mehreren Betriebsstätten in verschiedenen Gemeinden) fest.

Achtung:

Sind im Gewerbesteuer-Messbescheid Werte (insbesondere bei Hinzurechnungen/Kürzungen) unrichtig, so muss die UG zwingend Einspruch beim Finanzamt einlegen. Bitte achten Sie darauf, die Rechtsbehelfsfrist von einem Monat nicht zu versäumen. Warten Sie keinesfalls erst auf den Gewerbesteuer-Bescheid Ihrer Kommune/Gemeinde! Gegen den können Sie in Sachen Gewerbesteuer-Messbetrag nämlich nicht mehr vorgehen.

Die Gewerbesteuer selbst wird aufgrund des oben genannten Steuermessbetrages von der Gemeinde/Kommune festgesetzt und erhoben (§4 GewStG). Das Gewerbesteueramt multipliziert dazu

Ihren Gewerbesteuer-Messbetrag mit dem Hebesatz, der in der kommunalen Haushaltssatzung festgelegt ist.

Etwaige Vorauszahlungen, die die UG zuvor an die Gemeinde gezahlt hat, werden natürlich berücksichtigt, das heißt sie müssen vom Zahlbetrag abgezogen worden sein. Ist der ausgewiesene Gewerbesteuer-Betrag unrichtig, so wenden Sie sich bitte an die Gemeinde/Kommune.

Nochmals: Ist bereits der Gewerbeertrag (der im Bescheid des Finanzamtes ausgewiesen ist) unrichtig, so müssen Sie zwingend gegen den Bescheid über den Gewerbesteuermessbetrag beim Finanzamt vorgehen. Hier nützt es nichts mehr, gegen die zu zahlende Gewerbesteuer bei der Gemeinde vorzugehen.

Zum Abschluss: Hat die UG (haftungsbeschränkt) einen Gewerbeverlust erwirtschaftet, so erlässt das Finanzamt einen Bescheid über die gesonderte Feststellung des vortragsfähigen Gewerbeverlustes. Im Gewerbesteuerrecht können Verluste eines Jahres in Folgejahren mit positiven Ergebnissen verrechnet werden.

Was ist bezüglich etwaiger Gewerbesteuer-Vorauszahlungen zu beachten?

Wenn die UG erhebliche Gewerbesteuern zahlen muss, so wird das Gewerbesteueramt der Kommune/Gemeinde mit dem Gewerbesteuer-Bescheid auch einen Vorauszahlungs-Bescheid verschicken. Das heißt, es legt fest, welche Gewerbesteuer-Beträge die UG regelmäßig schon im laufenden Jahr für dieses Jahr vorauszuzahlen hat.

Diese Vorauszahlungen werden natürlich anschließend mit dem späteren Gewerbesteuer-Zahlbetrag verrechnet.

Wenn sich abzeichnet, dass der Gewerbeertrag der UG in einem Jahr voraussichtlich wesentlich niedriger als in Vorjahren ausfallen wird, so können Vorauszahlungen herabgesetzt werden. Dafür reicht die UG ihrem Finanzamt eine Berechnung des voraussichtlichen Gewerbesteuer-Messbetrags ein und beantragt einen Bescheid, auf dessen Basis die Gemeinde dann einen neuen Vorauszahlungsbescheid erlassen wird.

Worum handelt es sich bei der Umsatzsteuer und wie hoch ist der Steuersatz?

Bei der Umsatzsteuer, die umgangssprachlich auch „**Mehrwertsteuer**" genannt wird, handelt es sich um eine sogenannte **Verkehrssteuer**, da sie an Vorgänge des Rechtsverkehrs anknüpft.

Ein Beispiel: Der Anaximander Verlag UG (haftungsbeschränkt) verkauft (Verkehrsvorgang Verkauf) an einen Privatkunden das Fachbuch "Richtig online bewerben 2016" zu einem Bruttopreis von EUR 9,99. In diesem Fall stellt der Verlag dem Kunden die folgende Rechnung aus:

Nettobetrag	9,34 Euro
Umsatzsteuer 7% *(Bücher unterliegen lediglich dem ermäßigten Umsatzsteuersatz von 7%)*	0,65 Euro
Bruttobetrag	9,99 Euro

Da der Kunde den Bruttobetrag – also auch die Umsatzsteuer bezahlen muss – wird die Umsatzsteuer wirtschaftlich vom Verbraucher getragen. Bei der Umsatzsteuer soll also der private Verbrauch besteuert werden.

Steuerschuldner ist bei der Umsatzsteuer jedoch der "Unternehmer" – in unserem Fall also die Unternehmergesellschaft (§13a Absatz 1 Nr. 1 UStG), denn diese hat vom Kunden die Steuer bereits vereinnahmt. Der Kunde hat ja 9,99 Euro an den Verlag bezahlt. Der Verlag darf jedoch nur den Nettobetrag von 9,34 Euro als Umsatzerlös verbuchen und muss die vom Kunden vereinnahmte Umsatzsteuer in Höhe von 0,65 Euro in einem weiteren Schritt an das Finanzamt weiterleiten.

Aufgrund dieses Umwegs („Vom Verbraucher zu tragen – über den Unternehmer erhoben!") wird die Umsatzsteuer auch als **indirekte Steuer** bezeichnet.

Merke: Die vom Kunden vereinnahmte Umsatzsteuer stellt eine Verbindlichkeit der Unternehmergesellschaft gegenüber dem Finanzamt dar, solange die UG (haftungsbeschränkt) sie noch nicht weitergeleitet bzw. abgeführt hat.

Wie diese „Weiterleitung" funktioniert, zeige ich Ihnen gleich.

Der „normale" – sogenannte allgemeine – Steuersatz der Umsatzsteuer beträgt **19%**. Bestimmte Leistungen, z.B. Bücher, Blumen etc. werden gemäß §12 Absatz 2 UStG mit einem ermäßigten Steuersatz von **7%** besteuert. Andere (z.B. Ausfuhrlieferungen, Leistungen von Ärzten etc.) sind gemäß §4 UStG komplett **steuerbefreit**.

Natürlich muss die Unternehmergesellschaft die Umsatzsteuer

wie oben beschrieben erheben und an das Finanzamt abführen. Auf der anderen Seite erhält sie jedoch die von den eigenen Lieferanten in Rechnung gestellte Umsatzsteuer, die Fachleute **Vorsteuer** nennen, vom Finanzamt zurück. Dazu gleich mehr.

Die UG (haftungsbeschränkt) erhält von einem anderen Unternehmer für Vorleistungen Umsatzsteuer in Rechnung gestellt. Wie ist bezüglich diese „Vorsteuer" zu verfahren?
Der Vorsteuerabzug gemäß §15 UStG berechtigt die UG, von der Steuer, die sie selbst für ihre Umsätze schuldet, die Umsatzsteuerbeträge (Vorsteuern) abzuziehen, die ihr andere Unternehmer für ihre an sie ausgeführten steuerpflichtigen Umsätze offen in Rechnung gestellt haben (§14 UStG).

Hierzu ein konkretes Fallbeispiel: Der Anaximander Verlag UG (haftungsbeschränkt) kauft bei einem Lieferanten Kugelschreiber (Büromaterial) ein. In diesem Fall stellt der Lieferant seinem Kunden – nämlich dem Anaximander Verlag – die folgende Rechnung aus:

Nettobetrag	5,00 Euro
Umsatzsteuer 19%	0,95 Euro
Bruttobetrag	5,95 Euro

Anaximander kann sich folglich aus diesem Kauf **Vorsteuer** in Höhe von 0,95 Euro vom Finanzamt erstatten lassen.

Abschließend: Bitte denken Sie daran, dass Sie während einer

Periode zahlreiche Ausgangsrechnungen an Ihre Kunden schreiben und etliche Eingangsrechnungen von Ihren Lieferanten erhalten. Die Beträge summieren sich also.

Wie läuft das Voranmeldungsverfahren und Steuererklärungsverfahren hinsichtlich der Umsatzsteuer ab?

In der Praxis dürfte die UG (haftungsbeschränkt) eine Vielzahl sogenannter Vorumsätze haben (dies beginnt bereits mit der Notarrechnung bei Gründung), denen eine mehr oder weniger große Zahl von selbst ausgeführten Umsätzen gegenübersteht.

Die Verrechnung dieser Vorsteuer mit der Umsatzsteuer wird im Rahmen der monatlich oder vierteljährlich von der UG abzugebenden Umsatzsteuer- Voranmeldung vorgenommen. Die Zahlen stammen dabei aus der Buchhaltung der UG.

Die Umsatzsteuer-Jahreserklärung ist nach Ablauf eines jeden Kalenderjahres elektronisch abzugeben.

Für die Abgabe der Umsatzsteuer-Jahreserklärung haben Sie in der Regel bis zum 31. Juli des folgenden Jahres Zeit. Das Finanzamt gewährt jedoch im Normalfall Fristverlängerungen (§109 AO). Haben Sie einen Steuerberater zwischengeschaltet (und weiß das Finanzamt davon), so gilt im Regelfall jeweils der 28./29. Februar des übernächsten Jahres als Fristende.

Die Voranmeldung der UG (haftungsbeschränkt) ist bis zum 10. Tag nach Ablauf des Voranmeldungszeitraums abzugeben. Fällt der 10. auf einen Samstag, Sonntag oder Feiertag, so ist der nächste Werktag der Stichtag.

Sie müssen keine Umsatzsteuer-Voranmeldung abgeben, wenn Sie im Vorjahr nicht mehr als EUR 1.000 Umsatzsteuer (nach Abzug der Vorsteuer) an das Finanzamt zahlen mussten (§18 Absatz 2 Satz 3 UStG).

Haben Sie im vorangegangenen Kalenderjahr an das Finanzamt mehr als EUR 1.000, aber nicht mehr als EUR 7.500 an Umsatzsteuerzahllast abgeführt, so müssen Sie jeweils bis zum 10. Tag nach Ende eines Quartals eine vierteljährliche Voranmeldung abgeben und innerhalb von drei Tagen die Zahllast überweisen.

Hat Ihre Umsatzsteuerschuld im vorangegangenen Kalenderjahr mehr als EUR 7.500 betragen, so müssen Sie eine monatliche Voranmeldung abgeben.

Voranmeldungs-Zeitraum	Zahllast des Vorjahres
Befreiung von Abgabepflicht auf Antrag oder seitens des Finanzamtes	< 1.000
Vierteljährlich	≥ 1.000 ≤ 7.500
Monatlich	> 7.500

Achtung: Neu gegründete Unternehmergesellschaften müssen im Normalfall im laufenden und im folgenden Jahr monatliche Umsatzsteuer-Voranmeldungen abgeben.

Die Übermittlung der Voranmeldung an das Finanzamt erfolgt

auf elektronischem Wege, da Unternehmer inzwischen nach §18 Absatz 1 UStG verpflichtet sind, Umsatzsteuer-Voranmeldungen ausschließlich online an das Finanzamt zu senden. Die Funktion der korrekten elektronischen Datenübermittlung ist in vielen gängigen Steuersoftware-Programmen integriert. Alternativ empfehle ich, das offizielle Programm der Steuerverwaltung „Elster" zum Ausfüllen und Versenden zu verwenden. Details entnehmen Sie bitte

https://www.elster.de/eportal/Oeffentlich.tax

Die Umsatzsteuer-Voranmeldung führt zu einer Vorauszahlung auf Ihre Jahresumsatzsteuer und steht automatisch unter dem „Vorbehalt der Nachprüfung" durch das Finanzamt (§§ 164, 168 AO). Einen Bescheid über die eingereichte Voranmeldung erhalten Sie nicht – außer, das Finanzamt hat etwas an Ihrer Voranmeldung auszusetzen.

Achtung: Bitte beachten Sie, dass die Übermittlung der Umsatzsteuer-Voranmeldung seit dem 1. Januar 2013 zwingend authentifiziert zu erfolgen hat. Einer neu gegründeten UG (haftungsbeschränkt) ist deshalb dringend zu empfehlen, sich das dafür benötigte elektronische Zertifikat (zumindest das kostenlose Elster-Basis-Zertifikat) mit einigem zeitlichen Vorlauf unter

https://www.elster.de/eportal/registrierung-auswahl

zu besorgen, zumal die mehrstufige Registrierung teilweise auf dem Postwege erfolgt. Sie können das Zertifikat nach der einmaligen Registrierung später für verschiedene Steuererklärungen bzw. -anmeldungen verwenden (zum Beispiel Körperschaftsteuer-Erklärung, Lohnsteuer-Anmeldung etc.).

Praxistipp:

Auf Antrag und gegen Sicherheitsleistung kann der UG gemäß §46 UStDV eine Dauerfristverlängerung gewährt werden. Die Umsatzsteuer-Voranmeldung kann <u>dann einen Monat später abgegeben und gezahlt werden</u> – allerdings nur gegen eine anfängliche Sondervorauszahlung bzw. „Kaution" von 1/11 der gesamten Umsatzsteuer-Vorauszahlungen des Vorjahres (§ 47 UStDV). Die am Jahresbeginn bis zum 10. Februar zu leistende Sondervorauszahlung wird mit der letzten Voranmeldung des Jahres verrechnet. Wer lediglich **vierteljährlich** eine Umsatzsteuer-Voranmeldung abgeben muss, für denjenigen entfällt sogar die Pflicht zur Hinterlegung dieser „Kaution".

Der UG (haftungsbeschränkt) hat – wie oben bereits angedeutet – zusätzlich nach §18 Abs. 3 UStG für das Kalenderjahr eine Umsatzsteuer-Jahreserklärung abzugeben. Hinweis: Idealerweise sollten die darin gemeldeten Zahlen der Summe der Voranmeldungen entsprechen. In der Praxis kann es zu Abweichungen kommen, wenn die Jahresabschlussbuchungen, die beispielsweise der Steuerberater vornimmt, noch Änderungen nach sich ziehen, die auch die Umsatzsteuer und/oder Vorsteuer betreffen.

Gibt es Ausnahmen von der Pflicht zur Umsatzsteuer?

Neben dem Normalfall der Regelbesteuerung (§1 bis 18 UStG) und besonderen Besteuerungsverfahren (§23 ff. UStG) gibt es auf Antrag die Möglichkeit, die sogenannte

Kleinunternehmerbesteuerung nach §19 UStG in Anspruch nehmen zu können/dürfen.

Bei der Kleinunternehmerregelung gemäß §19 UStG handelt es sich um eine Vereinfachungsregelung im Umsatzsteuerrecht, die Unternehmern mit niedrigen Umsätzen ein Wahlrecht einräumt, weitestgehend wie Nichtunternehmer behandelt zu werden.

Die Kleinunternehmerregelung besagt, dass der Unternehmer auf seinen Rechnungen keine Umsatzsteuer ausweisen muss und demnach auch auf die Abführung der Umsatzsteuer an das Finanzamt verzichten kann. Kleinunternehmer müssen jedoch eine Klausel auf ihre Rechnung schreiben, dass sie die Kleinunternehmerregelung anwenden. Ein Beispiel für eine solche Formulierung:

Gemäß § 19 UStG ist in dem auf der Rechnung ausgewiesenen Betrag keine Umsatzsteuer enthalten.

Wählt die UG die Kleinunternehmerbesteuerung, so entfallen die vorgenannten Verpflichtungen (bspw. zur Abgabe von Umsatzsteuer-Voranmeldungen).

Welche Voraussetzungen muss die UG (haftungsbeschränkt) erfüllen, um die sog. Kleinunternehmerregelung in Anspruch nehmen zu können?
Die Umsatzsteuer wird von Unternehmern nicht erhoben, wenn der <u>maßgebende Umsatz zuzüglich der darauf entfallenden Steuer</u> im vorangegangenen Kalenderjahr EUR 17.500 nicht überstiegen hat und im laufenden Kalenderjahr voraussichtlich EUR 50.000 nicht übersteigen wird.

Bei Gründung einer UG muss der Umsatz für das Gründungsjahr sowie für das darauf folgende Wirtschaftsjahr geschätzt und gegenüber dem Finanzamt glaubhaft gemacht werden. Also: Wenn Ihre frisch gegründete Unternehmergesellschaft noch keine Vorjahresumsätze vorweisen kann, muss Sie im Rahmen der Kleinunternehmerregelung ihre geplanten Umsätze im Gründungsjahr ausschließlich mit der Umsatzgrenze von 17.500 Euro vergleichen.

Hat die UG ihre gewerbliche Tätigkeit nur in einem Teil des Kalenderjahres ausgeübt (weil bspw. erst im Oktober gegründet), so ist der in diesem Zeitraum erzielte Umsatz auf einen Jahres-Gesamtumsatz hochzurechnen. Überschreitet der Umsatz voraussichtlich EUR 17.500, so scheidet die Anwendung der Kleinunternehmerregelung von vornherein aus. Überschreitet der Umsatz im Gründungsjahr EUR 17.500, so darf die Kleinunternehmerregelung im folgenden Wirtschaftsjahr nicht mehr in Anspruch genommen werden. Das Gleiche gilt, wenn im Folgejahr der Jahresumsatz von EUR 50.000 voraussichtlich überschreiten wird.

Auf die Anwendung der Kleinunternehmerregelung kann übrigens auch verzichtet werden. Verzichtet die UG, ist sie für fünf Kalenderjahre an den Verzicht gebunden.

Welche Folgen hat die Inanspruchnahme der Kleinunternehmerregelung?

Kleinunternehmer dürfen in ihren Ausgangsrechnungen nur den Rechnungsbetrag ohne Angabe von Umsatzsteuersätzen und ohne Umsatzsteuer aufführen. Dadurch wird verhindert, dass ein vorsteuerabzugsberechtigter Leistungsempfänger Vorsteuer aus den Rechnungen des Kleinunternehmers ziehen kann. Weist ein Kleinunternehmer dennoch *(irrtümlich)* offen Umsatzsteuer aus, so ist er auch zur Abführung dieser Steuer an das Finanzamt verpflichtet.

Des Weiteren ist auf der Ausgangsrechnung des Kleinunternehmers zwingend ein Zusatz wie beispielsweise

> *Gemäß § 19 UStG ist in dem auf der Rechnung ausgewiesenen Betrag keine Umsatzsteuer enthalten.*

Natürlich sind auch alternative Formulierungen erlaubt:

> *„Als Kleinunternehmer im Sinne von §19 Absatz 1 UStG wird Umsatzsteuer nicht berechnet"*

oder

> *„Es erfolgt kein Ausweis der Umsatzsteuer aufgrund der Anwendung der Kleinunternehmerregelung gemäß §19 UStG"*

Die beiden letzten Vorschläge sind ebenfalls korrekt, weisen aber sehr explizit darauf hin, dass Ihre UG ein „Kleinunternehmer" ist, was ggf. unter „Image"-Gesichtspunkten negative Auswirkungen haben könnte.

Weshalb sollte man genau überlegen, ob man die Kleinunternehmerregelung in Anspruch nehmen möchte?

Wählt die UG (haftungsbeschränkt) die Kleinunternehmerregelung, so ist auch der Vorsteuerabzug aus

Rechnungen anderer Unternehmer ausgeschlossen. Erwartet die UG **hohe Rechnungsbeträge von anderen Unternehmen** (beispielsweise durch den Kauf von Mobiliar, Wareneinkäufe in Deutschland), so sind die darin enthaltenen Vorsteuerbeträge nur dann vom Finanzamt zurückzubekommen, wenn die UG sich nicht für die Kleinunternehmerregelung entschieden hat. Entscheidet sich die UG also gegen die Kleinunternehmerregelung, so muss sie bei (größeren) Anschaffungen nur den Nettobetrag des erworbenen Gegenstandes finanzieren.

Des Weiteren ist die **Zielgruppe** der Unternehmergesellschaft zu betrachten: Sind ihre Kunden Privatpersonen, so können diese nicht wie Unternehmen die in ihrer Rechnung enthaltene Umsatzsteuer als Vorsteuer vom Finanzamt zurückfordern. Wenn Sie die Kleinunternehmerregelung also auf Ihre Unternehmergesellschaft anwenden, so ersparen Sie Ihren Kunden die Zahlung der Umsatzsteuer und Sie können Ihre Produkte günstiger verkaufen als Ihre Wettbewerber, welche die beim Verkauf erhaltene Umsatzsteuer abführen müssen.

Firmenkunden hingegen haben in der Regel die Möglichkeit, den Umsatzsteueranteil in der von Ihrer Unternehmergesellschaft gestellten Rechnung beim Finanzamt als Vorsteuer komplett zurückzufordern. Für letztere spielt es daher überhaupt keine Rolle, ob Sie nach § 19 UStG auf die Kleinunternehmerregelung verzichten oder nicht.

Ein weiterer Nachteil der Kleinunternehmerregelung besteht in der oben dargestellten **Offenbarung** gegenüber dem Kunden (spätestens durch den **Kleinunternehmer-Vermerk** in der Rechnung), dass die Umsätze unter EUR 17.500 liegen. Dies kann das Vertrauen in die Leistungsfähigkeit der UG (haftungsbeschränkt) schmälern.

Hier sollten die Beteiligten der UG unbedingt vorausschauend agieren.

Wie erfolgt die Buchung einer Eingangsrechnung unter Zugrundelegung der Kleinunternehmerregelung?

Kleinunternehmer dürfen ihren Kunden keine Umsatzsteuer in Rechnung stellen, können ihrerseits aber auch keine von Lieferanten berechnete Umsatzsteuer geltend machen. *Exkurs: Diese vom Lieferanten im Rahmen einer Eingangsrechnung berechnete Umsatzsteuer wird als „Vorsteuer" bezeichnet.*

Nimmt eine UG (haftungsbeschränkt) nun die sogenannte Kleinunternehmerregelung in Anspruch, so darf diese UG die vom Lieferanten in Rechnung gestellte Vorsteuer **nicht** auf ein „Vorsteuerkonto" buchen (wie es ansonsten üblich ist).

Vielmehr ist die in Rechnung gestellte Vorsteuer im Normalfall den Betriebsausgaben *(und beim Kauf von Anlagegütern den Anschaffungskosten)* zuzuordnen.

Ein konkretes Beispiel: Kauft unsere UG, die die Kleinunternehmerregelung in Anspruch nimmt, „Büromaterial" zum Bruttobetrag von EUR 11,90 bzw. Nettobetrag von EUR 10,00 ein, der auf das Aufwandskonto „Bürobedarf" gebucht wird, so ist bei Anwendung der Kleinunternehmerregelung auch die dazugehörige Vorsteuer auf „Bürobedarf" zu buchen.

Einkauf Büromaterial (Normalfall)

| Nettobetrag: | 10,00 EUR | -> zu buchen auf „Bürobedarf" |

Vorsteuer 19%: 1,90 EUR -> zu buchen auf „Vorsteuer"

Bruttobetrag: 11,90 EUR -> zu buchen auf „Kasse" etc.

Einkauf Büromaterial (Kleinunternehmerregelung)

Nettobetrag: 10,00 EUR -> zu buchen auf „Bürobedarf"

Vorsteuer 19%: 1,90 EUR -> zu buchen auf „Bürobedarf"

Bruttobetrag: 11,90 EUR -> zu buchen auf „Kasse" etc.

Ein potenziell vorhandenes „Vorsteuer"-Konto darf also bei Anwendung der Kleinunternehmerregelung nicht angesprochen werden. Im Ergebnis gehört der gesamte Bruttobetrag in Höhe von EUR 11,90 stattdessen auf das Aufwandskonto „Bürobedarf".

Muss die UG (haftungsbeschränkt) – insofern sie die Kleinunternehmerregelung in Anspruch nimmt – eine Umsatzsteuer-Jahreserklärung abgeben?

Ja! Ein Kleinunternehmer hat eine Umsatzsteuer-Erklärung für das abgelaufene Kalenderjahr nach amtlich vorgeschriebenem Vordruck auszufüllen und an sein zuständiges Finanzamt zu übermitteln. Der eigene Umsatz ist dabei unter „Angaben zur Besteuerung der Kleinunternehmer" anzugeben.

Welche Umsatzarten kennt das Umsatzsteuergesetz?

Das UStG kennt die drei folgenden Umsatzarten:

- Lieferungen und sonstige Leistungen (§1 Absatz 1 Nr. 1 UStG),

- Einfuhr (§1 Absatz 1 Nr. 4 UStG) und

- innergemeinschaftliche Erwerbe (§1 Absatz 1 Nr. 5 UStG).

Wann muss sich die UG (haftungsbeschränkt) mit dem sogenannten Lohnsteuerabzugsverfahren auseinandersetzen?

Dies ist immer dann der Fall, wenn die UG Arbeitnehmer beschäftigt, da Arbeitnehmer lohnsteuerpflichtig sind. Selbst kleinste Unternehmergesellschaften sollten sich mit dem Lohnsteuerabzugsverfahren vertraut machen, da auch Geschäftsführer der UG lohnsteuerpflichtig sind. Das heißt, das Gehalt, das dem Geschäftsführer gemäß Anstellungsvertrag gezahlt wird, unterliegt der Lohnsteuer.

Wie läuft das Lohnsteuerabzugsverfahren in der Praxis ab?

Die UG ist verpflichtet, für jeden Arbeitnehmer ein sogenanntes **Lohnkonto** zu führen. Die UG hat sodann die Lohnsteuer zu ermitteln, beim Finanzamt anzumelden und abzuführen.

Grundsätzlich erfolgt die monatliche Gehaltsabrechnung heutzutage EDV-gestützt. Dabei wird je Arbeitnehmer der monatlich einzubehaltende Lohnsteuerbetrag errechnet, der vom Arbeitslohn einzubehalten und an das Finanzamt abzuführen ist.

Zu berücksichtigen sind dabei die Lohnsteuerklassen und eventuelle individuelle Freibeträge.

Formal ist der Geschäftsführer für die ordnungsgemäße Durchführung verantwortlich. In der Praxis erstellt bei kleineren Unternehmergesellschaften der Steuerberater die Lohn- und Gehaltsabrechnungen in seiner Kanzlei, führt die Lohnkonten und nimmt die Lohnsteuer-Anmeldungen vor. Er wickelt letztendlich alle lohnsteuer- und sozialversicherungsrechtlichen Pflichten für die UG ab. Mittelgroße und größere Unternehmergesellschaften verfügen zumeist über eigene Lohn- und Gehaltsmitarbeiter.

Praxistipp:

Sie möchten (und können!) die Lohn- und Gehaltsabrechnung selbst durchführen?

Dann empfehle ich Ihnen die folgenden kostenlosen Tools, mit denen Sie rechtskonforme Abrechnungen erstellen und sozialversicherungsrechtliche Meldungen abgeben können.

Erstellung der Abrechnung inklusive Lohnkonto:

http://www.parmentier.de/steuer/index.php?site=formulare

Übermittlung von Meldungen:

https://standard.gkvnet-ag.de/svnet/

Worum handelt es sich bei der Lohnsteuer-Anmeldung und welcher Anmeldezeitraum gilt für die Lohnsteuer?

Der Arbeitgeber (also die Unternehmergesellschaft) ist gesetzlich verpflichtet, die einbehaltene (oder pauschalierte) Lohnsteuer beim Finanzamt anzumelden und termingerecht abzuführen. Diese gesetzliche Verpflichtung gilt auch für die Kirchensteuer und den Solidaritätszuschlag. Seit 2005 ist der Arbeitgeber im Grundsatz verpflichtet, die Lohnsteuer-Anmeldung auf elektronischem Wege, seit 2013 zusätzlich und authentifiziert zu übermitteln. Die notwendige Software sollte in jedem Lohnprogramm enthalten sein. Alternativ verweise ich auf meine obigen Ausführungen zur Umsatzsteuer-Voranmeldung und zu „Elster".

Für jede lohnsteuerliche Betriebsstätte der UG und für jeden Lohnsteuer- Anmeldungszeitraum ist eine einheitliche Lohnsteuer- Anmeldung einzureichen.

Ist für einen Anmeldungszeitraum ausnahmsweise mal keine Lohnsteuer zu zahlen, so müssen Sie eine Lohnsteuer-Anmeldung mit „Null"-Werten abgeben (sogenannte „Null"-Anmeldung).

Der Arbeitgeber wird zudem von der Verpflichtung zur Abgabe weiterer Lohnsteuer- Anmeldungen befreit, wenn er keine Arbeitnehmer, für die er Lohnsteuer einzubehalten oder zu übernehmen hat, mehr beschäftigt und dies dem Finanzamt mitteilt.

Die Lohnsteuer- Anmeldung der UG muss spätestens am 10. Kalendertag nach Ende des Anmeldungszeitraums beim Finanzamt sein. Am gleichen Tag ist auch die Steuerschuld fällig. Fällt der 10. des Monats auf einen Samstag, Sonntag oder Feiertag, so verlängert sich die Abgabefrist auf den folgenden Werktag. Bei verspäteter Abgabe kann das Finanzamt einen Verspätungszuschlag festsetzen. Wenn ein Arbeitgeber gar keine

Lohnsteuer-Anmeldung abgibt, so droht – im Falle der UG dem Geschäftsführer – ein Zwangsgeld und/oder die Lohnsteuer wird einfach vom Finanzamt geschätzt und dann vom Arbeitgeber eingefordert.

Der Zeitraum, für den die Lohnsteuer beim Finanzamt angemeldet und abgeführt werden muss, richtet sich nach Größenkriterien und ist im Detail abhängig von der Höhe der im Vorjahr angemeldeten Lohnsteuer.

Wenn die abzuführende Lohnsteuer für das vorangegangene Kalenderjahr mehr als 5.000.- EUR betragen hat, so ist die Lohnsteuer-Anmeldung monatlich abzugeben. Hat die abzuführende Lohnsteuer für das vorangegangene Kalenderjahr nicht mehr als 1.080.- EUR betragen, so ist die Lohnsteuer nur jährlich abzuführen. Bei einem Betrag dazwischen sind folglich vierteljährliche Lohnsteuer-Anmeldungen abzugeben.

Abgabe der Lohnsteuer-Anmeldung	Abzuführende Lohnsteuer des Vorjahres
Jährlich	≤ 1.080
Vierteljährlich	> 1.080 ≤ 5.000
Monatlich	> 5.000

Mit Ablauf des Tages der Fälligkeit der Steuerschuld hat die UG (haftungsbeschränkt) noch eine Zahlungsschonfrist von drei Tagen. Wenn Sie auch die verstreichen lassen, setzt das Finanzamt einen Säumniszuschlag fest. Zur Zahlung der angemeldeten Lohnsteuer empfehle ich Ihnen, dem Finanzamt eine Einzugsermächtigung zu erteilen.

Sie sollten bedenken, dass Sie ja zuvor von dem Arbeitslohn Ihres Mitarbeiters dessen Lohnsteuer abgezogen haben und diese nun lediglich weiterleiten. Vor diesem Hintergrund sollten Geschäftsführer der UG keinesfalls mit Nachsicht des Finanzamtes rechnen, wenn die Weiterleitung nicht reibungslos funktioniert.

Wird die Lohnsteuer nicht ordnungsgemäß oder gar fehlerhaft angemeldet, so könnte eine Steuerhinterziehung vorliegen, wenn Vorsatz oder grobe Fahrlässigkeit im Spiel waren.

Die von der UG abgegebene Lohnsteuer- Anmeldung ist eine Steuererklärung unter dem „Vorbehalt der Nachprüfung" (§164 AO). Das bedeutet einerseits, dass die UG eine fehlerhafte Lohnsteuer-Anmeldung jederzeit durch die nochmalige Abgabe einer korrekten Anmeldung berichtigen kann. Andererseits bedeutet dies aber auch, dass das Finanzamt die Lohnabrechnungen durch turnusmäßige Lohnsteuerprüfungen kontrolliert.

11. Krise, Erbschaft/Nachfolge und Auflösung

Welche Krisenphasen bzw. -stadien durchlaufen Unternehmen im Rahmen einer Unternehmenskrise typischerweise? Welche Besonderheiten gelten für die Unternehmergesellschaft?

Nach meiner Erfahrung ist ein überraschendes Auftreten einer Unternehmenskrise in der Praxis eher der Ausnahmefall. Vielmehr entwickelt sich in etablierten Unternehmen eine Krisensituation in der Regel „schleichend", d.h. über einen längeren – oftmals mehrjährigen – Zeitraum. Dabei bleiben die eigentlichen Krisenursachen häufig für längere Zeit unentdeckt. Bis eine Krise letztendlich sichtbar hervortritt, hat sie oftmals typische, aufeinander aufbauende Krisenstadien durchlaufen.

Bei einer Unternehmergesellschaft (haftungsbeschränkt) kommt erschwerend hinzu, dass

- die Strukturen der Unternehmergesellschaft häufig noch nicht vollständig aufgebaut bzw. noch nicht gefestigt sind,

- die Kapitalausstattung der UG (haftungsbeschränkt) oftmals gering ist,

- die handelnden Personen oftmals wenig Erfahrung in der Unternehmensführung einer Kapitalgesellschaft – geschweige denn mit Unternehmenskrisen – haben *(was keinesfalls als Vorwurf zu verstehen ist)*.

Aus diesem Grunde besteht die Gefahr, dass die – in etablierten Unternehmen – durchaus über mehrere Jahre andauernden

Krisenstadien bei einer Unternehmergesellschaft sehr zügig und evtl. parallel durchlaufen werden.

Für die Gesellschafter, Geschäftsführer und Berater einer Unternehmergesellschaft (haftungsbeschränkt) ist es deshalb erforderlich, in einem ersten Schritt zu identifizieren, welches Ausmaß die Krise bereits angenommen hat, eine Zuordnung des tatsächlichen Zustandes zu einer der Krisenphasen vorzunehmen und geeignete Maßnahmen zur Überwindung der Krise zu ergreifen. Die Darstellung dieser Maßnahmen würde an dieser Stelle den Umfang dieses Artikels sprengen. Ich verweise deshalb auf meinen Ratgeber „Praxiswissen Sanierungsmanagement - Bewährte Wege aus der Unternehmenskrise".

Erfolgt kein frühzeitiger Eingriff, so werden sich nach meiner Erfahrung die Probleme in den späteren Krisenphasen weiter aufsummieren.

Sanierungsfachleute gehen im Rahmen einer Unternehmenskrise im Regelfall von den folgenden **Krisenstadien** aus:

Phase 1: Stakeholder-Krise

Die Stakeholder- Krise ist häufig der Ausgangspunkt einer Unternehmenskrise.

Sie zeichnet sich durch **Konflikte (z.B. Interessenkonflikte) innerhalb der sogenannten Stakeholder aus, die auf die Belegschaft ausstrahlen.**

Als Stakeholder eines Unternehmens werden Anteilseigner, Eigen- und Fremdkapitalgeber, Management, Mitarbeiter und deren Interessenvertreter, Lieferanten, andere Gläubiger (z.B. Beispiel Pensionssicherungsverein), Warenkreditversicherer, Kunden und Behörden (z.B. Finanzamt) etc. bezeichnet.

Es handelt sich also um Personen-(gruppen), die an der Entwicklung des Unternehmens ein Interesse bzw. die Ansprüche gegenüber das Unternehmen haben. Stakeholder können folglich interne und externe Personen(-gruppen) sein.

Häufig werden unumgängliche **Entscheidungen verhindert bzw. blockiert.** Notwendige Veränderungen oder Neuausrichtungen unterbleiben aufgrund von mangelnder Erkenntnis oder Akzeptanz.

Die Stakeholder-Krise ist schwer erkennbar, so dass sie oftmals weder intern durch Unternehmensangehörige noch extern durch Außenstehende wahrgenommen wird.

Phase 2: Strategiekrise

Die Strategiekrise (auch Strukturkrise) ergibt sich häufig als Folge einer Stakeholder-Krise.

Sie ist in erster Linie durch eine **unklare, fehlerhafte oder fehlende Einschätzung der Wettbewerbssituation bzw. Marktentwicklung und/oder durch eine unzureichende Kundenorientierung,** die die Wettbewerbsfähigkeit (Innovationsverlust!) verringert, erkennbar.

In der Folge sind **Fehlentscheidungen der Unternehmensleitung, Fehlinvestitionen** sowie **Investitionen in nicht marktgängige Produktinnovationen** zu beobachten, die zu sogenannten strategischen Lücken und strukturellen Defiziten führen. Kennzeichnend für die strategische Krise ist, dass die als Basis für den künftigen Unternehmenserfolg dienenden wesentlichen Tätigkeiten gestört sind. Langfristig entscheidende Erfolgsfaktoren sind aufgebraucht und nicht rechtzeitig durch neue ersetzt worden.

Im Ergebnis ist das **Unternehmen nicht mehr marktgerecht ausgerichtet. Die Produkte oder Dienstleistungen sind vermutlich nicht mehr zeitgemäß.**

Oftmals werden Ertragsziele noch erreicht, obwohl die Ursachen der Krise bereits gelegt sind. Deshalb ist im Unternehmen häufig eine **unterentwickelte Bereitschaft zur Auseinandersetzung mit den erfolgskritischen Faktoren** anzutreffen. In diesem Krisenstadium sollten folglich die Wettbewerbsfähigkeit sowie die Wettbewerbssituation innerhalb der Branche analysiert werden.

Eine Strategiekrise bedroht das Unternehmen nicht unmittelbar – jedoch dessen Zukunft.

Phase 3: Produkt- und Absatzkrise

Als Folge einer Strategiekrise kann sich eine Produkt- und Absatzkrise entwickeln.

Sie ist dann gegeben, wenn der **Absatz der Hauptumsatz- und -erfolgsträger des Unternehmens zunächst stagniert, später zurückgeht und sich z.B. Vorratsbestände aufbauen.** Letztendlich ist **keine Wettbewerbsfähigkeit** mehr vorhanden. Zudem dürfte ein **großer Konkurrenzdruck** vorliegen.

Resultat dürfte nicht nur eine **Zunahme der Kapitalbindung,** sondern auch die **Entstehung gravierender Verluste** sein.

Erfahrungsgemäß weist das Unternehmen in diesem Stadium oftmals eine **ungenügende Fokussierung auf diejenigen Kunden und Produkte auf, die zumindest auskömmliche Deckungsbeiträge liefern.**

Die **Ursachen** können einerseits **auf Unternehmensseite** in mangelhafter Marketing- und Vertriebsarbeit, Sortimentsschwächen, Qualitätsproblemen, mangelhafter Liefertreue, fehlerhafter Preispolitik oder auch mangelhafter Servicequalität liegen.

Eine derartige Situation kann andererseits auch durch Umstände **auf der Nachfrageseite bzw. der Branchen- und Konjunkturentwicklung** verursacht worden sein.

Phase 4: Erfolgskrise

In der Erfolgskrise (auch Ertragskrise) – als Ergebnis der zuvor durchlaufenen Krisenstadien – werden dann die **Eigenkapitalkosten nicht mehr verdient.** Ein **Renditeverfall** tritt ein. Durch nicht aufgehaltene Nachfragerückgänge, einen Preisverfall und Kostensteigerungen je Verkaufseinheit entstehen Umsatz-, Deckungsbeitrags-, und Gewinnrückgänge bzw. Verluste, die **bis zur vollständigen Aufzehrung des Eigenkapitals führen,** zumal häufig die unabdingbare Kostenanpassung verspätet vorgenommen wird.

Neben der betriebswirtschaftlichen Seite gilt es hier unbedingt zu beachten: Eine Besonderheit besteht bei der Unternehmergesellschaft (haftungsbeschränkt) darin, dass eine Gesellschafterversammlung nicht bereits dann einberufen werden muss, wenn sich aus der Jahresbilanz oder aus einer im Laufe des Geschäftsjahres aufgestellten unterjährigen Bilanz ergibt, dass die Hälfte des Stammkapitals verloren ist (vgl. §49 Absatz 3 GmbHG), sondern „erst" dann, wenn Zahlungsunfähigkeit droht (vgl. §5a Absatz 4 GmbHG). Letztere ist nach §18 Absatz 2 InsO gegeben, wenn die UG (haftungsbeschränkt) voraussichtlich nicht in der Lage sein wird, die bestehenden Zahlungsverpflichtungen zum Zeitpunkt der Fälligkeit zu erfüllen. M.E. ist jedoch unbedingt anzuraten, dass die Gesellschafterversammlung bereits zu einem früheren Zeitpunkt als dem der drohenden Zahlungsunfähigkeit einberufen werden sollte, um zumindest noch Handlungsspielräume zu haben.

Mit der **sinkenden Eigenkapitalquote fällt ebenfalls die Kreditwürdigkeit** des Unternehmens. Durch eine geschickte, kriseninduzierte Liquiditätspolitik lässt sich die Zahlungsfähigkeit zunächst aufrechterhalten. **Mittel zu einer nachhaltigen Sanierung** – wie beispielsweise Investitionen in innovative oder neue Produkte – **lassen sich jedoch nicht mehr beschaffen.**

Eine Sanierung ohne Kapitalzuführung ist nach meiner Erfahrung nur schwer realisierbar.

Phase 5: Liquiditätskrise

Spätestens mit Eintritt der Liquiditätskrise **ist die Überlebensfähigkeit des Unternehmens gefährdet.** So liegt eine Liquiditätskrise dann vor, wenn die Zahlungsfähigkeit des Unternehmens gefährdet oder gestört ist. Eine sich **zuspitzende Liquiditätskrise** kann – wie bereits oben angedeutet – zum **Insolvenzgrund** führen.

Am Rande: Viele Unternehmer sprechen erst jetzt von einer Krise - dabei befinden sie sich bereits im Endstadium der Krisenentwicklung.

Die Finanzmittel fließen vorrangig in die Verlustfinanzierung und dienen nicht mehr der Finanzierung des operativen Geschäftes.

Häufig werden mit Eintritt in die Krise weitergehende **Probleme im Rahmen der Finanzierungsstruktur** erkennbar. In der Vergangenheit dürften bereits **Kommunikationsprobleme mit der Bank** aufgetreten sein. Zudem sind oftmals die Kreditlinien bzw. Sicherheiten ausgereizt.

Phase 6: Eintritt der Insolvenzreife

Werden in den zuvor beschriebenen Krisenstadien keine geeigneten Maßnahmen zur Gegensteuerung ergriffen, so droht die Gefahr des Eintritts der sog. Insolvenzreife.

Dabei ist zu klären, zu welchem Zeitpunkt die betriebswirtschaftliche Krise in die insolvenzrechtlich relevante Krise übergeht, was an dieser Stelle nicht diskutiert bzw. thematisiert werden soll.

Zuspitzung im Zeitverlauf

Im Rahmen des typischen Verlaufes einer Unternehmenskrise **spitzen sich die vorgenannten Krisenphasen in der Regel im Zeitablauf zu,** bewirken ein **stetiges Absinken des Handlungsspielraums sowie eine ebenso stetige Zunahme der „Summe der versäumten Gegenmaßnahmen".**

Deshalb bleibt festzuhalten: Je eher auf die erkennbaren Signale reagiert wird und je früher und konsequenter Gegenmaßnahmen eingeleitet werden (können), desto größer sind die Aussichten, dass die Probleme der Unternehmergesellschaft (haftungsbeschränkt) erfolgreich bewältigt werden können.

In der Praxis beginnen typische Sanierungsmaßnahmen oftmals leider erst in der späten Phase der Liquiditätskrise.

Was geschieht, wenn im Rahmen einer Unternehmenskrise der einzige Geschäftsführer der Unternehmergesellschaft (haftungsbeschränkt) sein Amt niederlegt?

Bei der Unternehmergesellschaft (haftungsbeschränkt) ist formal zwischen Geschäftsführungsbefugnis und Vertretungsbefugnis zu unterscheiden. In der Praxis dürften bei einer Unternehmergesellschaft (haftungsbeschränkt) die gleichen

Personen sowohl mit der Geschäftsführung als auch mit der Vertretung betraut sein – nämlich der sog. Geschäftsführer.

Unterstellen wir nun den Fall, dass bei Auftreten einer Unternehmenskrise der einzige Geschäftsführer der Unternehmergesellschaft (haftungsbeschränkt) **sein Amt niederlegt,** so verfügt die Unternehmergesellschaft (haftungsbeschränkt) de facto über keine vertretungsberechtigte Person mehr – sie ist folglich **führungslos** und damit **handlungsunfähig,** besteht jedoch weiter.

In einer derartigen Situation greift §35 Absatz 1 Satz 2 GmbHG. Dort steht: „Hat eine Gesellschaft keinen Geschäftsführer..., wird die Gesellschaft für den Fall, dass ihr gegenüber Willenserklärungen abgegeben oder Schriftstücke zugestellt werden, durch die **Gesellschafter** vertreten."

Diese Vorschrift ist dergestalt zu interpretieren, dass es hier um die **passive** Entgegennahme von Willenserklärungen, Steuerbescheiden, Schriftstücken etc. geht. Die Gesellschaft wird sodann durch **ihre(n) Gesellschafter** vertreten, insoweit es um den Empfang von Willenserklärungen oder die Zustellung von Schriftstücken geht.

Doch die Unternehmergesellschaft (haftungsbeschränkt) muss ja weiterhin auch selbst wirksam handeln – sozusagen **aktiv.**

Deshalb ist/sind im Fall der Führungslosigkeit unverzüglich neue bzw. ein neuer Geschäftsführer zu bestellen. Gleiches gilt, wenn die im Gesellschaftsvertrag festgelegte Anzahl an Geschäftsführern unterschritten ist.

Erfolgt eine derartige Bestellung nicht, so greift §29 BGB. Dort heißt es, dass „...in dringenden Fällen für die Zeit bis zur

Behebung des Mangels auf Antrag eines Beteiligten von dem Amtsgericht..." ein sogenannter **Notgeschäftsführer** bestellt wird.

Wann liegt nun aber ein derartiger dringender Fall vor? Hier hat sich in Literatur und Rechtsprechung herauskristallisiert, dass ein dringender Fall nur dann gegeben ist, wenn die Unternehmergesellschaft (haftungsbeschränkt) selbst nicht dazu in der Lage ist, innerhalb einer angemessenen Frist den Mangel zu beheben und der Unternehmergesellschaft (haftungsbeschränkt) oder einem Beteiligten ohne Notgeschäftsführer Schaden drohen würde.

Wie gesagt erfolgt die Bestellung des Notgeschäftsführers nicht von Amts wegen, sondern sie bedarf des Antrags eines Beteiligten, zum Beispiel eines Gesellschafters oder aber eines Gläubigers der Unternehmergesellschaft (haftungsbeschränkt).

Die Gesellschafter können den Notgeschäftsführer übrigens nicht selbst abberufen, sie können seine Abberufung jedoch bei Gericht beantragen.

Weshalb kann es sinnvoll sein, im Gesellschaftsvertrag der UG (haftungsbeschränkt) eine Regelung für den Todesfall eines Gesellschafters aufzunehmen?

Insbesondere wenn die Gefahr besteht, dass ein Erbe seinen Geschäftsanteil an fremde Dritte verkaufen könnte oder wenn der Erbe zwar seinen Anteil behalten möchte, aber nicht über die notwendigen Voraussetzungen und Qualifikationen zur Beteiligung verfügt, so könnten auf die UG unangenehme Folgen zukommen.

Aus diesem Grund sollte für den Todesfall eines Gesellschafters im Gesellschaftsvertrag den übrigen Gesellschaftern (oder der Unternehmergesellschaft selbst) ein Erwerbs- oder Einziehungs-Recht eingeräumt werden. In der Praxis sollten – ohne hier auf Details eingehen zu wollen – insbesondere Höhe und Zahlung der Abfindung klar geregelt sein.

Das GmbH-Gesetz kennt kein Kündigungsrecht. Wie kann ein „amtsmüder" Gesellschafter aus der UG (haftungsbeschränkt) austreten?

Gemäß §60 Absatz 1 Nr. 2 GmbHG kann die UG nur mit ¾-Mehrheits- Beschluss der Gesellschafter aufgelöst werden. Es kann jedoch im Gesellschaftsvertrag festgelegt werden, dass ein Gesellschafter bei Vorliegen eines wichtigen Grundes ausscheiden darf. In diesem Falle würde ich einen Passus ergänzen, nach dem die Gesellschaft auch durch den Austritt eines Gesellschafters nicht aufgelöst ist.

Achtung:

Lassen Sie keine anderweitigen Formulierungen außerhalb des „wichtigen Grundes" zu. Ansonsten könnte ein Gesellschafter recht einfach ausscheiden und in Konkurrenz zu Ihrer UG treten.

Was ist zu beachten, wenn ein UG-Anteil eingezogen wird, ein Gesellschafter aus der UG austritt (und dessen Anteil eingezogen wird) bzw. ein Gesellschafter aus der UG ausgeschlossen wird?

In all diesen Fällen stellt sich die Frage nach der Höhe der Abfindung. Für den Geschäftsanteil hat der Gesellschafter einen

Anspruch auf einen dem Wert entsprechenden Geldbetrag. In der Praxis kommen oft (gerichtliche) Streitereien auf, da der ausscheidende Gesellschafter den Wert seines Geschäftsanteils naturgemäß höher einschätzt, als die verbleibenden Gesellschafter dies tun. Dies gilt insbesondere für den Fall, dass der Gesellschaftsvertrag keine Regelung über das anzuwendende Bewertungsverfahren enthält. Auf Details zu Bewertungsverfahren (Verkehrswert, Buchwert etc.) soll hier nicht eingegangen werden.

In der „kleineren" UG (ohne nennenswerte Vermögens- und Ertragswerte) sollte in den Gesellschaftsvertrag eine kurze Formulierung eingearbeitet werden, nach der dem ausscheidenden Gesellschafter

„...der Wert seines Geschäftsanteils zu erstatten ist."

In „größeren" (bzw. rasch Vermögenswerte bildenden Unternehmergesellschaften) empfiehlt sich die exakte Festlegung des Bewertungsverfahrens und der Zahlungsmodalitäten.

Welche Gründe können zur Auflösung der UG (haftungsbeschränkt) führen? Welche Stadien durchläuft die UG bis zur endgültigen Löschung im Handelsregister?
Gemäß §60 Absatz 1 GmbHG wird die GmbH – also de facto auch die **Unternehmergesellschaft (haftungsbeschränkt)** als deren Unterform – **wie folgt aufgelöst:**

1. durch **Zeitablauf entsprechend Gesellschaftsvertrag**

Hintergrund: Während im Normalfall im Gesellschaftsvertrag der Unternehmergesellschaft (haftungsbeschränkt) eine Klausel wie beispielsweise „...auf unbestimmte Zeit..." eingearbeitet wird, kann als Alternative auch eine automatische Auflösungsklausel verwendet werden („Die Gesellschaft endet zum..."). Dies kann unter Umständen bei Projekttätigkeiten, Software-Entwicklung, Werbegemeinschaften etc. Sinn machen;

2. durch **Beschluss der Gesellschafter. Insofern im Gesellschaftsvertrag nichts anderes bestimmt ist,** so ist eine **Mehrheit von drei Viertel der abgegebenen Stimmen** notwendig;

3. **durch gerichtliches Urteil** oder **durch Entscheidung des Verwaltungsgerichts oder der Verwaltungsbehörde** in den Fällen der §§61 *(„Auflösungsklage")* und 62 GmbHG *(„Gefährdung des Allgemeinwohls")*;

4. durch die **Eröffnung des Insolvenzverfahrens** gemäß §27 InsO. **Wird das Verfahren auf Antrag des Schuldners eingestellt** oder **nach der Bestätigung eines Insolvenzplans, der den Fortbestand der Gesellschaft vorsieht, aufgehoben, so können die Gesellschafter die Fortsetzung der Gesellschaft beschließen;**

5. mit der **Rechtskraft des Beschlusses, durch den die Eröffnung des Insolvenzverfahrens** gemäß §26 InsO **mangels Masse abgewiesen worden ist;**

6. **rechtskräftiger Beschluss des Registergerichts,** durch den nach §399 FamFG **ein Mangel des Gesellschaftsvertrags festgestellt worden ist;**

7. durch die **Löschung der Unternehmergesellschaft (haftungsbeschränkt) wegen Vermögenslosigkeit** nach §394 FamFG.

Gemäß §60 Absatz 2 GmbHG können im Gesellschaftsvertrag – also in der Satzung der Unternehmergesellschaft (haftungsbeschränkt) – weitere Auflösungsgründe festgesetzt werden. Derartige Gründe können beispielsweise in

- dem **Verlust einer behördlichen Erlaubnis,**

- dem **Tod eines Gesellschafters,**

- der **Insolvenz eines Gesellschafters**

bestehen.

Bis zur endgültigen Löschung im Handelsregister muss die Unternehmergesellschaft (haftungsbeschränkt) im Regelfall *(auf Besonderheiten bei Insolvenz und Löschung wegen Vermögenslosigkeit soll an dieser Stelle nicht eingegangen werden)* **zwei Stadien durchlaufen:**

1. Die **Auflösung**

Die Auflösung der Unternehmergesellschaft (haftungsbeschränkt) ist nach §65 Absatz 1 GmbHG zur Eintragung in das Handelsregister anzumelden (Ausnahme: Insolvenz etc.). Auflösung bedeutet jedoch nicht die Beendigung der Unternehmergesellschaft (haftungsbeschränkt), sondern lediglich das Ende der "werbenden" Tätigkeit und die Einleitung des Stadiums der Abwicklung;

2. Die **Abwicklung bzw. Liquidation**

Letztere hat nach §72 GmbHG die Verteilung des Gesellschaftsvermögens an die Gesellschafter zum Ziel. Zu diesem

Zweck übernehmen die Liquidatoren mit ihrer Eintragung ins Handelsregister die Vertretung der Unternehmergesellschaft (haftungsbeschränkt) nach außen. Die eigentliche Abwicklung bzw. Liquidation kann dann durchaus über einen recht langen Zeitraum andauern.

Kann eine UG (haftungsbeschränkt) auch für einen vorab festgelegten Zeitraum gegründet werden?

Klar! Während im Normalfall im Gesellschaftsvertrag der UG eine Klausel wie bspw. „…auf unbestimmte Zeit…" eingearbeitet wird, kann als Alternative auch eine automatische Auflösungsklausel verwendet werden („Die Gesellschaft endet zum…"). Dies kann unter Umständen bei Projekttätigkeiten, Software-Entwicklung, Werbegemeinschaften etc. Sinn machen. Der Vorteil einer solchen Beendigungsklausel zu einem bestimmten Zeitpunkt besteht darin, dass keine weiteren rechtlichen Mittel ergriffen werden müssen, um sich von einem unwirtschaftlichen Engagement zu trennen. Die UG endet vielmehr automatisch und wird aufgelöst. Sind die Gesellschafter wider Erwarten doch mit der UG zufrieden, so können sie jederzeit eine Fortsetzung beschließen.

12. Anlage I

	Übersicht: Vor- und Nachteile der Unternehmergesellschaft (haftungsbeschränkt)
+	Die **Haftung** der Unternehmergesellschaft ist auf das Gesellschaftsvermögen der UG beschränkt. Die Gesellschafter der Unternehmergesellschaft haften nicht persönlich mit ihrem Privatvermögen, da grundsätzlich eine Trennung von Gesellschafts- und Privatvermögen vollzogen ist.
–	Aufgrund der vorgenannten Haftungsbeschränkung verfügt die Unternehmergesellschaft (haftungsbeschränkt) bei Banken, Lieferanten etc. über **kein hohes Ansehen**. Wegen der **geringen Kreditwürdigkeit** werden Gläubiger von den Gesellschaftern der UG in der Praxis bspw. Sicherheiten oder private Bürgschaften verlangen.
–	Da die UG (haftungsbeschränkt) erst mit dem Tag der Eintragung als eigenständiges Rechtssubjekt konstituiert wird, tritt für die Gesellschafter auch erst mit dem Tag der Eintragung die Beschränkung der persönlichen Haftung ein. Sind jedoch bereits **vor der Eintragung Verbindlichkeiten** im Namen der Unternehmergesellschaft aufgenommen worden, so kann dafür **persönliche Haftung** erforderlich sein.
–	Die **Haftungsbeschränkung gilt nicht für Gewährleistungs- und/oder Produkthaftungsfälle.** Hier finden vielmehr die entsprechenden gesetzlichen Regelungen Anwendung.

-	Einem Geschäftsführer, der gegen seine **Pflichten aus dem GmbHG-Gesetz verstößt**, können sowohl **zivilrechtliche Haftungsfolgen als auch strafrechtliche Folgen** drohen. Wird bspw. im Geschäftsverkehr der Unternehmergesellschaft – also auf Briefbögen, Auftragsbestätigungen oder Verträgen etc. – der **Rechtsformzusatz „haftungsbeschränkt"** nicht verwendet oder abgekürzt, so kann eine **persönliche Haftung** der handelnden Personen der UG (haftungsbeschränkt) aufleben.
-	Gemäß §6 Absatz 5 GmbHG haften Gesellschafter der UG (haftungsbeschränkt), die vorsätzlich oder grob fahrlässig einer Person, die nicht Geschäftsführer sein darf (z.B. aufgrund bestimmter Verurteilungen wie Insolvenzverschleppung), die Führung der Geschäfte der Unternehmergesellschaft überlassen, solidarisch für den Schaden, der dadurch entsteht, dass diese Person die ihr gegenüber der Gesellschaft bestehenden Obliegenheiten verletzt.
-	Gemäß §5a Absatz 4 GmbHG muss bei einer drohenden Zahlungsunfähigkeit unverzüglich eine Gesellschafterversammlung einberufen werden. Wird diese Vorschrift missachtet, so haften sowohl Geschäftsführer als auch Gesellschafter der Unternehmergesellschaft mit ihrem Privatvermögen.
-	§69 Abgabenordnung (AO) sieht eine **steuerliche Haftung** des Geschäftsführers bzw. Gesellschafter-Geschäftsführers der Unternehmergesellschaft **bei Vorsatz oder grober Fahrlässigkeit** vor. Wird beispielsweise die Abgabe der

	betrieblichen Steuererklärungen an das Finanzamt versäumt und schätzt das Finanzamt daraufhin die Steuern, so haften Geschäftsführer bzw. Gesellschafter-Geschäftsführer auch mit ihrem Privatvermögen (Urteil des Verwaltungsgerichts Koblenz vom 13.11.2015, Az. 5 K 526/15).
−	Falls **Sozialversicherungsabgaben für Beschäftigte** der Unternehmergesellschaft (haftungsbeschränkt) einbehalten und **nicht weitergeleitet** werden, so können Gesellschafter und Geschäftsführer ebenfalls mit ihrem Privatvermögen in Anspruch genommen werden.
+	Die Unternehmergesellschaft (haftungsbeschränkt) kann theoretisch mit einem **Stammkapital von 1,00 Euro gegründet** werden. Die **Kapitalaufbringung** ist somit – im Vergleich zur GmbH – **sehr gering**.
−	Bei einem zu niedrig gewählten Stammkapital besteht jedoch die Gefahr, dass die UG (haftungsbeschränkt) noch nicht einmal ihre Gründungskosten (z.B. Rechnungen von Notar und Registergericht) aufbringen kann. Die Folge davon könnte bspw. eine **Überschuldungsproblematik, die Zahlungsunfähigkeit oder gar die Insolvenz** der Unternehmergesellschaft sein.
−	Bei der Unternehmergesellschaft (haftungsbeschränkt) ist das **Stammkapital zwingend in bar aufzubringen. Sacheinlagen sind** gemäß §5a Absatz 2 Satz 2 GmbHG **nicht erlaubt**. *Achtung: Inzwischen hat der BGH entschieden, dass das Sacheinlageverbot dann nicht gilt, wenn durch den Kapitalerhöhungsbeschluss der UG (haftungsbeschränkt) das Mindeststammkapital einer GmbH in Höhe von 25.000 Euro*

erreicht wird (Beschluss vom 19. April 2011, BGH II ZB 25/10).
Also: Grundsätzlich Sacheinlageverbot, aber kein Verbot einer
Sachkapitalerhöhung bis zur GmbH-Schwelle.

− Gemäß §5a Absatz 2 Satz 1 GmbHG darf die **Anmeldung zum Handelsregister erst erfolgen, wenn das Stammkapital in voller Höhe eingezahlt ist.**

− Die Unternehmergesellschaft (haftungsbeschränkt) muss gemäß §5a Absatz 3 GmbHG in ihrer Bilanz **zwingend eine gesetzliche Rücklage bilden, in die ein Viertel des um einen Verlustvortrag aus dem Vorjahr geminderten Jahresüberschusses einzustellen ist.** Die Rücklage darf nur für bestimmte Zwecke verwendet werden. **Das bedeutet, dass die Gesellschafter die Jahresüberschüsse der UG (haftungsbeschränkt) nicht vollständig ausschütten können, bis der gesetzlich vorgesehene Ansparbetrag erreicht ist.** Man spricht in diesem Zusammenhang auch von der gesetzlichen Verpflichtung zur „Thesaurierung". Ein Verstoß gegen diese Vorschrift zieht die Nichtigkeit der Feststellung des Jahresabschlusses und de facto des Gewinnverwendungsbeschlusses nach sich. Daraus können wiederum zivilrechtliche Ansprüche der GmbH gegen die Gesellschafter und eine Geschäftsführer-Haftung nach §43 GmbHG resultieren.

+ Durch die Vorschrift des §5a Absatz 3 GmbHG **spart die Unternehmergesellschaft über die Jahre hinweg sukzessive eine gewisse Eigenkapitalausstattung an** – im Idealfall das Mindeststammkapital einer normalen GmbH.

−	Auch wenn die „Ansparsumme" den Betrag des Mindeststammkapitals einer GmbH von 25.000 Euro erreicht oder überschreitet, **wandelt sich die UG (haftungsbeschränkt) nicht automatisch in eine GmbH um.** Stattdessen ist erneut der **Gang zum Notar erforderlich.**
+	Gemäß §17 HGB ist die Firma der Name eines Kaufmanns, unter dem er seine Geschäfte betreibt und die Unterschrift abgibt. Da Selbständige bei Einzelunternehmen ihren persönlichen Namen in der Firma angeben müssen, kann dies insbesondere in der Außendarstellung Nachteile beinhalten. **Bei der Unternehmergesellschaft (haftungsbeschränkt) stehen hingegen Personenfirma, Sachfirma, Phantasiefirma oder Kombination aus Personen-, Sach- und/oder Phantasiefirma zur Auswahl.**
−	Zwar ist die Unternehmergesellschaft rechtlich eine Variante der GmbH, **sie darf sich im Geschäftsverkehr aber nicht als GmbH bezeichnen und muss stattdessen zwingend den Rechtsformzusatz „Unternehmergesellschaft (haftungsbeschränkt)" oder „UG (haftungsbeschränkt)" aufweisen. Darüber hinaus ist eine Abkürzung des Terminus „haftungsbeschränkt" nicht gestattet.** Durch diese Regelungen müssen sich die handelnden Personen der UG (haftungsbeschränkt) recht offensichtlich als kapitalschwach „outen" – selbst wenn sie es gar nicht sind und sich aus anderen Gründen für eine Unternehmergesellschaft entschieden haben.
+	Die Unternehmergesellschaft (haftungsbeschränkt) kann **bereits durch eine einzige Person für ihr Vorhaben errichtet**

334

werden, die dann gleichzeitig Gesellschafter und Geschäftsführer ist, sog. Gesellschafter-Geschäftsführer. Da der Gesellschafter-Geschäftsführer zugleich Angestellter der Unternehmergesellschaft sein kann, stellen Personalaufwendungen, die an ihn gezahlt werden, Betriebsausgaben der Unternehmergesellschaft dar. Sie mindern im Ergebnis den zu versteuernden Jahresüberschuss der UG (haftungsbeschränkt).

+ Erweist es sich zu einem späteren Zeitpunkt als notwendig, **einen oder mehrere fremde Geschäftsführer für die Unternehmergesellschaft zu gewinnen**, so ist eine solche Berufung sowohl bei „Ein-Personen-UGs" als auch bei „Mehr-Personen-UGs" **unproblematisch**.

+ Verwenden Gründer eines der gesetzlich vorgegebenen Mustergründungsprotokolle entsprechend §2 Absatz 1a Satz 1 GmbHG, so erfolgt die Gründung der UG (haftungsbeschränkt) im sog. vereinfachten Verfahren. Die Musterprotokolle fassen Gesellschaftsvertrag, Gesellschafterliste und Geschäftsführerbestellung zusammen. **Die Verwendung der Protokolle bedeutet eine deutliche Kostenersparnis (Notarkosten) und die Reduzierung des organisatorischen Aufwands** im Rahmen des Eintragungsprozesses.

- Die Verwendung der gesetzlich vorgegebenen Mustergründungsprotokolle ist **nicht möglich, wenn mehr als ein Geschäftsführer und/oder mehr als drei Anteilseigner** sich zusammenfinden wollen.

−	Die gesetzlich vorgegebenen **Mustergründungsprotokolle** sind **recht simpel gefasst und lassen etliche Sachverhalte aus**. Sie enthalten z.B. keine Regelungen zum Anteilsverkauf oder Erbfall. Da in den Musterprotokollen keine vom Gesetz abweichenden Regelungen getroffen werden dürfen, sind sie für etliche Gründungen zu starr und unflexibel. Um insbesondere bei mehreren Gesellschaftern späteren Streitigkeiten vorzubeugen, empfiehlt sich die Anfertigung eines individualisierten Gesellschaftsvertrages.
+	Wird auf die Verwendung der Mustergründungsprotokolle verzichtet, so ist der dann zu erstellende **individuelle Gesellschaftsvertrag durchaus variabel gestaltbar**.
+	Die UG (haftungsbeschränkt) kann entsprechend §§1, 5a GmbHG **zu jedem gesetzlich zulässigen Zweck gegründet werden**. Dies können alle möglichen Tätigkeiten, Dienstleistungen oder Gewerbe sein. Einschränkung: Zwar herrscht in Deutschland grundsätzlich Gewerbefreiheit, es gibt jedoch bestimmte Erlaubnis-Voraussetzungen, z.B. im Handwerk, im Bewachungsgewerbe oder in der Versicherungsvermittlung. Auch Freiberufler haben besondere Regelungen zu beachten. Je nach Tätigkeit (und manchmal auch je nach Bundesland) dürfen freiberuflich Tätige eine UG (haftungsbeschränkt) gründen oder auch nicht.
−	Da bei der Unternehmergesellschaft der Zwang zur Verwendung des Rechtsformzusatzes „Unternehmergesellschaft (haftungsbeschränkt)" oder „UG (haftungsbeschränkt)" besteht und auch die Abkürzung des

Terminus „haftungsbeschränkt" nicht gestattet ist, hat die UG (haftungsbeschränkt) einen erheblichen **Nachteil in der Außendarstellung – bspw. gegenüber Kunden oder Geschäftspartnern.** Aus diesem Grunde ist sie meines Erachtens de facto nicht für Geschäftszwecke mit erheblichem Kundenkontakt und hohem Bedarf an Vertrauen geeignet (z.B. Steuerberater, Versicherungsmakler).

+ Kürzlich traf ich einen Architekten, der als **Freiberufler** die **Haftungsrisiken,** denen er in seiner täglichen Praxis ausgesetzt ist, als kaum mehr tragbar empfand. Wer als Freiberufler anzusehen ist, steht in §18 Absatz 1 Nr. 1 EStG sowie §1 Absatz 2 PartGG. Bspw. zählen Steuerberater, beratende Volks- und Betriebswirte usw. zu den Freiberuflern. Auch für Freiberufler ist die UG grundsätzlich geeignet, bspw. sind Architekten- und Steuerberater- UGs am Markt zu finden. Vor allem für existenzgründende Freiberufler bietet die Unternehmergesellschaft eine praktikable Einstiegs-Lösung in die Selbständigkeit. Nicht alle Freiberufler dürfen jedoch UGs gründen.

− **Freiberufler müssen grundsätzlich keine Gewerbesteuer zahlen.** Üben Freiberufler jedoch in einer Unternehmergesellschaft (haftungsbeschränkt) ihre freiberufliche Tätigkeit aus, so kann dies aus steuerlicher Sicht deutlich „teurer" werden. **Denn für die Unternehmergesellschaft (haftungsbeschränkt) fällt grundsätzlich Gewerbesteuer an.**

− Freiberufler haben gegenüber Gewerbetreibenden den Vorteil, dass sie – auch bei hohen Gewinnen und Umsätzen –

nicht buchführungs- und bilanzierungspflichtig sind, sondern eine sogenannte Einnahmen-Überschuss-Rechnung nach §4 Absatz 3 EStG erstellen dürfen. **Üben Freiberufler nun im Rahmen einer UG (haftungsbeschränkt) ihre freiberufliche Tätigkeit aus, so besteht die Verpflichtung zur Erstellung einer doppelten Buchführung und Aufstellung einer Bilanz.** Des Weiteren entsteht – je nach Größenordnung der UG – eine **Verpflichtung den Jahresabschluss** beim Bundesanzeiger **offenzulegen oder beim Unternehmensregister zu hinterlegen.**

+	Gemäß §15 Absatz 1 GmbHG sind UG-Geschäftsanteile grundsätzlich veräußerlich. **Somit können einzelne Gesellschafter ihre Anteile unkompliziert abgeben oder verkaufen.** De facto ist eine UG (haftungsbeschränkt) damit auch als Ganzes leicht zu verkaufen. Auch die Übertragung wegen Todes erfolgt gemäß §15 Absatz 1 GmbHG.
-	Zwar ist die Übertragung der Geschäftsanteile frei veräußerlich, jedoch besteht **notarielle Beurkundungspflicht**.
+	UG-Satzungen können die **Möglichkeit der Einziehung von Geschäftsanteilen, Zustimmungs- und Abtretungsklauseln vorsehen.** Dies dient insbesondere dem Schutz vor unerlaubten Praktiken einzelner Gesellschafter.
-	Grundsätzlich werden zwei Arten der Gewinnermittlung unterschieden: Der sogenannte Betriebsvermögensvergleich („doppelte Buchführung") und die Einnahmen-Überschuss-Rechnung (EÜR) nach §4 Absatz 3 EStG. **Da die**

Unternehmergesellschaft (haftungsbeschränkt) als Kapitalgesellschaft formal in den Bereich des Betriebsvermögensvergleichs fällt, ist von Beginn an eine doppelte Buchführung zu erstellen, die dann in Bilanz und Gewinn- und Verlustrechnung („GuV") zu überführen ist. Hinzu kommen sogenannte Offenlegungs- bzw. Hinterlegungsvorschriften. Existenzgründer, die bspw. als Einzelunternehmer starten, fallen oft noch unter die viel einfachere Einnahmen-Überschuss-Rechnung. Leider ist der **Aufwand zur Erstellung von Buchführung und Bilanz deutlich höher als der Aufwand zur Erstellung einer Einnahmen-Überschuss-Rechnung.** Sind Gründer nicht buchungssicher, so muss bspw. der Steuerberater buchen, was zusätzliche Kosten verursacht.

+ Gegenüber Gründung einer „Limited" weist die UG (haftungsbeschränkt) den **Vorteil auf, dass die Buchführung „nur" den deutschen, aber nicht den englischen Maßstäben genügen muss.**

+ An dieser Stelle möchte ich keine Pauschalbetrachtung abgeben. Nur so viel: Ein exemplarischer steuerlicher Belastungsvergleich einer Unternehmergesellschaft mit einer Personengesellschaft deutet darauf hin, **dass die UG dann vorteilhaft sein kann, wenn ihr Gewinn über einen längeren Zeitraum thesauriert wird.** Hintergrund: Der Gesellschafter einer Personengesellschaft muss seinen Gewinn unabhängig davon versteuern, ob er ihn entnimmt.

− Wird bei der UG jedoch eine **Vollausschüttung** vorgenommen, so ergibt sich mit exemplarischen

Zahlenmaterial **eine Gesamtbelastung von Gesellschafter plus Gesellschaft, die höher ist als bei einer Personengesellschaft.**

Die gesetzlichen Vorschriften sehen für alle in einem bestimmten IHK-Bezirk ansässigen Gewerbetreibenden eine Pflichtmitgliedschaft vor – unabhängig davon, ob es sich um ein größeres Unternehmen oder lediglich um eine nebenberufliche Tätigkeit handelt. So unterliegen alle Gewerbetreibenden, die zur Gewerbesteuer veranlagt sind, der Zwangsmitgliedschaft ihrer ansässigen IHK. Auf Sonderfälle soll hier nicht eingegangen werden. **Die Unternehmergesellschaft (haftungsbeschränkt) ist bereits wegen ihrer Rechtsform objektiv gewerbesteuerpflichtig und damit beitragspflichtig.** Inzwischen liegen erste Urteile (VG Hannover vom 7. Mai 2013, Az. 11 A 2436/11) vor, die bestätigen, dass die Unternehmergesellschaft (haftungsbeschränkt) der Beitragspflicht zur IHK unterliegt, sobald die UG zur Gewerbesteuer veranlagt wird. Die IHK-Beitragszahlung ist verpflichtend, kann jedoch gestaffelt werden. Der Mitgliedsbeitrag besteht üblicherweise aus dem sogenannten Grundbeitrag, der gestaffelt werden kann sowie einer Umlage auf der Basis des vom Finanzamt festgestellten Gewerbeertrags nach dem Gewerbesteuergesetz. Erwirtschaftet die UG keinen Gewinn, so dürfte im Normalfall ausschließlich der Grundbetrag erhoben werden, der regional von IHK zu IHK unterschiedlich ist. Da bspw. die IHK Hannover Existenzgründer, die als natürliche Personen starten und die weitere Voraussetzungen erfüllen, für das Jahr der Betriebseröffnung und das darauf folgende Jahr von der Umlage und vom Grundbetrag befreit sowie für das dritte und vierte Jahr von der Umlage freistellt, wenn Gewerbeertrag oder Gewinn aus Gewerbebetrieb 25.000 Euro nicht übersteigt, weist die Existenzgründung per Unternehmergesellschaft diesbezüglich einen Nachteil gegenüber der Gründung als natürlicher Person auf.

+ Auftraggeber von Künstlern, Designern, Webdesignern, Grafiker, Werbefotografen etc. müssen – neben dem Honorar, das vom Künstler, Designer, Webdesigner, Grafiker, Werbefotografen etc. berechnet wird – Beiträge an die Künstlersozialkasse melden und zahlen (Künstlersozialabgabe). **Diese Verpflichtung, der die Auftrag gebenden Unternehmen unterworfen ist, besteht nicht bei Beauftragung einer Kapitalgesellschaft** – also bspw. wenn die Künstler in Form einer GmbH oder ihrer Variante, der Unternehmergesellschaft (haftungsbeschränkt), tätig werden. Als Resultat kostet das beauftragende Unternehmen die Leistung weniger, da die Beitragspflicht zur Künstlersozialversicherung nicht besteht.

– Gründen nun Künstler, Designer, Publizisten etc. eine Unternehmergesellschaft (haftungsbeschränkt) für ihre Tätigkeit, so ist zu beachten: **Die UG (haftungsbeschränkt) muss dann die Künstlersozialabgabe für entsprechende Aufträge selbst abführen, wenn der ausführende Gesellschafter bzw. Gesellschafter-Geschäftsführer überwiegend künstlerisch tätig ist und in keinem abhängigen Beschäftigungsverhältnis zur Unternehmergesellschaft (haftungsbeschränkt) steht.**

Anlage II

Gesetz betreffend die Gesellschaften mit beschränkter Haftung (GmbHG)

§ 5a Unternehmergesellschaft

(1) Eine Gesellschaft, die mit einem Stammkapital gegründet wird, das den Betrag des Mindeststammkapitals nach §5 Absatz 1 unterschreitet, muss in der Firma abweichend von §4 die Bezeichnung "Unternehmergesellschaft (haftungsbeschränkt)" oder "UG (haftungsbeschränkt)" führen.

(2) Abweichend von §7 Absatz 2 darf die Anmeldung erst erfolgen, wenn das Stammkapital in voller Höhe eingezahlt ist. Sacheinlagen sind ausgeschlossen.

(3) In der Bilanz des nach den §§242, 264 des Handelsgesetzbuchs aufzustellenden Jahresabschlusses ist eine gesetzliche Rücklage zu bilden, in die ein Viertel des um einen Verlustvortrag aus dem Vorjahr geminderten Jahresüberschusses einzustellen ist. Die Rücklage darf nur verwandt werden

1. für Zwecke des §57c;

2. zum Ausgleich eines Jahresfehlbetrags, soweit er nicht durch einen Gewinnvortrag aus dem Vorjahr gedeckt ist;

3. zum Ausgleich eines Verlustvortrags aus dem Vorjahr, soweit er nicht durch einen Jahresüberschuss gedeckt ist.

(4) Abweichend von §49 Absatz 3 muss die Versammlung der Gesellschafter bei drohender Zahlungsunfähigkeit unverzüglich einberufen werden.

(5) Erhöht die Gesellschaft ihr Stammkapital so, dass es den Betrag des Mindeststammkapitals nach §5 Absatz 1 erreicht oder übersteigt, finden die Absätze 1 bis 4 keine Anwendung mehr; die Firma nach Absatz 1 darf beibehalten werden.

Nachwort

In diesem Ratgeber – der mit viel Herzblut in einem Kleinstverlag entstanden ist – haben Sie etliche Hinweise und Tipps erhalten, wie Sie Ihr Vorhaben erfolgreich umsetzen können.

Schon nach der ersten Auflage dieses Buches, die im Juli 2014 erschienen war, habe ich Feedback von mehreren Leserinnen und Lesern erhalten, die die zahlreichen Hinweise als sehr hilfreich empfunden haben. Ich habe auch Kritik gelesen, die im Rahmen dieser zweiten Auflage konstruktiv berücksichtigt wurde.

Heute, fast vier Jahre später, erscheint die zweite Auflage dieses Fachbuches. Ich hoffe, dass Sie erneut einen Mehrwert erlangen und dass Sie die eine oder andere „Klippe umschiffen können".

Mein Anliegen: Bitte geben Sie – wo auch immer – eine Bewertung für dieses Buch oder meine Person ab. Dies hilft anderen Interessenten, die im Rahmen ihrer UG-Gründung vielleicht die gleichen Schwierigkeiten wie Sie haben und die unsicher sind, welchen Ratgeber sie erwerben sollten. Vielen Dank dafür!

Als Berater wünsche ich Ihnen von ganzem Herzen, dass Sie Ihr Ziel erreichen!

Ihr Alexander Sprick

Über den Autor

Alexander Sprick, Jahrgang 1973, absolvierte nach Abitur und Berufsausbildung ein Studium der Wirtschaftswissenschaften.

Von 2001 bis 2007 war er in verschiedenen Positionen für Wirtschaftsprüfungs- und Beratungsgesellschaften, darunter die beiden internationalen Häuser Arthur Andersen und KPMG, tätig. Im Anschluss daran übernahm er bei zwei mittelständischen Unternehmen Führungspositionen.

Seit Anfang 2013 ist Sprick Inhaber einer eigenen Unternehmensberatung, deren Fokus auf Turnaround- und Sanierungsfragestellungen liegt.

Seit 2016 hält er einen Lehrauftrag der Fachhochschule des Mittelstands.

Sprick ist Autor mehrerer Bücher und Fachbeiträge sowie Betreiber des Blogs www.unternehmergesellschaft-blog.de

13. Stichwortverzeichnis